◆ 普通高等学校新时代公共体育课系列教

大学生羽毛球运动与实践

DAXUESHENG YUMAOQIU YUNDONG YU SHIJIAN

李岩泽 主　编
朱焱　　副主编

大连理工大学出版社
Dalian University of Technology Press

图书在版编目(CIP)数据

大学生羽毛球运动与实践 / 李岩泽主编. -- 大连：大连理工大学出版社，2025.1(2025.1重印)
普通高等学校新时代公共体育课系列教材
ISBN 978-7-5685-4399-6

Ⅰ. ①大… Ⅱ. ①李… Ⅲ. ①羽毛球运动－高等学校－教材 Ⅳ. ①G847

中国国家版本馆 CIP 数据核字(2023)第 105136 号

大连理工大学出版社出版

地址：大连市软件园路 80 号　邮政编码：116023
营销中心：0411-84708842　84707410　邮购及零售：0411-84706041
E-mail：dutp@dutp.cn　URL：https://www.dutp.cn
大连天骄彩色印刷有限公司印刷　　大连理工大学出版社发行

幅面尺寸：185mm×260mm	印张：11.5	字数：302 千字
2025 年 1 月第 1 版		2025 年 1 月第 2 次印刷

责任编辑：邵　婉　张　娜　　　　　　　　　　责任校对：王　洋
封面设计：奇景创意

ISBN 978-7-5685-4399-6　　　　　　　　　　　定　价：49.00 元

本书如有印装质量问题，请与我社营销中心联系更换。

前言

《大学生羽毛球运动与实践》是根据大连理工大学本科教学计划的培养目标、教学任务、教学时数、教学内容及考核要求,在总结羽毛球课程教学实践的经验和继承不同时期出版的各类羽毛球教材优点的基础上,吸收羽毛球运动发展中的先进理论与实践经验,经过参编团队认真地讨论研究,集思广益,撰写而成的。

羽毛球运动对大学生而言,不仅仅是一种娱乐、一项竞赛,更是一种强身健体的方式。让大学生在体育运动中感悟体育的魅力,感受体育带给他们的快乐,这不仅能帮助他们获得强健的体魄和健全的人格,更能全面提高大学生的身体素质和心理素质,使他们成为未来高素质的社会成员。

本教材的主要特点是注重培养和发展学生的实践能力,在学习理论的基础上结合羽毛球运动最新发展动态,适当地增加了技术和战术教学、训练与实战运用以及训练和比赛等实用性较强的内容,在各章后增设了思考与练习题,增强了学习互动性;从理论到实践,由浅入深,由易到难,方便学习者巩固所学知识,掌握羽毛球运动的基本概念,学会操作方法,从而提高教育质量。

本书共分为九章。第一章简要阐述了羽毛球运动的起源与发展、特点与价值以及其他一些基础概念知识。第二章简要介绍了羽毛球运动术语、技术五要素和技术的结构。第三章和第四章分别介绍了羽毛球的技术动作及其训练方法,重点介绍了羽毛球的前场技术、中场技术、后场技术、步法训练和羽毛球球路训练。第五章介绍了羽毛球运动技战术运用,可让学生们掌握简单的羽毛球战术。第六章主要介绍了相关羽毛球运动的身体素质练习内容和方法。第七章主要介绍了羽毛球运动在教学过程中的一些方法,可以让学生更好地掌握学习的方法。第八章对羽毛球运动的竞赛规则和裁判方法进行了详细讲解,让学生能够清楚地了解羽毛球竞赛安排规则和裁判法则,能够组织简单的羽毛球比赛。第九章介绍了羽毛球项目的重大赛事及成绩,使学生对羽毛球重大比赛有所了解,更全面地了解羽毛球项目。

衷心地感谢支持本教材出版的各位领导、老师和为本教材顺利出版给予大力支持的同事们。

编 者
2024 年 12 月

目录

第一章　羽毛球运动概述 ··· 1
- 第一节　羽毛球运动的特点与价值 ··· 1
- 第二节　世界羽毛球运动的发展 ··· 3
- 第三节　我国羽毛球运动的发展 ··· 7

第二章　羽毛球理论 ··· 13
- 第一节　羽毛球术语 ··· 13
- 第二节　技术五要素 ··· 17
- 第三节　技术的结构 ··· 18

第三章　羽毛球运动基本技术 ··· 22
- 第一节　握拍 ··· 22
- 第二节　发球 ··· 23
- 第三节　接发球 ··· 27
- 第四节　羽毛球后场技术 ··· 28
- 第五节　羽毛球网前技术 ··· 35
- 第六节　羽毛球中场技术 ··· 41
- 第七节　羽毛球步法 ··· 45
- 第八节　羽毛球击球质量的要点 ··· 52

第四章　羽毛球技术训练方法 ··· 57
- 第一节　握拍与挥拍练习 ··· 57
- 第二节　单项技术击球练习法 ··· 57
- 第三节　球路练习 ··· 69
- 第四节　练习形式 ··· 90

第五章　羽毛球技战术运用 ··· 92
- 第一节　基本战术意识 ··· 92
- 第二节　羽毛球单打技战术 ··· 102
- 第三节　羽毛球双打技战术 ··· 104
- 第四节　混合双打的基本战术 ··· 105

第六章　身体素质及其训练方法 107
第一节　羽毛球运动发展趋势对身体素质的影响与要求 107
第二节　身体素质在羽毛球运动中的作用与意义 109
第三节　身体素质训练的基本原则 110
第四节　力量素质训练的内容与方法 112
第五节　速度素质训练的内容与方法 118
第六节　耐力素质训练的内容与方法 122
第七节　灵敏素质训练的内容与方法 124
第八节　柔韧素质训练的内容与方法 127

第七章　羽毛球教学 131
第一节　羽毛球教学的方法 131
第二节　技术教学 133
第三节　分析纠正 143

第八章　羽毛球规则与裁判 146
第一节　比赛规则 146
第二节　竞赛规程 152
第三节　裁判工作要求 160
第四节　裁判工作内容 162

第九章　羽毛球重大赛事及成绩 171

参考文献 177

第一章 羽毛球运动概述

羽毛球运动由来已久,在长期发展和演变过程中,形成了其独有的特点。随着羽毛球运动的普及,羽毛球运动越来越为大众所喜爱,由此也被赋予了独特的社会价值。本章从羽毛球运动的特点、价值及发展角度出发,由浅入深,逐步引导学生了解羽毛球运动,从而深化学生对羽毛球运动的理解,促进学生对羽毛球相关理论知识的掌握。

第一节 羽毛球运动的特点与价值

一、羽毛球运动的特点

(一)娱乐性

羽毛球运动有很强的娱乐性。

人是自由、富于幻想的。自由、有创造性的生活使人精神充实,有所寄托。一旦生活中失去了自由创造的条件,人们就要寻求新的寄托,羽毛球运动无疑是人们寻求某种满足的较好选择。人寄情于此,能够在娱乐和竞争中克服各种心理和生理的障碍,同时使自由、创造的本性回归。进行不同的羽毛球技术练习,用美妙的身体语言尽情地挥洒自我、表现自我,不仅能锻炼身体,还能陶冶情操。

羽毛球运动有较强的观赏性。进攻时,似高屋建瓴,势如破竹;防守时,犹如绵绵细雨,固若金汤。猛虎下山般的上网技术,蛟龙出水一样的跳起击球,身如满弓般的下压突击,犀牛望月似的抢扑救球等,一切都在展示着羽毛球运动的力与美,使观赏者像吟读一首动人的诗,浏览一幅悦目的画一般,令人心旷神怡。

(二)简便性

1. 户外、室内皆宜

在室内进行羽毛球活动,既不需要多大的场地,又可免去风雨的困扰,打起球来上手快、规则简单,因此深受运动者的喜爱。

羽毛球活动的设备比较简单,只需两个球拍、一颗球、一条绳索。在无风或风不大的情况下,也可以在户外进行活动。只要把球网架起来,在一定长度和宽度的空地上画上几条线,就可以开始双方对练。户外活动可以促使锻炼者吸入更多的新鲜空气,接受阳光照射,有助于加速新陈代谢,锻炼者同时可以感受大自然的美丽,最终在运动中怡心健体。

2. 集体、个人皆宜

羽毛球活动既可单兵作战(两人对练),亦可集体会战(双打练习或三人对三人对练)。两人对练时,练习者可以随心所欲地打出任何弧线、任何距离、任何力量、任何速度和任何落向的球;集体会战可以使练习者养成协调配合的习惯,培养集体主义精神。

3. 各年龄段人群皆宜

羽毛球运动游戏性较强,运动量可调控。身强力壮的年轻人可以将球打得又刁又重,拼尽全力扑救任何来球,尽情散发青春气息;年老体弱的练习者可以把球轻轻地击来打去,根据自己的要求来变换击球节奏,从而达到锻炼身体的功效,既活动了身体,又愉悦了心情。不同年龄的人都能在羽毛球运动中找到乐趣。

(三)锻炼性

羽毛球运动的特点是球小、速度快、变化多,并且球网高。

"球小"能锻炼练习者的反应,观察能力;"速度快"能锻炼练习者的应变能力,以及起动和动作速度;"变化多"能锻炼练习者的判断力和思维能力;"球网高"使练习者不会轻易将对手置于"死地",击球回合相对较多,既提高了趣味性,又对练习者的速度、耐力,甚至速度耐力起到很好的锻炼作用。羽毛球运动不仅可以提高运动技术,而且能很好地提高身体素质水平,增进健康。经常从事这项运动能使人们的身心得到良好的锻炼。

二、羽毛球运动的价值

(一)增强体质

羽毛球运动可以全面增强人的体质。前场、后场快速移动击球,中后场的大力下压突击,被动时的扑救球,双打的换位击球等都需要练习者有较好的力量素质、速度素质、耐力素质、灵敏素质、柔韧素质及快速的反应能力。练习者在双方对拉回合的过程中,为了取得主动,需要具有较快的速度,以及较好的耐力和速度耐力;在防守时需要有极快的反应与判断能力;双打中需要有协调的配合;在扑救球时(多半是被动情况)需要有很好的灵敏素质和柔韧素质。因此,经常从事该项体育活动不仅可以发展人体的灵活性、协调性,还可以提高人们上、下肢及躯干的活动能力,改善呼吸系统和心血管系统的功能,提高有氧供能和无氧供能的能力,调节神经系统,提高抗乳酸的能力,而且能起到增进健康、调节精神、抗病防衰的作用。

(二)培养意志

羽毛球运动具有极强的竞争性、对抗性、大强度等特性。因此,运动员的意志品质和必胜信念在此项运动中占有非常重要的地位。羽毛球比赛经常出现这类情况,即运动员出现了"极点":喘不上气、身体无力、眼前发黑,感觉自己再也坚持不下去了。这种现象不是只有一方出现,在势均力敌的情况下,往往是双方先后都会出现,甚至几乎同时出现(如一个球打了很多回合),这时就看谁能再坚持一下,胜利往往存在于"再坚持一下"之中,而这种坚持就是顽强的意志品质和坚定的信念。

(三)提高心理素质

羽毛球运动包括对对方战术意图的揣摩,对各种战机的把握,对自己运用什么战术的选择等智力因素。因此,经常参与此项运动可以使人思维敏捷。同时,比赛的紧张、竞争的激烈可以使练习者的心理素质得到很好的锻炼。在竞争中,强化进取精神,使人的智、勇、技在竞争与对抗中得以提升。经此磨炼,练习者能够做到"临危不乱,泰然处之",既增长了智慧,又提高了心理素质,不仅能在羽毛球运动中应付自如,而且能以良好的心态和正确的人生观去面对事业、家庭等。

第二节 世界羽毛球运动的发展

一、羽毛球运动的起源

关于羽毛球运动的起源众说纷纭,主要的说法有以下三种。

(一)起源于日本

相传羽毛球最早出现于14—15世纪时的日本,球拍是木制的,球用樱桃核插上羽毛制成。由于这种球的球托是樱桃核,太重且飞行速度太快,球的羽毛极易损坏,加之球的造价太高,所以此项运动流行一阵子后就逐渐消失了。

(二)出现在印度

大约18世纪时,印度的浦那出现了一种与早年日本的羽毛球极相似的游戏。球用直径约6厘米的圆形硬纸板,中间插羽毛制成(类似我国的毽子),拍是木质的,玩法是两人相对站着,手执木拍来回击球。

(三)诞生在英国

现代羽毛球运动诞生于英国,在1800年左右,由网球派生而来。我们可以注意到,现今的羽毛球场地和网球场地仍非常相似。1870年,出现了用羽毛、软木做的球和穿弦的球拍。1873年,英国公爵鲍弗特在格拉斯哥郡伯明顿镇的庄园里进行了一次羽毛球游戏表演。从此,羽毛球运动便逐渐开展起来。"伯明顿"即成了羽毛球的名字,英文的写法是"Badminton"。那时的活动场地是葫芦形,两头宽中间窄,窄处挂网,直至1901年才改为长方形。

二、世界羽毛球的发展

1875年,世界上第一部羽毛球比赛规则出现于印度的浦那。三年后,英国又制定了更趋完善和统一的规则,当时规则的不少内容至今仍无太大的改变。

1893年，世界上最早的羽毛球协会——英国羽毛球协会成立，并于1899年举办了首届全英羽毛球锦标赛。

1934年，由加拿大、丹麦、英国、法国、爱尔兰、荷兰、新西兰、苏格兰和威尔士等国发起成立了国际羽毛球联合会，总部设在伦敦。从此，羽毛球国际比赛日渐增多。

1934—1947年，丹麦、美国、英国、加拿大等欧美运动员称雄于国际羽坛。

在1948—1949年举行的首届世界男子羽毛球团体锦标赛汤姆斯杯赛中，马来西亚队获得冠军，从而开启了亚洲人称雄国际羽坛的时代。在1948—1979年的11届汤姆斯杯赛中，印度尼西亚队7次夺得冠军，马来西亚队4次夺得冠军。

1956年，世界女子羽毛球团体锦标赛尤伯杯赛开始举行，前三届冠军均被美国人夺得。

20世纪60年代前期，中国队后来居上，形成了多种快速进攻的类型打法，我国羽毛球队创造的"快、狠、准、变、活"的技术风格开创了这一时期以快攻打法取得主动的新局面。尽管当时欧亚展开了激烈的竞争，但因为我国没有加入国际羽联，所以我国羽毛球运动员无法参加国际羽毛球大赛。

1964年，中国队首次打败了当时的世界冠军印度尼西亚队，随后又以绝对优势战胜了该队。当时，国家青年队和很多地方队都能战胜印度尼西亚队。

1965年，我国羽毛球队在快速进攻打法的基础上，技术水平大幅度提高，在当年出访北欧时，取得了较好的战绩。

1966年，我国羽毛球队迎战世界亚军丹麦队。在该场比赛中，我国运动员就是采用了这种快速进攻的打法，使对手处于被动，无法施展他们欧洲类型的技术打法。中国队的快速进攻打法是国际羽坛上的首创，对羽毛球运动快速发展到今天这种局面起到了巨大的推动作用。

在中国队快速进攻打法的影响下，印度尼西亚队首先吸收了该打法的先进特点，并积极培养该种技术打法的后备人才。在20世纪60年代的中后期，出现了一些快速进攻打法的世界级运动员，如哈托诺(梁海量)在下压突击、吊上网打法中发展了劈下压突击的配合，曾在全英赛中8次夺冠，当时被称为"羽坛球王"。

20世纪70年代以来，男子羽毛球技术处于世界领先地位的是印度尼西亚队和中国队。印度尼西亚羽毛球队又涌现出诸如林水镜等好手，后场双脚起跳下压突击上网是他的技术特点。他在1978年、1979年两度夺得全英羽毛球公开赛冠军。印度尼西亚队也着重发展不同类型打法的运动员，注重"百花齐放"。例如，印度尼西亚羽毛球队汤姆斯杯赛的原单打主力翁振祥，就是采用平高球、平快球压底线结合近网吊球的拉、吊结合突击的打法。这些快速进攻类型打法的继承与发展使印度尼西亚队在这一段时期里主宰了国际羽坛(1958年至1980年共7次夺得汤姆斯杯冠军)。因此，快速进攻的类型打法是占主导地位的先进的技术类型。

同时期，欧洲运动员意识到自己在羽毛球技战术方面已落后，认识到仅仅依靠技术全面、控制落向的类型打法已经落伍。为了赶上羽毛球运动技术发展的潮流，他们在自己原技术类型打法的基础上，注重向中国队和印度尼西亚队学习，学习亚洲两个强队快速进攻类型打法的优点,由此,在该时期对印度尼西亚队构成了巨大的威胁。如丹麦队的考普斯运用了网前假动作,以此破坏对方的进攻节奏,又加强了拉、吊技术的进攻性,尤其是在继承了积极快速进攻的基础上发展了重下压突击、下压突击等技术,在1960年夺回全英公开赛冠军,并将这一殊荣保持了7年之久。在以后的日子里,丹麦羽毛球队又出现了普里和菲明道夫,二人分别在1975年、1977年里击败了"球王"梁海量而获得全英公开赛冠军。由此可见,中国独创的积极快速进攻打法已被羽坛广泛使用。

20世纪70年代后期,日本、韩国、巴基斯坦、泰国、马来西亚等国家和地区的羽毛球技术也有了长足的进步,在国际比赛中取得了较好的成绩。欧洲的丹麦、英国、瑞典等国的羽毛球运动队在发挥原有特点的基础上,广泛吸取了亚洲人的技术和经验,技术水平稳步提高,至今仍不失为羽坛劲旅。

1978年2月,世界羽毛球联合会于中国香港成立。

20世纪80年代,世界羽毛球的发展趋势以压底线为主,在此基础上发挥运动中各自的特点。这一时期,中国运动员杨阳和赵剑华是代表人物,前者使用快速调动为主的类型打法,而后者是下压突击上网结合的先声夺人的类型打法。他们的共同特点是变速突击能力非常强,具体体现在后场两边线起跳突击下压和上网组织进攻,给对手造成了巨大的威胁。在当时,两人都拥有"天王"的称号。但总的来说,20世纪80年代的技术发展变化不够突出。当时的世界羽坛格局仍然是欧亚对峙。亚洲的代表是中国队和印度尼西亚队,欧洲的代表是丹麦队。

1981年5月,国际羽毛球联合会和世界羽毛球联合会正式合并。

1982年,中国队首次参加汤姆斯杯赛就荣获冠军。中国队的技术受到了世界羽坛的普遍赞扬。

女子方面,可以说是中国、印度尼西亚、日本三强鼎立。1982年,中国队首次参加全英锦标赛,即获得了女子单打冠、亚军和双打冠军。

到了20世纪80年代后期,马来西亚队、韩国队有了长足的进步,多次获得国际羽毛球大赛的男子团体冠军、双打冠军。

20世纪90年代,男子羽毛球的优势地位重新转向印度尼西亚队,该队涌现出一大批高水平的运动员。这一时期的羽毛球技术主要强调变速突击的类型打法,运动员均在技术全面的基础上采用该类型打法,既能攻善守,又强调控制与反控制。进攻技术在20世纪70年代积极快攻的基础上,更着重发展具有个人特色的凶狠、变速突击技术。注重击球时机、击球效果、击球方向与战术的变化是这一时期发展趋势的重要表现。

进入2000年以后,世界羽坛的格局仍然是欧亚对峙,唯一不同的是:亚洲已稍稍领先。

以亚洲为代表的类型打法继续贯彻积极、快速、进攻的主导思想,配合技术全面,灵活多变,变速突击,拉吊、拉打结合的类型打法。

以欧洲为代表的类型打法利用身材高大、强壮有力的身体特点,从控制底线的类型打法转向强调积极进攻,融入亚洲类型打法的快速主动优点,突出发球抢攻、以下压控网的打法。

三、世界羽毛球的现状

目前,国际羽联已拥有一百多个会员协会。国际羽联管辖的世界性比赛有:汤姆斯杯赛(世界男子团体锦标赛),从1948年开始;尤伯杯赛(世界女子团体锦标赛),从1956年开始;世界锦标赛(单项比赛),从1977年开始;全英锦标赛(非正式传统单项比赛),早在1899年开始。

世界羽毛球类型打法的演变已从慢速的"四方球"打法、"速度突变和强调进攻"的打法结合多种形式形成快速进攻的打法、"注重技术全面,以快速为前提,下压底线"的打法发展成为变速突击的打法。在意识上,强调三种意识:向前意识、高点意识、上手意识。在趋势上,强调更加积极主动,技术比较全面,战术变化多样,特长非常突出。当今世界羽毛球打法种类很多,从技术流派或风格来说,主要有三种类型。

(一)第一种:欧洲式

在羽毛球竞技运动实战中,欧洲运动员运用以稳、准为主的,有条理性的技术手段及与该技术手段目的相同的战术目的,把这些基本的技术手段、战术目的结合起来归纳为一个类型,我们将这一系列的羽毛球技战术结合方式称为欧洲羽毛球的类型。

由于地域、文化、制度等因素影响,欧洲运动员与亚洲运动员之间存在显著差异。首先,身体素质的差异是欧洲与亚洲运动员技战术打法产生差异的重要原因。建立在身体素质基础上的技战术优势,其主要表现在强调重心稳、落向准,以稳、准为主,技术上讲究步法的条理性(一般运用小步结合大步,速度较慢)和回中心位置;打法是用高远球和网前放、挑球结合拉吊四角以调动对方,主动伺机下压突击。这种打法的击球力量大,落向准,反手颇具威力。近年来加快了速度,跑动趋向积极,打法也较以前积极主动。

进入2000年以后,从所有的世界大赛统计数据来看,欧洲运动员的类型发展趋势是注重吊下压突击的配合,讲求平球、快球,轻易不出高球,在控制平、快的基础上,增加下压突击球的使用率,尽量使自己处于高空下压的态势。

所以当今欧洲式发展的趋势是:欧洲运动员利用自己身材高大、击球有力、爆发突击等特点,已从原来的控制底线转向强调进攻,突击发球抢攻,以下压控网为主。

(二)第二种:亚洲式

在羽毛球竞技运动实战中,亚洲运动员运用积极快速的鞭打技术手段及与该技术手段目的相同的战术目的,把这些基本的技术手段、战术目的结合起来归纳为一个类型,我们将这一系列的羽毛球技战术结合方式称为亚洲羽毛球的类型。

亚洲式技术打法特点是其在稳、准的前提下强调快速进攻,突出前臂和手腕的力量,脚下步法移动快(注意运用弹跳和蹬跨),挥拍动作小,注意鞭打的协调用力,击球点高,常用下压突击、快吊和劈下压突击;上网快,网前多采用搓球(取代了欧洲式的网前放、挑球)和推平球,后场反手部位也多用头顶的下压突击、吊、击后场等技术击球。此种打法以印度尼西亚队运用得最为突出。

进入2000年以后,从所有的世界大赛统计数据来看,亚洲运动员的类型发展趋势是着重利用本种族的生理解剖特点,结合自身灵活多变、技术全面、突击性强、拉打结合、变速进攻、节奏鲜明等特点,尤其是印度尼西亚运动员的后场起跳,变速突击下压速度快、落向刁、假动作"真",手法隐蔽,威胁大。

所以当今亚洲羽毛球发展的趋势是:亚洲运动员利用自己灵活多变、击球节奏好、爆发突击等特点,已从原来的控制网前转向技术全面、战术多样、积极主动、快速突击等为主。

(三)第三种:中国式

所谓中国羽毛球的类型就是在羽毛球竞技运动实战中,运动员运用"快、狠、准、变、活"的技术手段及与该技术手段相同的战术目的,把这些基本的技术手段、战术目的结合起来归纳为一个类型,我们将这一系列的羽毛球技战术结合方式称为中国羽毛球的类型。

中国式羽毛球技战术的特点是"快、狠、准、变、活",在技术与战术上表现为以我为主,以攻为主,以快为主,基本技术全面、熟练,特长突出,进攻点多,封网积极,劈下压突击凶狠,防守稳中有刁,守中有攻,能攻善守,力求"快、狠、准、变、活"的有机结合。

2000年以后,从所有的世界大赛统计数据来看,中国运动员技术的发展趋势是着重利用本种族生理解剖特点,结合自身灵活多变、技术全面、突击性强、拉打结合、变速进攻、节奏鲜明等特点,在吸取了印度尼西亚运动员的后场起跳、变速突击下压速度快、落向刁、假动作"真"、手法隐蔽、威胁大等特点的基础上,着重发展了适合于我国羽毛球运动员特点的"快、狠、准、变、活"技术风格。

所以,当今中国羽毛球运动发展的趋势是:中国运动员利用自己灵活多变、击球节奏好、爆发突击等特点,已从原来的控制网前转向技术全面、战术多样、积极主动、快速突击,将"快、狠、准、变、活"有机地结合起来,独树一帜地创造了以"短、平、快"为主的打法。

总括起来,世界羽毛球运动技术将朝着更加积极主动、特长非常突出、技术比较全面、战术变化多样的趋势发展。

第三节 我国羽毛球运动的发展

1918年,羽毛球运动在第一次世界大战后传入我国,最早是在上海的法国总会,随后在广州、福建、北京、上海、天津、大连、成都、武汉等地区教会办的青年会和学校中开始出现。但当时由于条件限制,没有举办过任何较大规模的比赛,只局限在游戏和启蒙阶段。

1949年,中华人民共和国成立后,羽毛球运动逐渐在全国各大、中城市开展起来,成为广大人民群众喜闻乐见的项目,并逐步成为我国奥运体育战略的重点项目之一。半个多世纪以来,我国羽毛球运动发展的历程大致可分为以下几个阶段。

一、第一阶段(1949—1953年)

中华人民共和国成立初期,羽毛球运动仅在上海、福建、广州、北京、天津、大连、成都、武汉等少数几个经济较发达地区的体育馆和一些教会办的大学、中学校园里开展。参加者寥寥无几,活动的宗旨和目的仅仅是娱乐、健身、游戏和交际。这一时期的羽毛球活动为我国今后羽毛球运动的发展奠定了基础。

二、第二阶段(1954—1956年)

我国东南沿海省市(广东、福建等地)的羽毛球活动均在归国华侨青年的积极倡导、组织、推动下得以较为广泛地开展。

1954年,多名华侨青年回国后,第一次发起并组建了国家羽毛球队。他们引进了当时著名羽毛球强国印度尼西亚、马来西亚的羽毛球先进技术,并通过全国各地的巡回表演、比赛、交流、讲座等形式进行先进技术的传播。从那时起,我国羽毛球技术真正走上了正轨,彻底摆脱了以往羽毛球技术套用网球技术打法的框架,使羽毛球步入了正式、规范且先进的技术范畴。

1956年5月,首届全国羽毛球比赛在天津市举行。国家体委确定以后每年举行一次全国羽毛球锦标赛。这一举措大大推动了群众性羽毛球运动的开展,并对羽毛球的普及、发展、提高产生了积极的影响。仅在技术打法上的提高就已极为显著,但同时也暴露出了一些问题:攻防技术不够全面,基本功不够扎实,类型打法基本上是积极抢攻和控制落向两种较为单一的方式。

1956年7月,中国羽毛球队首次迎来了世界劲旅印度尼西亚队的来访。该队在此之前转战世界各地,在所进行的10场巡回表演赛中全胜,在总共进行的50场友谊表演赛中取得了44场胜利。我国羽毛球队在和印度尼西亚羽毛球队的多次较量中找到了差距,看到了不足。印度尼西亚羽毛球队的精湛技术、战术、球性都给我国广大羽毛球工作者、爱好者留下了极为深刻的印象,也为我们在此后赶超印度尼西亚队埋下了伏笔。

三、第三阶段(1957—1959年)

广东、福建、上海、江苏、天津、湖南、湖北等省市先后建立了羽毛球队。1957年,上海风雨操场业余体校羽毛球班诞生。从此,羽毛球训练进入了一个从儿童少年抓起的新时代,羽毛球队伍拥有了后备基础。

为了以较高的技战术水平迎接第一届全国运动会,各地安排了羽毛球队集训。在这个形势的推动下,各地的业余体校羽毛球队蓬勃发展起来,群众性的羽毛球活动也在各地区"向阳院"、公园、广场等娱乐场所迅速发展起来。从1956年开始,每年举行一次全国性羽毛球比赛的规定有力地推动了羽毛球运动在我国的发展。在这一阶段,新手大批涌现,技术上有较大进步,加强了前、后场的速度,改进了步法(大步、蹬步增多)。1958年,我国羽毛球教练和运动员树雄心、立壮志,提出了"十年内打败世界冠军"的响亮口号。

1959年1月,全国少年羽毛球锦标赛在广州首次举行。同年9月,首届全运会羽毛球比赛在北京举行,有21个省、自治区、直辖市代表队参加。在这个良好的环境下,羽毛球事业迅速发展,新手再次大批涌现,技术大幅度提高。技术上加强了前、后场的速度,改进了步法,为规范的一步、两步、三步、三步半及前后场左右场结合的步法。新步法的投入使用既节省了体能,又提高了效能。

四、第四阶段(1960—1962年)

第一届全国运动会后,我国羽毛球教练和运动员奋发图强,刻苦训练。其间,多名华侨青年相继回国,带回了国外的羽毛球先进技术和打法,也为当时打败世界冠军队提供了不少依据。这个时期,广东队首先在步法训练上大胆改革,抓住步法的快速到位这一主要矛盾,采用了垫步加蹬跨步,以加快上网步法;在后退步法中运用蹬跳空中击球,以加快击球速度和提高击球点,从而使全场速度得到了提高。福建队则在手法训练上狠下功夫,突出了动作小、出手快、爆发力强的动作特点,发展了后场和前场的几项进攻技术,使击球质量和效果得到了提高。广东队在双打方面也初步形成快速封网,前、后场连续进攻的打法,使双打水平进一步提高。广东队、福建队互相学习,互相促进,其他各队也在学习广东、福建的先进经验的基础上,刻苦训练,"百花齐放",初步形成了几种不同的流派和打法,使我国羽毛球技术水平出现了一个划时代的飞跃,摆脱了国际羽坛慢、稳、守打法的羁绊,在向"快与攻"的方向发展上迈出了可喜的一步。

五、第五阶段(1963—1965年)

1963年夏天,蜚声羽坛、蝉联汤姆斯杯的世界冠军印度尼西亚羽毛球队来中国访问。经过交锋,不仅中国国家队、中国青年队取得了胜利,而且我国广东队、福建队也尝到了胜果。

1964年夏,印度尼西亚羽毛球队在世界男子团体赛(汤姆斯杯)中击败丹麦队,再次蝉联世界冠军。他们挟誉而来,势要挽回上一年失利的面子。中国国家队再一次以4∶1取胜(对抗赛),广东队和广东、湖北联队也3次以3∶2报捷。

1964年7月,国家体委召开了第一次全国羽毛球训练工作会议,总结经验,肯定成绩,找出差距,明确提出了我国羽毛球"快、狠、准、活"的技术风格,规定了"以我为主、以快为主、以攻为主"的发展方向。

1965年10月,我国羽毛球队访问北欧丹麦和瑞典。丹麦羽毛球队是欧洲的冠军,也是汤姆斯杯的有力争夺者。我国羽毛球队访丹麦时,出战24场;访瑞典时,出战10场,均获全胜。我国快速进攻的打法使世界羽坛大为震动,特别是汤仙虎在丹麦有一局以15∶0轻取六度获得全英锦标赛男单冠军的柯普斯,至今仍传为佳话。这是我国羽毛球运动员在世界羽坛的全盛时期。

在这一阶段,我国羽毛球运动员在技术上发展了快吊、劈下压突击、网前搓球等技术,强调了出手快、击球点高的要求。同时发展了后场高、吊、下压突击和网前搓、推、勾动作的一致性,并提倡中后场腾空跳起击球技术。在以"快"与"攻"为主的思想指导下,出现了几种不同打法与流派竞相媲美。在双打上也发展了快速推压后场,积极控制网前的打法。

六、第六阶段(1966—1976 年)

1966 年下半年以后,由于"文化大革命",我国羽毛球运动员的训练未能正常进行,身体素质和技术水平有所下降,出现了青黄不接的现象。

七、第七阶段(1977—1986 年)

1981 年 5 月,国际羽联与世界羽联宣告联合,同时恢复我国在国际羽联的合法席位,实现了我国运动员二十多年来逐鹿国际羽坛的夙愿,争夺世界桂冠。

1981 年 7 月,在美国加利福尼亚州举行的第一届世界运动会中,羽毛球第一次被世界性运动会列为正式比赛项目。有 14 个国家和地区的羽坛劲旅参加了 5 个单项的激烈争夺。我国羽毛球运动健儿夺得了男单、女单、男双、女双 4 项桂冠。

1982 年 3 月和 5 月,我国羽毛球运动健儿又在全英锦标赛和汤姆斯杯锦标赛中再创辉煌:在全英赛中获女单、女双的冠、亚军;在汤姆斯杯决赛中,顽强拼搏,反败为胜,以 5:4 勇克获得 7 次冠军的印度尼西亚队,捧杯荣归。

在 1985 年的全英锦标赛和第四届世界羽毛球锦标赛中,我国羽毛球运动健儿夺得了男单、女单、女双 3 项冠军,总成绩高居榜首。

1986 年 5 月,在雅加达举行的第十四届汤姆斯杯和第十一届尤伯杯赛中,我国男、女羽毛球队双双捧杯,揭开了羽坛史上新的一页。

八、第八阶段(1987—2012 年)

20 世纪 90 年代以来,我国羽毛球队由于老运动员纷纷退役,新手各方面又不够成熟,所以一度落入低谷。但这种情况只持续了短短几年,在 1995 年世界羽毛球男女混合团体赛及单项赛中,中国队夺得冠军,走出了低谷,再执世界羽毛球之牛耳。

自 2006 年 2 月 1 日羽毛球新规则启用以来,我国羽毛球在世界羽毛球比赛中,始终处于领先地位。

2006 年 9 月,我国羽毛球运动健儿在马德里世界羽毛球锦标赛上取得了除混双外,男单、女单、男双、女双 4 项冠军。

2007 年 6 月,在苏格兰格拉斯哥拉举行的第十届苏迪曼杯羽毛球混合团体赛上,我国以 4:1 力克马来西亚队,摘得桂冠。

2008 年 8 月,第二十九届北京奥运会上,我国羽毛球健儿,取得了 3 金 1 银 1 铜的好成绩。

2009 年 8 月,在第十七届世界羽毛球锦标赛上,我国羽毛球运动健儿取得了男单、女单、男双、女双的 4 项冠军。

2010 年 8 月，在第十八届世界羽毛球锦标赛上，我国包揽了全部 5 个单项的冠军，取得了辉煌的成绩。

2011 年 5 月，在中国青岛举行的第十一届苏迪曼杯羽毛球混合团体赛中，中国队 3：0 封丹麦队，第八次捧起苏迪曼杯，这也是中国队第二次实现苏杯四连冠。

2011 年 8 月，在英国伦敦举行的第十九届世界羽毛球锦标赛上，我国包揽了全部 5 个单项的冠军，取得了辉煌的成绩。

2012 年可谓是中国羽毛球队的荣耀之年。2012 年中国羽毛球队全年包揽大小赛事冠军共计 63 个，中国羽毛球队在 2012 伦敦奥运会上包揽全部 5 项羽毛球比赛的冠军，首次实现一个国家羽毛球奥运会金牌大满贯。

九、第九阶段（2013—2019 年）

2012 年奥运会中国羽毛球队达到了鼎盛期的顶点。

2013 年，主场作战的中国队在广州世锦赛失利，仅获二金。

2014 年，汤姆斯杯半决赛中国队被日本队横扫。本年世锦赛女单再次失利，羽毛球超级系列赛也开始被压制，亚运会女双无缘决赛，这是自 1994 年来的头一回。

2015 年，女单超级系列赛也开始无比艰难，全年仅获三冠，世锦赛无缘四强，整个队伍都开始下滑，女双在和日本组合的对抗下也开始逐步力不从心。

2016 年，汤姆斯杯无缘四强，女双开始明显陷入颓势，被日本组合压制，女单也一样被各国天才少女们压制，混双也开始出现问题，奥运会女队大溃败，女单女双都无牌，仅仅第四，男队虽然都拿到冠军，但都无比艰难。

2017 年，女单仍然在低谷，全年超级赛无冠，也导致苏迪曼杯失利。马来西亚公开赛后李永波卸任，离开了国羽。

2018 年，尤伯杯无缘决赛，而且此次尤伯杯一共输了七场女单，世锦赛再次止步半决赛，亚运会男女单打均无缘四强，男单世锦赛再次失利，桃田贤斗开始统治超级赛，男单开始一冠难求。

2019 年，世锦赛仅一队混双打进决赛并且夺冠，女单连续六届世锦赛无冠，世锦赛后女双男双不得不聘请外教，李矛也在世锦赛后回归国羽。

十、第十阶段（2020—2022 年）

随着年轻队员的逐渐成长，2020 东京奥运会上中国队斩获了 2 金 4 银，对于近年来经历了低谷期的中国羽毛球队来说，虽然相比全盛时期包揽五金的盛况还是有所欠缺，但相比里约奥运会上的两金一铜，东京奥运会五个单项全部闯入决赛已经超出了人们的预期。

2021 年，推迟一年举行的 2020 汤姆斯杯暨尤伯杯羽毛球赛在丹麦奥胡斯落幕。中国女队以 3：1 击败日本女队，在赛事历史上第十五次夺得尤伯杯冠军。以年轻选手为主力的中国男队0:3负于传统强队印度尼西亚男队,获得汤姆斯杯亚军。

2022年中国队参加了世界羽联十余站赛事,在包括世锦赛在内的高级别赛事中获得22枚金牌。其中,混双组合摘得9金,女双组合贡献5金,男双组合获得3金。双打组合发挥稳定,表现出色。

本章思考题

1. 羽毛球运动的特点有哪些?
2. 羽毛球运动的价值是什么?
3. 简述羽毛球运动的起源。
4. 世界羽毛球的三种意识是什么?
5. 简述世界羽毛球的流派和技术。

第二章 羽毛球理论

　　为了使学生系统地掌握羽毛球技术,从羽毛球基础理论入手,在学生的头脑中树立正确的理论观念,不仅有利于学生羽毛球技能的学习,对学生形成长效持久的羽毛球思维习惯和身体动作习惯也大有裨益。学生是由不同文化背景的人聚集而成的一个群体,学生群体因接触羽毛球运动的程度不同而形成了不同层级的小的群体,因此对羽毛球运动的需求也因群体差异而不同。本章从羽毛球术语与羽毛球技术五要素再到羽毛球技术结构,由浅入深,层层递进,介绍羽毛球运动理论,以便针对不同的学生群体因材施教。

第一节　羽毛球术语

一、羽毛球场地与场区

　　羽毛球场地长 13.40 米,双打场地宽 6.10 米,单打场地宽 5.18 米。场地中央的球网(两边柱子高 1.55 米,中间网高 1.524 米)平均分开长方形场地(图 2-1)。

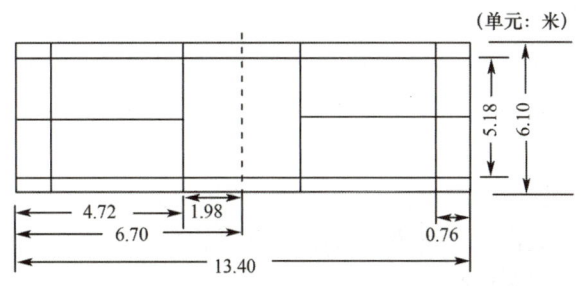

图 2-1　羽毛球场地

　　羽毛球场地横向被中线平分为左、右两个半区。羽毛球场地纵向被分为前场、中场、后场:前场是指从发球线到球网之间的一片场地;后场是指从端线到双打后发球线之间的一片场地;中场是指前发球线与双打后发球线之间的一片场地(图 2-2)。

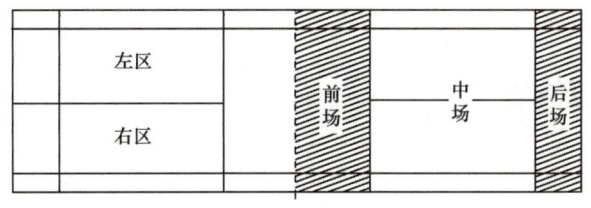

图 2-2　羽毛球场区划分

二、站位与击球

(一)站位

站位是运动员站在羽毛球场上的位置,有两种情况。一种是受限制的站位,如发球、接发球时运动员的站位,就必须按要求站在规定的区域内(左半区或右半区)。另一种是不受限制的站位,可根据自己或同伴(双打)的需要而选择的站位。如单打的站位一般在离前发球线1米左右的中线附近,双打站位可根据双打两个运动员的具体战术需要而选择前后或左右的站位。根据以上对羽毛球场地的划分,又可把不受限制的站位具体分为:左半区站位、右半区站位、前场站位、中场站位、后场站位。

(二)击球

击球是指运动员挥拍击球时,拍与球接触的一刹那。运动员站在左半区迎击对方来球叫作左半区击球;运动员站在右半区的击球叫作右半区击球;运动员站在前场、中场、后场的击球,则分别叫作前场击球、中场击球、后场击球。除此之外,根据来球高度的不同,我们也可划分出上手击球(高于肩的来球,击球点在肩上)和下手击球(击球点低于肩)。

三、持拍手与非持拍手

持拍手是正握着球拍的手,非持拍手是没有握拍的手。在羽毛球运动中,非持拍手的功能主要是在发球时用来持球、抛球;在击球过程中用来维持身体平衡,以便更有效地击球。

四、技术称谓

在羽毛球运动中,我们经常听说正手技术、反手技术、正手发球技术、反手发球技术等术语。

正手技术:握拍手同侧的技术。以右手握拍的运动员为例,在击右侧球时所用的技术就称为正手技术,并由此派生出正手发球技术、正手击球技术等技术名称。

反手技术:握拍手异侧的技术。

正手发球技术:由正手技术派生出来的发球技术,采用正手发球就称为正手发球技术。

反手发球技术:由反手技术派生出来的发球技术,采用反手发球就称为反手发球技术。

五、击球的基本线路

击球线路是指球被运动员击出后在空中运行的轨迹和场地之间的关系。羽毛球运动员击球线路是数不胜数的,这里我们只研究决定羽毛球线路规律的几条基本线路。在此,仅以运动员(右手持拍)正手击出三条球路来分析球的路线的名称:第一条——从自己的右方打到对方的左方(线路与边线平行)可称为直线;第二条——从自己的右方打到对方的右方(线路与边线有较大的角度)可称为对角线;第三条——从自己的右方打到对方的中线(击球线路与边线有较小的角度)可称为中路(图2-3)。同理,反手后场(中场、前场)的三条基本击球线路,亦可这样称呼。

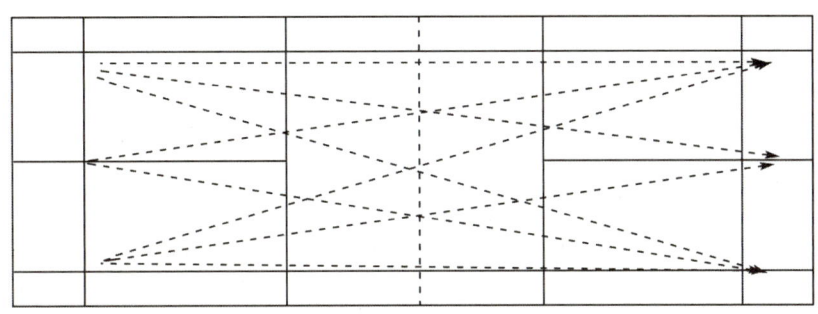

图 2-3 羽毛球击球线路

在具体称呼时,可与正手、反手结合在一块,如正手直线、正手中路、正手对角线、反手对角线等。若在中线击球时,打到对方场区的左方为左方斜线,打到对方场区的右方为右方斜线,打到中间为中路球。

在对羽毛球线路的称呼上应注意如下问题:首先,要看击球点和球的落向靠近哪里,击球点靠近右边线,而落向靠近中线,都称为正手中路球;其次,要根据击球时所用技术名称,如反手搓球,可称为反手搓直线、反手搓中路球等。

羽毛球基本击球线路可分为五条:左方直线、中路直线、右方直线、右方斜线(右方对角线)、左方斜线(左方对角线)。

根据击球运动员站位的不同(左、中、右),每个位置又可分别击出直线、中路、斜线,因此,又可派生出九条线路来。羽毛球的击球线路之多无法描述,但其基本线路就几条,我们掌握其规律,对我们的训练、比赛都是大有益处的。

六、拍形角度与拍面方向

(一)拍形角度

拍形角度是指球拍面与地面所成的角度。拍形角度可分为七种:拍面向下、拍面稍前倾、拍面前倾、拍面垂直、拍面后仰、拍面稍后仰、拍面向上。

(二)拍面方向

拍面方向是指球拍的面所朝向的位置。拍面方向可分为三种:拍面朝左、拍面朝右、拍面朝前。

拍形角度和拍面方向控制得好坏对击球质量的影响非常大。所以,我们必须在每一次击球中认真调整好拍形、拍面,击出符合质量要求的球。

七、击球点

(一)击球点的概念

击球点是运动员击球时,球拍与球相接触那一点的空间位置。

(二)击球点的内容

击球点包括三个方面的内容:第一是球拍与球的接触点距地面的高度;第二是接触点与身体的前后距离;第三是接触点与身体的左右距离。

对击球点的选择是否合适,决定着击球质量的好坏。它直接影响着运动员击球的力量、速度、弧线、落向,最终将影响运动员击球的命中率,影响得分和比赛成败。因此,选择合适的击球点至关重要。选择合适的击球点应做到如下两点:第一,判断要准;第二,步法移动要到位(步法要快)。只有做到了这两点,才能保证击球准备调整在最合适的位置,击球点才有保障。

八、击球方式

正拍击球:用掌心一边的拍面击球。

反拍击球:用手背一边的拍面击球。

头顶击球:用正拍拍面击打反手区的上手球。

体侧击球:击球点位于运动员的正手位或反手位的体侧的击球。

上手击球:击球点在运动员肩部以上的击球。

下手击球:击球点在运动员肩部以下的击球。

高点击球:击球点在运动员所能触及的最高点的击球。

九、球的飞行方式

高远球:运动员从场地一边的后场以很高的弧线曲度将球击到对方场地的后场位置。

平高球:从场地一边的后场以较平的弧线曲度(该弧线的适宜曲度为让对方在球飞行到后场之前不被对方拦截到)将球击到对方后场位置。

平快球:运动员从场地一边的后场以较平的弧线曲度且以较快的飞行速度将球击到对方后场位置。

吊球:运动员击回网前的球质量高得就像把其"悬吊"过网一样,通常是运动员将球从场地一边的后场以向下的弧线曲度击到对方近网场区的位置。

下压突击球:运动员从场地一边的中后场使球以向下的较平的弧线曲度快速飞行到对方场区的位置。

平抽:运动员在还击身体两侧或近身击球点的来球时所采用的一种技术,挥拍动作幅度较大,使球以与地面平行或向下(或略上)飞行的弧线击到对方场区的位置。

平挡:运动员在还击身体两侧或近身击球点的来球时所采用的一种技术,挥拍动作幅度较小,从而使球以与地面平行或向下(或略上)飞行的弧线击到对方场区的位置。

挑高球：运动员把球从前场或中场在低于球网处向上以较高的弧线曲度击到对方后场的位置。

推球：运动员把靠近网上部1/3的球以低平的弧线曲度，击到对方后场区的位置。

放网前球：运动员把球从本方网前还击到对方网前较近的区域位置。

搓球：运动员用拍面切击球后，使球带有旋转和翻滚飞行到对方网前贴网的区域位置。

勾球：运动员在网前使球以对角线的运行方式击到对方网前贴网的区域位置。

扑球：运动员在近网高处把球以直线向下的运行方式快速击到对方区域位置。

第二节　技术五要素

羽毛球运动是一项激烈的对抗性运动，取胜的关键在于出球的质量，其中击球技术质量高更是取胜的关键。高质量的击球要符合"快、狠、准、活"的原则，而要达到"快、狠、准、活"就必须弄清影响击球质量的几个主要因素。

一、击球力量

击球的力量决定着击球速度，击球的力量越大，球的速度越快（$F=ma$，F 为物体所受的合力，m 为物体的质量，a 为物体的加速度）。只有击球的力量大才能使对方没有充分的准备时间而处于被动地位。

二、回球速度

我们要求判断快、移动快、击球快等，实际上具体着眼点就是回球速度要快。我们不仅要提高回球的"绝对速度"，还要提高回球的"相对速度"，这样才能给对手以强有力的攻击，使其防不胜防，处于被动地位。

三、球的弧线

弧线曲度的大小、打出距离的长短，都与球的速度有关。我们想加快速度，加强准确性和变化性，都必须解决击球弧线的问题。

四、球的落向

落向不仅要具有准确性，而且要具有攻击性。落向这一因素直接影响球的"狠、准、活"三个方面。落向刁在另一个意义上讲可谓"狠"，落向到位可谓"准"，落向变化无穷可谓"活"。因此，我们必须加强落向控制能力的训练，掌握落向控制的方法，在每次击球中都在控制落向上去努力。

五、击球动作一致性

击球技术由动作构成,技术不同,其动作的具体方法也各有所异,但有些技术动作方法上有很多相似的做法,就叫作击球动作一致性。

动作一致性不仅增加了对方准确判断的困难,而且还可能给对方造成错觉,形成错误的判断,增加回球的难度,造成回球质量不高。例如,网前的搓、推、勾三项技术,其引拍、挥拍两个动作就可以一致,在球拍触球的一刹那突然改变手腕、手指、挥臂的用力及拍形角度、拍面方向而击出不同的球。这样,对方在球拍击球前就很难判断击出的是什么性质的球,只有当球出拍后才能做出判断,增加了判断和移动的难度,进而影响其回击球的质量。因此,无论是前场技术、中场技术、后场技术,都要努力追求相类似技术动作的一致性,这样才能击出高质量的球。

以上五个要素是相互制约、相互依存、缺一不可的。同时,这五大要素又和击球的命中率成反比:提高了力量、速度、落向、弧线、击球动作的一致性,则相应降低了击球的命中率。因此,在训练中真正需要解决的是质量和命中率的关系,只有做到击球质量和击球命中率的统一,质量高(力量大、速度快、落向刁、弧线变化大、动作隐蔽)且命中率也高,不断提高击球的技术水平,才真正达到了我们的训练目的,我们才能在比赛中立于不败之地,取得最后胜利。

第三节 技术的结构

所谓技术是指那些在羽毛球运动中,具有一定联结形式的科学的、合理的动作(或活动)。所谓羽毛球技术结构是指组成羽毛球技术的动作(或活动)之间的普遍联系和相互作用的形式。研究羽毛球的技术结构能使我们从本质上区分羽毛球的各类技术,能使我们明确组成技术各动作间的相互制约关系,为教学训练提供科学的依据。根据羽毛球运动的实际,尤其是羽毛球技术结构的特点,可将羽毛球技术大致分为两类:判断技术、动作技术。

一、判断技术结构

判断技术结构是感觉器官和神经系统共同完成的一项由一系列活动组成的特殊技术,这项技术的表现形式是人肉眼很难看到的,只能从运动员的移动和击球效果来鉴别其判断水平的高低。

二、动作技术结构

动作技术结构由选择位置、准备引拍、迎球挥拍、球拍触球、随势挥拍、身体回位六个环节组成。在这几个环节中,观察是前提,综合分析是关键。选择位置是前提,位置的选择与移动有关,同时也与对技术的理解程度有关;引拍是决定击球力量和方向的重要环节,同时也影响挥拍的效果;迎球挥拍要有力、及时;球拍触球是关键,随时可改变拍形、挥拍方向、挥拍速度;随势挥拍决定击球后球的稳定性、准确性;身体的协调、放松、还原是下一次击球有更充分的时间准备、身体准备及位置准备的保证。这一系列的动作要有身体各部的协调配合,才能保证击球的质量。

(一)选择位置

发球员发球后,接发球员做接发球准备时,都要在规则规定的本方区域或接发球区域内选择合适的位置,以便全面照顾自己场区,迅速到位击球;接球员选择的身体准备姿势要有利于迅速起动。通常情况是发球员发球后,接发球员两脚左右开立,稍有前后(可同侧脚在前,也可异侧脚在前),膝关节微屈,身体重心在前脚掌上或两脚间轮流移动,即要求身体重心不要骑在两个脚上或压在某一脚上,使两脚始终处于弹性预动的状态,以便于快速起动。

(二)准备引拍

当选好位置后,运动员要做好充分的准备姿势,此时,持拍手应放在胸前,便于很快做好击上手、下手、正手、反手球的准备。

运动员击球的第一步动作是引拍,这为挥拍击球做好了前期准备。其动作方向往往与击球方向相反或不一致,引拍动作与挥拍动作可以浑然一体,也可以互不相干。引拍与挥拍动作相背离的情况往往是假动作的依据,也是当前羽坛发展的一个方向。

羽毛球击球动作的引拍是为下一步挥拍做准备,是势能积累,是将储备的势能转化成动能的前提条件。

(三)迎球挥拍

迎球挥拍是羽毛球运动员击球前的发力过程,迎球挥拍这一击球动作不仅是手臂、手腕的用力过程,确切地说,从引拍动作开始后,从身体重心移动以增加挥拍力量时起即是挥拍动作的开始。当然,羽毛球运动员的每一次迎球挥拍不都是倾尽全身力量来进行的。因此,当运动员身体某一部分的动作最终将作用于球拍的击球上,即是这一击球的迎球挥拍动作的开始。

根据人体运动生理学原理可知:人的一切整体运动的发力都始于腰髋,羽毛球运动中的挥拍击球也不例外。力的双向传导如图2-4所示。

由图2-4,以躯干发力开始的力的双向传导,向上的单向箭头指力的正向传导,向上的双向箭头指力的加速传导可知:躯干(腰髋)发力后,向下传给大腿小腿足,足给地面一个作用力,地面给足一个反作用力。该力顺着小腿大腿躯干的顺序上行,通过上臂前臂手,加速传导追上上行的正常传导力并使二力合一,共同施加给球拍,球拍再作用于球上为止,充分发挥各关节的动量传递的加速作用,完成挥拍击球的任务。但这必须是一个系统、连贯、协调的动作过程,才能把动量传递到最后(挥拍后假动作的停顿例外)。且在整个过程中,尽量保证把动量损失压缩到最低限度。

迎挥动作是各肌群(主动肌群、对抗肌群)的有机协调过程。整个过程的鞭打动作是增加挥拍动作动量的关键所在。

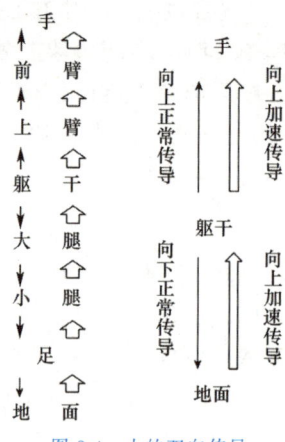

图 2-4　力的双向传导

（四）球拍触球

球拍触球是击球动作结构中最重要的环节，它占所有环节重要性比重的 80%。

球拍触球包括五个方面：球拍触球时的拍面方向、球拍触球时的拍形角度、球拍触球时球触拍的位置、球拍触球时拍触球的位置、球拍触球时的击球时间（上升期击球、高点期击球、下降期击球）。

一般情况下，要求运动员在拍触球瞬间，自然伸直手臂，目的是争取尽可能高的击球点，取得快速回击和更广泛的有利进攻的角度和范围，为发挥更大的挥拍击球动能提供条件。运动员跑动到位后，根据场上形势按照自己的技战术打法、意图，把球还击到对方场区，此时，要注意击球的最后一步，球拍触球时脚下是关键，一定要控制好身体重心，避免因为重心不稳，直接影响球拍触球的稳定性、命中率、质量。通常球拍触球时，以握拍手同侧的脚与握拍手在同一方向，脚着地时，要有一定的缓冲。

（五）随势挥拍

羽毛球的随势挥拍较为复杂。因为羽毛球的假动作是比赛胜负成败的关键因素之一，而假动作的前提条件就是击球前的迎挥动作和击球后的随挥动作要有停顿。因此随挥动作可分为两个部分：其一，正常按照击球动作技术要求的惯性进行顺势挥动，而不靠人为的停顿、制动及终止；其二，按反常的击球动作技术要求进行挥拍击球，即所谓的假动作、停顿、虚晃等。

（六）身体回位

击球随势挥拍后，手臂要立即自然放松，目的是节省体能，放松手臂，以利于再次击球，恢复持拍与胸前的动作，积极做好回接下一次击球的准备。此时，运动员不一定马上跑回场地的中心位置，而是应根据自己击出球的落向、质量、对方的战术意图、技术特点等双方的态势来决定自己应选取的回位位置。这个位置可以是偏左、偏右、靠网前、近后场等。

羽毛球的技术动作很多，动作方法各式各样，但在技术动作结构上却有相同的规律。所以，我们掌握了这一规律就等于找到了打开迷宫的金钥匙，为羽毛球技术的入门、提高，以及改正错误动作提供了理论指导和依据。

本章思考题

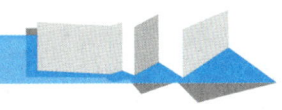

1. 画出一片完整的羽毛球场地,并标示出各条线的名称与长度。
2. 分别说出拍形角度和拍面方向的种类。
3. 羽毛球的飞行方式有哪些?
4. 如何增加击球力量?
5. 影响羽毛球击球质量的五大要素是什么?
6. 羽毛球技术动作结构分为几个环节?

第三章　羽毛球运动基本技术

第一节　握拍

要想打好羽毛球，必须重视握拍方法，如果握法不正确，虽能将球击出，但击球费力而且不远，击球范围也小。因此在初学打羽毛球时，要用一些时间学习和掌握正确的握拍方法，以下介绍几种。

（一）正手握拍法

正确的正手握拍法（以右手持拍为例，下同），首先用左手拿住拍杆，使拍面与地面垂直，然后，张开右手，以握手状把拍柄握住，使手掌小鱼际部分靠在球拍握柄底把，虎口对着拍柄窄面内侧的小棱边，拇指与食指自然地贴在拍柄两面的宽面上，中指、无名指和小指自然并拢握住拍柄，食指与中指稍微分开，掌心不要贴紧拍柄，要留有空隙。这样，有利于手腕和手指的发力及灵活运用。在击球之前，握拍要放松，击球的瞬间才紧握球拍发出力量，完成击球动作，如图 3-1 所示。

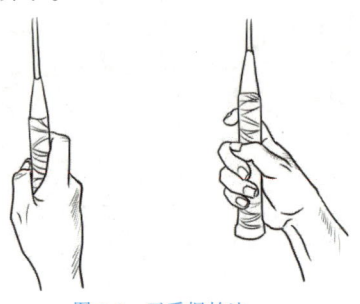

正手握拍法

图 3-1　正手握拍法

（二）反手握拍法

反手握拍法有如下两种形式：

第一，在正手握拍的基础上，把球拍稍微外旋，拇指上提，食指收拢，拇指压住拍框的宽面，食指、中指、无名指和小指并拢。

第二，在正手握拍的基础上，把球拍稍微外旋，拇指上提，食指收拢，拇指压住拍框的内侧小棱边，食指、中指、无名指和小指并拢。如图 3-2 所示。

当然，手腕爆发力极强的选手也可不改变正手握拍手法打反拍球。但是，一般用反手握拍法击反拍球更为省力，效果也更好。

图 3-2 反手握拍法

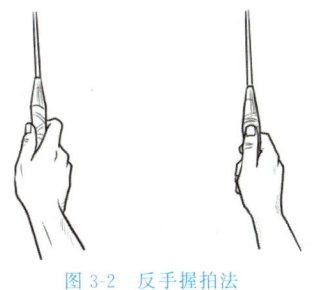

（三）握拍易犯的错误

第一，握拍手的虎口没有对着拍柄窄面内侧的小棱边。
第二，握拍时手指靠得太紧，像是握拳头。
第三，掌心与拍柄之间完全没有空隙。
第四，食指伸直按在拍柄上。
第五，握得太紧，以致手腕僵硬，不利于发力。
第六，握的位置太靠上，柄端露出太长，影响杀球动作。
第七，用同一种握拍法去处理各种球，不利于提高击球的灵活性和威胁性。

第二节 发 球

发球既是羽毛球运动的一项重要的基本技术，也是战术的重要组成部分。发球质量高低往往直接影响到一个回合比赛的主动与被动，故初学者应充分重视发球技术的训练。

发球有两种形式，一是正手发球，二是反手发球。

正手发球可发高远球、平高球、平射球和网前球；反手发球由于受挥拍距离较短的限制，无法发高远球，只能发平高球、平射球和网前球。不管采用哪一种发球形式，均要求发球动作协调一致，有突变性，而且落点及弧度要准确多变。要根据战术需要采用各种发球方式，以达到战术目的。

一、正手发高远球

（一）正手发高远球的动作要领（图 3-3）

图 3-3 正手发高远球的动作要领

23

1. 发球站位

站在靠中线距离前发球线 1 米之内,有时也可站在靠近前发球线处,发球后再退至中心位置。

2. 发球准备姿势

左脚在前,脚尖朝向球网;右脚在后,脚尖朝向右斜前方。两脚间距离约与肩同宽,重心在两脚之间,自然放松站立,身体稍侧向球网。右手正手握拍,自然屈肘举于身体右侧;左手以拇指、食指和中指轻持球,举在胸前,两眼注视对手的站位、姿势、表情。

3. 发球引拍动作

身体稍向左转,形成左肩向球网的方向,身体重心转移至右脚;右臂向右后上方摆起,完成引拍动作。

4. 发球挥拍击球动作

完成引拍动作之后,紧接着身体重心随着上体由侧面转向正面而前移至左脚,右脚跟提起,上体微微前倾,右前臂向侧下方挥动至上体由侧面转向正面时,左手开始放球。此时,腕部动作尽量伸展,做最后击球动作,右前臂完成向侧下方挥动后,紧接着往上方挥动。此时前臂内旋,使腕部动作由伸展至微屈;击球瞬间,手指紧握球拍,完成闪腕动作,球拍击到球时拍面成正拍面击球,完成挥拍击球动作。

5. 随前动作

完成击球动作之后,右前臂继续内旋,并随着挥拍的惯性,自然向左肩上方挥动,然后回收至胸前,并将握拍调整成正手握拍形式。

(二)正手发高远球的要点

发高远球首要发得高,标准是接发球者在接球时,球是垂直下落的;其次要远,标准是垂直下落的落点在底线处。初学者一般达不到此要求,必须经过严格训练才能准确掌握发球的弧度及落点。发高远球发得好,可以延缓对方的进攻速度和加大对方回击时的困难,从而减少对本方的威胁。

(三)正手发高远球易犯的错误

1. 握拍错误

握得太紧,无法产生爆发力,故达不到发高远球之目的。

2. 站位错误

两脚平站,身体正面对网,两眼盯着球。

3. 引拍错误

由于站位错误,引拍时身体无法稍向右转,身体重心也无法转移,右臂不是向右后上方摆起而是向后方摆,无法形成较好的发力机制。

4. 挥拍击球错误

肘关节伸得太直,腕部动作未伸展,挥拍时动作僵硬,挥拍与放球时间不协调,击球点离身体太近或太远、太左或太右,导致击球时不是正拍面击中球,而是切面击球,击球点超过腰部,击中球的瞬间无法产生较大的爆发力。

5. 随前动作错误

发球后很快进行动作制动,没有随惯性挥向左肩上方,而是挥向右肩上方,回收动作后未及时进行握拍调整。

发好高远球需要认真学习,纠正以上错误。

二、正手发平高球

(一)正手发平高球的动作要领

发球站位、准备姿势、引拍动作、挥拍击球动作与发高远球动作基本一致,只是在击球一瞬间不是产生最大的向前上方挥动的爆发力而是产生有控制的发力。随前动作也不必向左肩上方挥动,可以在击到球之后便制动,随前动作不必很高,在胸前即可。

(二)正手发平高球的要点

发平高球的弧度比高远球低,以对方起跳无法击到球的弧度为宜,落点也应落在底线处。此种发球,球在空中飞行的速度比高远球快,是一种进攻性极强的发球。

(三)正手发平高球易犯的错误

与发高远球易犯的错误相同。另外,在随前动作中才制动也是易犯的错误,应该在击球后便制动。

三、正手发网前球

(一)正手发网前球动作要领(图3-4)

图3-4 正手发网前球动作要领

发球站位比发高远球更靠前发球线。发网前球与发高远球基本一致,但引拍时不必过多向右转,挥拍时前臂挥动的弧度小些,腕部伸展也小些。因为是发网前球,球飞行距离最短,故在击球一瞬间不必用大的爆发力,而是做有控制的发力即可,球拍接触球时可从右向左斜面切削击球,控制好球飞行过网的弧度及落点,随前动作不必向左肩上方挥动,可以在击到球后便做制动,在胸前回收即可。

(二)正手发网前球的要点

发网前球要求在技术上达到球飞行过网后即下落,落点在前发球线内。另一种叫发网前前冲球,一般在单打发球抢攻中使用较多,球过网后还有一定速度前冲,但不继续向上飞行,是向前之后向下,落点离前发球线远些,并直冲接发球者。总之,球过网之后不能继续向上飞行,而应立即向下或向前一小段后向下飞行。这是最重要的技术性能。

25

(三)正手发网前球易犯的错误

(1)握拍太紧,以致不能控制发力及缓冲,难以把球发得过网很低。

(2)站位错误。除了与发高远球类似外,站位太后也不利于发好网前球。

(3)挥拍击球时不是从右向左斜面切削击球,而是像发高远球一样击中球托,向上挥拍击球,这样击球不易控制飞行弧度,球过网后往往还向上飞行。

(4)击球点超过腰部的违例动作,及拍框上缘部分超过腕部的过手违例动作,均属于必须纠正之范围。

四、反手发网前球

(一)反手发网前球的动作要领(图3-5)

图3-5 反手发网前球的动作要领

1. 发球站位

站在靠中线,距前发球线较近的位置上。

2. 发球准备姿势

面向球网,右脚在前,左脚在后并提起脚跟,重心放在右脚,上体稍微前倾。右手反手握拍,左手拇指和食指捏住羽毛,球托向下,斜放在拍面前面。为了缩短球拍的力臂,以便更好地控制发球时的发力,握在拍柄的前端,肘关节抬起,手腕前屈。

3. 挥拍击球动作

挥拍击球时,球拍稍微向后摆,并不停顿地接着向前挥动。前臂向斜前上方推送,同时,带动手腕由屈到微伸而向前摆动,并利用拇指的顶力,轻轻地"切"击球托的侧后部。

4. 随前动作

击球后,前臂上摆至一定高度即停止。

(二)反手发网前球的要点

与正手发网前球的技术性能相同。

(三)反手发网前球易犯的错误

(1)站位太靠后,不易把球发好。

(2)有"过腰""过手"的违例动作。

五、反手发平高球

（一）反手发平高球的动作要领

发球站位、发球准备姿势、挥拍击球动作及随前动作均与反手发网前球相同，只不过在击到球之一瞬间不是轻轻地"切"击球托的侧后部，而是手腕由屈突然变直，向前上方挥动，让球突然飞越接发球者，飞向后发球线。

（二）反手发平高球的技术性能

与正手发平高球技术性能相同，只是此种发球的隐蔽性要比正手发平高球好，威胁也更大。

（三）反手发平高球易犯的错误

(1)站位太靠后。
(2)发力之时上提了拿球的手，造成超过1.5米的违例高度。

第三节　接发球

接发球是羽毛球运动的一项重要基本技术。接发球质量高低往往直接影响一个回合开始的主动与被动，应充分重视接发球技术的训练。

一、接发球的准备姿势

（一）单打接发球准备姿势

左脚在前，右脚在后，侧身对网，重心放在前脚，膝关节微屈，后脚跟稍提起，收腹含胸，注视对方发球的动作。

（二）双打接发球准备姿势

与单打基本相同，膝关节屈的程度更大一些，以便能直接进行后蹬起跳。也有个别人接发球的准备姿势是以右脚在前、左脚在后。

二、接发球的站位

接发球站位很重要，如有错误，会出现明显的漏洞，有可能给发球方以运用发球抢攻战术的好时机，因此，应予重视。

（一）单打接发球站位

站在离前发球线约1.5米处，在右区时应站在靠近中线的位置，以防发球方以平射球攻击头顶区域；在左区时则站在中线与边线的中间的位置上。

（二）双打接发球站位

双打接发球站位比单打更有讲究，有一般站位法、抢攻站位法、稳妥站位法和特殊站位法4种。

1. 一般站位法

站在离中线和前发球线适当的距离处。在右区时,注意不要把右区的后场靠中线区暴露出来;在左区时,注意保护头顶区。这种站位,女队员和一般不是抢攻打法的男队员采用居多。

2. 抢攻站位法

站得离前发球线很近,前脚紧靠前发球线,且身体倾斜度较大,球拍高举。这种站位法,进攻型打法的男队员采用居多。

3. 稳妥站位法

站在离前发球线有一定距离处,身体类似单打站法。这种站法是在无法适应对方发球情况下采用的过渡站位法,一般业余选手双打时多采用。

4. 特殊站位法

此种站法是以右脚在前,站位和一般站位法类似,接网前球时右脚蹬一步上网击球。

第四节　羽毛球后场技术

一、正手击高球技术

击高球是后场击球技术之一,高球分为高远球和平高球。击高远球就是把球打得又高又远,使球飞至对方底线。平高球是从高远球发展而来的,它飞行的速度比高远球快,弧线比高远球低,是后场进攻的有效技术之一。击高球可分为正手、头顶、反手击直线和对角线高球。

(一)正手击高远球技术

在手臂自然伸直时,应用"抽鞭"动作把球"弹"出。以肩为轴,通过蹬腿转髋,大臂带动前臂,最后"闪"动手腕击球,击球刹那产生爆发力。左肩稍高并对网,不能完全对网,重心在右脚上,右脚尖略对边线,手腕、拍面稍内旋,拍面平行正对网,两眼注视来球。击球时上臂后引,肘关节上提,球拍后引到头部,自然伸腕(拳心朝上),后脚蹬地,转体收腹协调用力,以肩为轴,在手臂伸直的最高点击球。击球前一定要放松,击球时突然握紧,击球后稍收一下,力量完全卸掉,然后持拍手臂随惯性往前下方挥动并收扣到体前,不制动。具体方法如图3-6所示。

图3-6　正手击高远球方法

(二)正手击平高球技术

同击高远球一样,只是在击球的一刹那,用力主要是向前方,使击出的球弧线较低。平高球也可以用正手、反手或头顶击球技术来完成。其动作要领与正手、反手或头顶高远球一样,所不同之处是最后用力主要向前方,而不是向前上方。由于平高球弧线不高,如果使用不当,易被对方拦截。所以,在实战中如果是打直线平高球,则弧线可低些;若打斜线,则要高些;当对方在网前被动挑高球后,由于回场步法调整一般较慢,这时可用较低弧线的平高球去袭击其后场,往往可以获得很好的效果。在注意羽毛球打出去弧度的同时要把握好挥拍的角度和力度,这些都是正手击高平球非常重要的技巧,希望羽毛球初学者在练习的时候能注意到这些重要的技巧。

(三)头顶击高远球技术

头顶击高远球是指在自己的左后场区,用正手在头顶中间部位或在左肩上方,将来球击到对方底线的高球击球法。它比反手击球主动性强,具有更大的攻击性。击球前的准备姿势与正手击高球一样。击球动作与正手击高球基本一致,不同的是,头顶击高球的击球点在左肩上方(因为球是飞向左后角的)。接球者侧身(左肩对网)稍向左后仰,大臂带动小臂使球绕过头顶,从左上方向前加速挥动,在用力击球的同时,注意发挥手腕的爆发力及充分利用蹬地、收腹的力量。击球后左脚在身后着地并立即回蹬,同时右脚前移,重心移至右脚。练习和比赛中主动运用它,将会大大提高在左后场区击球的攻击性。头顶击高远球技术具体方法如图 3-7 所示。

图 3-7 头顶击高远球技术

(四)后场击高远球技术要点

(1)准备时强调侧身对网,头抬起,成弓形,转身拉开架子等着,而不是等球到了之后再拉开架子,等时不能有小动作,左手举起配合,击球时转身胸对网即可。

(2)拍时要有后拉动作,后拉时肘上抬,大臂基本与肩平行,与躯干约呈 90°,上臂与前臂约呈 45°,稍内旋。

(3)左臂自然伸直上举,迫使身体重心移向右后侧,左手食指指向来球方向,其余四指自然握拳状,击球时左手往腹部回收。

(4)击完球后收住,完全卸力,球拍自然顺势收到身体左侧。

(5)一定要迎着球打,击球时要向前击球,用外展及屈腕发力。

(6)击球时身体是正的,不能倒向左边,头也不能歪向左边,击完球后身体不前倾,也不倒向左边。

(7)击完球后右脚向前跟进前膝稍屈,重心前移,根据出球后质量可快可慢地交叉回位。

（8）击完球后身体不缩着，主要是左手挥下来，不能夹在胸前，挺起身来。

（9）移动时做好引拍动作，击球时才抬肘鞭击，击球到转身抬肘鞭击一气呵成，中间没有任何停顿。

（10）击球时所有动作放松，只有在击球刹那握紧外展闪腕（屈腕）发力，击球后放松，不能总想使劲击球，而是完全放松，甚至击球时也略加放松，多用手腕发力。

（11）击球时要有"啪"的一声，击出的球要有穿透力，声音清脆。

（12）肩关节是传递下肢、躯干上传力量的枢纽，所以肩关节要求放松。

（13）引拍时要主动迎击球，争取高点，不要等球下落时再做引拍动作；击完球后身体重心向前，但不是弯腰。

（14）击球时重心向上，大臂提起，左脚尖点地，体会右脚蹬地的力量，随拍挥动后变左，右脚轻微提起。

（15）要听击球的声音，只有争到了高点才打得舒服，而且也不能总想着用力击球（老想用力必然导致僵硬），要在整个击球过程都是放松的，加快挥拍速度。

（16）后场并步用前脚掌移动，起跳时尽量往高跳，挥拍至左下；移动时拍子举起来，不能拖着拍子移动。

二、反手击高远球技术

对业余选手来说，最难掌握的恐怕就是反手击球，由于站位、发力等解决不好，业余选手打反手球时常常打不到位，陷于被动。

（一）反手高远球技术要领

（1）准备动作和引拍动作的要领。当对方击来反边球，需要采用反手回击高远球时，应迅速将身体转向左后方，右脚向左脚并一步，然后左脚向后迈一步，紧接着右脚向左前跨一大步即到位。此时，身体背对球网，身体重心在右脚上，步法移动到位时，球在身体的右肩上方。步法移动中，手法要马上由正手握拍转换成反手握拍，上臂平举，屈肘使前臂平放于胸前，球拍放至左胸前，拍面朝上，完成引拍动作。

（2）挥拍击球动作要领。上臂迅速上摆，前臂快速向右斜上方摆动，手腕迅速回环伸展，拇指顶压拍柄，产生爆发力，以正拍面击球托后下部，身体重心从右脚转至左脚，并迅速转体回动。

（3）随前动作要领。击球后随身体重心的转移，身体转成正面对网回动，前臂内旋，使拍子恢复至正常位置，恢复正手握拍法。具体方法如图3-8所示。

图3-8　反手高远球技术要领

（二）反手击高远球时易犯的错误

（1）做准备及引拍动作时，步法移动不到位，击球点控制不好，握拍太紧，而且没能及时改变握拍法，引拍动作无法形成挥拍的最长距离，限制爆发力的发挥。

（2）在挥拍击球时，由于握拍太紧，以及引拍动作的错误，无法产生鞭打动作，击球时全身用力不协调，球在拍上的击球点太低，没能以反拍正拍面击球，而是带切拍击球。

（3）动作时，击球后转体回动太慢，造成回中心的速度太慢。

三、后场吊球技术

羽毛球的吊球是由后场打到对方前场向下坠落的球。

吊球技术分为正手、反手和头顶三种手法，按球的飞行弧线和击球动作的不同分为劈吊、拦截吊和轻吊。劈吊击球前动作和打高球、杀球相似。击球时用力较轻，带有劈切动作，落点一般离网较远。拦截吊是把对方击来的平高球拦截回去，击球时用拍面正对来球，轻轻拦切或点击，使球以较平的弧线、较慢的速度越网垂直下坠。轻吊击球前动作和打高球相似，击球时拍面正对来球，在触球的刹那，突然减速或轻切来球，使球刚一过网即下坠。

（一）正手吊球技术

1. 劈吊

劈吊（快吊）。击球前期动作同正手击高远球。击球时，拍面正面向内倾斜，手腕做快速包切下压动作。若劈吊斜线球，则球拍包切球托的右侧，并向左下方发力；若劈吊直线球则拍面正对前方，向前下方包切。

2. 吊击

吊击球前期动作同正手击高远球。击球时，一种是轻吊时的拍面变化同劈吊基本一致，但用力要更轻些；另一种是击球时，拍面正击球托或借助于来球的反弹力用球拍轻挡使球过网后贴网而下。后者多用于拦截对方击来的平高球和半场高球。

3. 轻吊

轻吊击球前动作和打高远球动作相似（落点离网较近）。击球时，拍面正对来球，在接触球的一刹那，突然减速轻点或轻切来球，使球刚一过网就下落。

正手吊球技术具体方法如图3-9所示。

图3-9 正手吊球技术

(二)头顶吊球

头顶吊球击球动作几乎和头顶直线高远球相似,只是击球的瞬间,小臂突然内旋并往前下方挥拍,手腕外展后带动球拍轻点球托的左侧后下部,球沿直线飞行。

(三)反手吊球技术

反手吊直线球和反手吊对角线球的击球前的动作同反手击高球动作类似。不同的是小臂要上摆,用拇指内侧顶住拍柄,手腕向后"甩腕"轻击球托的后下部位,使球的飞行方向朝着直线或对角球落到对方的网前。

落点的控制在于两个方面:一是击球时候的力度,二是击球时候的手形。可以在不同的击球点多练习几遍感受一下球的感觉,然后结合预想的落球点找找感觉,看看用怎样的手形和力度才能达到预想。不过在击球的时候要能判断出来球是什么类型的球,这样才能采用相对应的手形和力度。

吊直线球时,用球拍反面包切球托的后中部,向对方的右半场网前发力;吊斜线球时,用拍反面包切球托的左侧,朝对方左半场网前发力。首先准确判断对方来球的方向和落点,然后迅速将身体转向左后方,移动步法,最后一步用右脚交叉跨到左侧底线,背对网,身体重心在右脚上,使球处在身体右上方。击球时,以大臂带动前臂,在肘部上抬至与肩同高时,转为前臂带动腕部,通过手腕的闪动,自下而上地甩臂将球击出。具体方法如图 3-10 所示。

图 3-10 反手吊球技术

(四)吊球时控制拍面技术

吊球相对于后场高球与杀球技术而言,在击球的飞行弧线的控制上要求更高一些,也就是说,它对击球的用力和击球的拍面控制要更加精确。同时,由于是高球,尤其是杀球,能否发挥较大的力量对击球的质量好坏具有较大的影响。而吊球则不同,影响其击球质量的关键是力量与拍面的精确配合,以制造出一个最佳的飞行弧线。由此而见,拍面的控制在吊球中是何等重要。

为了有利于吊球时能灵活地控制和变化击球的拍面,握拍必须松、活。所以,在吊球时手腕尤其是手指一定要放松。例如,在头顶吊对角球时,击球瞬间球拍应在手指中轻微地滑动。

据击球点的实际高度,变化击球拍面的角度和方向。当击球点较高且偏前时,拍面应稍前倾击球；反之，则拍面可稍后仰，并同时带有一点向前推送的挥拍动作。

根据来球落在靠近球场边线距离的远近。主要通过前臂的旋内与旋外来调节击球时拍面的方向，准确地触及来球的不同部位，从而准确地控制击球的落点。

四、羽毛球后场杀球技术

羽毛球杀球是把对方击来的球在尽量高的击球点上斜压下去。这种球力量大、弧线直、落地快，给对方的威胁很大。它是进攻的主要技术。杀球分为正手杀直线和对角线球、头顶杀直线和对角线球、反手杀直线球和腾空突击杀直线球。

(一)正手杀直线球技术

准备姿势和动作要领与正手击高球大体相同。步子到位后，预判来球的落点，侧身架拍接着右上臂往右后上摆起，前臂自然后摆，手腕后伸，这时握拍要松，身体后仰挺胸成反弓形接着转体收腹带动右上臂往右上摆起，肘部领先，前臂全速往前上挥动，带动球拍高速前挥，当击球点在肩的前上方时，前臂内旋，腕前屈微收，闪腕发力杀球。这时手指要突然抓紧拍柄，把手腕的爆发力集中到击球点上。球拍和击球方向水平面的夹角小于90°，球拍正面击球托的后部，使球直线下行。杀球后，前臂随惯性往体前收，在回位过程中将球拍回收至胸前。具体方法如图3-11所示。

图3-11　正手杀直线球技术

(二)正手杀对角线球技术

准备姿势和动作要领与正手杀直线球相同。不同点是身体向左前方转动用力，协助手臂向对角方向击球。头顶杀直线和对角线球动作要领和准备姿势与头顶击高球相同。不同点是挥拍击球时，要集中全力往直线方向或对角方向下压，球拍面和击球方向水平面的夹角小于90度。

(三)头顶扣杀球

头顶扣杀直线球的准备姿势同头顶击高球类似，不同之处在挥拍击球时，要靠腰腹带动大臂，协调小臂、手腕的综合力量形成鞭击动作，全力往下方击球，拍面与水平面呈锐角。头顶扣杀对角线的动作方法基本同上，只是击球时要全力向对角线方向击球才行。

(四)反手杀直线球技术

准备姿势和动作要领与反拍击高球相同。不同点是击球前的挥拍用力要大，击球瞬间球拍与杀球方向的水平面呈锐角。具体方法如图3-12所示。

图3-12 反手杀直线球技术

(五)腾空突击杀直线球技术

侧身右脚后退一步准备起跳。起跳后,身体向右后方腾起,上身右后仰或反弓形,右臂右上抬,肘尽量后拉。击球时,除了大臂等用力,手腕从后伸经前臂内旋至屈收,同时全速鞭打发力,并握紧球拍压腕产生爆发力,高速向前下击球。突击扣杀后,右脚在右侧着地屈膝缓冲,重心在右脚前。右脚在左侧前着地,利用左脚蹬地向中心位置回动,手臂随惯性自然往左侧体前回收。

(六)杀球的技术要领

(1)杀球的力量从蹬地起就开始产生了,鞭抽式地向上传递力量,从大腿、腰、胸、肩关节、大臂、肘关节、小臂、球拍依次传递,利用全身力量完成鞭抽效果。

(2)击球瞬间,力量从大臂传到小臂、手腕,再传到拍面,全力击球。

(3)击球瞬间的握拍拍杆和小臂明显呈钝角,也就是采用了立腕的姿势,立腕的姿势能诱发强大爆发力。

(4)杀球是否有力并非完全取决于运动员力量大小,杀球最重要的是两个方面,一是运动员整个身体的协调性,另外一个方面是挥拍速率。一般杀球时极少用正面对着球杀,而是根据球的来势,通过侧身转体,挺身收腹挥臂,将脚的力量、腰的力量、肩的力量依次传递到手腕,但这时手腕还是处于放松状态,不能紧握住球拍。当球到了头顶右前侧时,快速挥拍下压球,在球拍接触的一瞬间,握紧球拍,将全身传递过来的力量利用手腕的瞬间爆发力快速下压球托底部,手腕如鞭梢一样发挥出最大的力量与速率。如果杀的是斜线球,就击球托底部的侧面,如果杀的是直线球,就正面击球托底部。

(5)专业队员一般都会双脚起跳杀球,不过这对腰腹力量要求极高,没有很强的专项素质很难掌握。他们都是双脚起跳有力,腰腹用力幅度大,身体呈现反弓形,挥拍迅速,球飞行路线都是迅速下压的。

(6)只是杀球有力还不能完全一球致命,要考虑杀球的落点和线路。因为杀直线时,对方只要摆好拍形,轻轻一挡球就回来了,根本不需要用什么力气,对方靠球的速度来借力打力,造成自己的被动局面。如果杀球的线路和落点好,可以起到更好的进攻效果。在打球时杀吊结合,变化多些,这样才能使对手防不胜防。

第五节　羽毛球网前技术

网前技术有搓球、放网前球、推球、勾球和扑球等,搓、推、勾、扑均属于主动进攻技术,威胁性大,常能直接得分或创造下一拍进攻的机会,是关键性技术。为了掌握好网前击球技术,使之更具威胁性,必须做到以下四点。

第一,击球点高、一致性好。一般要求击球点在离网顶 30 厘米左右,或更高。击球前期动作一致性要强,握拍要放松、灵活,以便在击球的瞬间利用手腕、手指的灵活性进行突变击球。

第二,准确判断,反应快,步法准备到位。这是为高击球点创造了先决条件,步法起动、移动快,并准确到位,才能完成高点击球。

第三,出手击球快,控制能力强。除了步法准确、快速到位、抢到较高击球点外,前臂要迅速往前上方举起,球拍略前伸,这是集搓、推、勾前期动作的一致性。在击球瞬间,根据战术需要,灵活、快速地出手击球,再结合搓、推、勾技术,威力无穷。搓、推、勾、扑击球技术,对击球力量和拍面击球角度要求较高,必须掌握得恰到好处。力量的大小主要靠身体前冲力、手臂、手腕和手指来控制,而拍面击球的角度主要靠手腕和手指来调整,控制能力强和落点准确,取决于对击球技术、力量和拍面角度的控制。

第四,战术意识强,变化机动灵活。要正确适时、机动灵活地结合运用搓、推、勾、扑等击球技术,必须有很强的战术意识。当对方回击网前球之后急于回退时,我方应采用搓球;当对方回击网前球之后回动比较慢,或想抓住我方反复搓球时,应采用推球等动作。

一、搓球

搓球是从离网顶 30 厘米左右或更高处,以球拍搓切球托的左侧、右侧或底部,使球向右侧或左侧旋转与翻滚过网旋转,翻转性能越强,对方回击的难度就越大,而为己方创造更有利的进攻形势。搓球可分为正手搓球与反手搓球。

(一)正手搓球(图 3-13)

图 3-13　正手搓球

正手搓球

准备动作要领:右脚在前,左脚在后,两脚间距比肩略宽,右手握拍自然地举在额前,身体微微前倾,收腹。

引拍动作要领:采用后交叉步加蹬跨步至右网前区。前臂随步法伸向右前上方,并有外旋,手腕稍向后伸,完成引拍动作。

挥拍击球动作要领:击球的瞬间,前臂外旋,手腕由后伸至稍向前内收闪动,握拍手的食指和拇指夹住拍柄,中指、无名指和小指紧握拍柄,使球拍在手腕和手指的用力下送切来球的右下底部,使球旋转翻滚过网。挥拍用力大小、速度快慢和击球角度大小,主要取决于来球离网的远近和速度的快慢,如来球离网远、速度快,则搓球时用力要大一些;如来球离网近、速度慢,则搓球时用力要小一些。总之,网前击球用力和拍面的控制要适当,否则会搓球下网或过高,出现失误或陷入被动。

随前动作要领:击球后球拍回收至胸前,右脚回收。

准备动作易犯的错误:手指握拍太紧,手臂伸得太直,两脚平站,身体太直立,影响起动速度和手腕灵活发力。

引拍动作易犯的错误:起动太慢,不能准确到位,前臂未伸向前上方,导致击球点太低。

挥拍击球动作易犯的错误:由于引拍动作错误,在高点搓球时,拍框头部高于拍框与拍柄交接处,拍面搓球时角度不对,导致搓球不过网而失误。

随前动作易犯的错误:击球后,球拍未及时回收至胸前,而是下垂,步法回动太慢。

(二)反手搓球(图3-14)

图3-14 反手搓球

准备动作要领:与正手搓球准备动作相同。

引拍动作要领:用前交叉步加蹬跨步至网前左区,随步法移动改为反手握拍,前臂上举,手腕前屈,手背约与网同高,拍面低于网顶,以反拍拍面迎球。

挥拍击球动作要领:击球的瞬间,主要靠前臂的前伸并外旋,手腕由内收至外展,搓切球托的右侧后底部,拍面应有一定的斜度。

随前动作要领:击球后,右脚迅速回位,球拍及时回收至胸前。

易犯的错误:与正手搓球基本相同。

二、放网前球

放网前球与搓球不同之处是球过网后没有旋转与翻滚,不仅落点较靠近球网,而且利于各种位置的回击,如远网球、被动球,均可采用放网前球的击球技术(但在这种情况下搓球就不好使用),目的是调动对方,为己方创造有利的进攻形势。

放网前球击球法可分为正手放网前球和反手放网前球两种。

（一）正手放网前球

准备与引拍动作要领：与正手搓球基本相同。

挥拍击球动作要领：击球点在腰际以下，击球的瞬间，不是用搓、切的动作，而是轻轻向上提，直击球托后底部，使球过网后垂直下落。

易犯的错误：与正手搓球易犯的错误基本相同。

（二）反手放网前球

准备与引拍动作要领：与反手搓球基本相同。

挥拍击球动作要领：击球点在腰际以下，击球的瞬间不是用搓、切的动作，而是轻轻向上提，直击球托后底部，使球过网后垂直下落。

随前动作要领：与反手搓球基本相同。

易犯的错误：与反手搓球基本相同。

三、勾球

勾球是把对方从两边击来的网前球用勾的动作回击到对方对角网前区，当球朝对方对角飞越网顶时，不能离网太高，最好是贴网而过。这是一种主动进攻的技术，如能与搓球、推球结合好，则战术效果更佳。

勾球可分为正手主动勾球、正手被动勾球及反手主动勾球、反手被动勾球四种。

（一）正手主动勾球（图 3-15）

图 3-15　正手主动勾球

准备动作要领：与正手搓球基本相同。

引拍动作要领：与正手搓球动作相同，以并步加蹬跨上右网前。

挥拍击球动作要领：击球的瞬间，前臂稍有内旋，并向左拉收，手腕由后伸至内收闪腕，挥拍直击球托的右侧下部，使球朝对角线网前方飞行。

另一种击球法是引拍时向右前上方举起，拍面朝上，以球拍面的右侧上方击球，前臂内旋，使拍面朝左旋转，击球托底部，让球朝对方对角线网前飞行。

正手被动勾球与正手主动勾球动作基本相同，只是击球点靠下一点。

（二）反手主动勾球（图 3-16）

准备动作要领：与反手搓球基本相同。

引拍动作要领：与反手搓球动作相同，以并步加蹬跨上右网前。

挥拍击球动作要领：击球的瞬间，前臂稍有外旋，并向右拉收，手腕由前伸至内收闪腕，挥拍直击球托的左侧下部，使球朝对角线网前方飞行。

图 3-16　反手主动勾球

另一种击球法是引拍时向左前上方举起，拍面朝上，以球拍面的左侧上方击球，前臂外旋，使拍面朝右旋转，击球托底部，让球朝对方对角线网前飞行。

反手被动勾球和反手主动勾球动作基本一致，只是击球点靠下一点。

随前动作要领：击球后球拍回收至胸前，此时，身体重心朝左场区转移，用前交叉步回动至中线靠左边的中心位置，以利于回击对方重复放网前球。

易犯的错误：与正手搓球易犯的错误基本相同。

四、扑球击球法

扑球是网前进攻技术中威胁最大的一项技术，即将对方击过来离网顶 10～20 厘米高的球，以最快的速度向下扑压。球必须是向下飞行，腕力爆发力强，动作小，出手快，给对方造成很大的威胁，一般是比赛中直接得分的一项技术。扑球可分为正手扑球和反手扑球两种。

（一）正手扑球（图 3-17）

图 3-17　正手扑球

准备动作要领：与正手搓球动作相同。

引拍动作要领：左脚先蹬离地面，然后右脚向右网前蹬跃起。在蹬跃的过程中，前臂稍向上伸并略有外旋，在腕后伸的同时，握拍略有变化，虎口对准拍柄的宽面，小指和无名指稍松开，使拍柄离开鱼际肌。

挥拍击球动作要领：击球的瞬间，手腕由后伸内收闪动至外展，使球拍从右侧向左侧挥动发力。如球离网顶较近则应采用自右向左的"滑动式"挥拍扑球（或称"拨球"），以免球拍触网犯规。

随前动作要领：击球后，球拍随手臂往右侧下回收。

易犯的错误：挥拍击球时挥拍路线不论球距网顶远近，均采用前后挥动球拍的动作，这样，当球离网顶较近时就容易触网犯规，另外，也应该注意避免过网击球。

（二）反手扑球（图 3-18）

图 3-18　反手扑球

准备动作要领：与正手扑球动作相同。

引拍动作要领：左脚先蹬离地面，然后右脚向右网前蹬跃起。在蹬跃的过程中，前臂前伸将球拍上举，手腕外展，拇指顶压在拍柄的宽面上，食指和其他三指并拢。

挥拍击球动作要领：击球的瞬间，手臂伸直，手腕由外伸至内收闪动，手指紧握球拍，拇指顶压发力，自左至右加速挥拍击球。

随前动作要领：击球后，立即屈肘，手腕由内收至外展，放松回收。

易犯的错误：与正手扑球基本相同，只不过是左场区，挥拍时应自左至右，不应前后挥动，除非来球离网顶远才能前后挥动。

五、下手正手网前被动挑高远球

准备、引拍动作要领：左脚垫步前移，右脚向正手网前跨一大步，右脚尖稍朝外。球拍前伸，前臂外旋，手腕伸展，将球拍引至右侧下方，如图 3-19 所示。

图 3-19　正手挑球

击球动作要领：前臂内旋，屈腕发力，以正拍面击打球托的后下部，并向前上方挥动。

随前动作要领：击球之后，球拍向前上方挥动并制动，用垫步迅速回位。

下手正手网前被动挑高远球易犯的错误如下。

准备、引拍动作易犯的错误:起动和移动速度太慢,蹬跨步太小,右脚尖朝内,导致移动不到位,引拍动作未能形成挥拍动作的最长距离,不利于产生爆发力。

击球动作易犯的错误:握拍太紧,不能产生较好的爆发力,未以正拍面击球。

随前动作易犯的错误:击球之后,球拍未制动,球拍挥得太高,未能迅速回动从而向前跟进。

六、下手反手网前被动挑高远球

准备、引拍动作要领:左脚向左前移一小步,同时,上体稍侧左转,左脚后蹬,右脚向左前方跨一大步到位。球拍由身前引向左下方,拍面朝上,上体前屈(图3-20)。

图 3-20 反手挑球

击球动作要领:左脚跟进一小步,形成稳定的弓箭步,手腕由外展至内收,由微屈至伸,手臂由下向上挥动击球。挑球时应注意,如来球离网较远时,向前上方挥动击球;如果球离网较近时,拍面应以由下向上提拉的动作挥动击球。

随前动作要领:左脚跟进一小步,身体重心上提,球拍随惯性向前上方减速,身体恢复至准备动作时的姿势。

下手反手网前挑高远球易犯的错误如下。

准备、引拍动作易犯的错误:起动、移动速度太慢,左脚未先移一小步,右脚立即向前蹬跨一大步,导致移动不到位,引拍动作未能形成挥拍动作的最长距离。拍面不是向上,而是对向网。手腕形成明显的屈腕动作,不利于产生爆发力。

击球动作易犯的错误:引拍动作的错误造成击球时发力不佳。来球近网时,提拉动作向上不够,造成下网。

随前动作易犯的错误:左脚跟进一大步,身体重心上提不够,导致向前太多,回位太慢。

七、推球击球法

推球是以推的动作把对方击来的网前球反击到对方后场底线去,球的飞行弧线较低、速度较快,可造成对方回击球的困难。推球可分为正手推直线球、正手推对角线球与反手推直线球、反手推对角线球四种。

1. 正手推直线球

准备动作要领:右脚在前,左脚在后,两脚间距离比肩略宽,右手握拍并自然地举在胸前,身体微微前倾并含胸收腹。

引拍动作要领：用后交叉步加蹬跨步至网前右区，前臂随步法移动伸向右前上方，并外旋，手腕稍向后伸，球拍随着往右下后摆，使拍面正对来球。

挥拍击球动作要领：击球的瞬间，前臂内旋，带动手腕由后伸到屈腕闪动，并特别注意运用食指推压力量。球过网飞行弧度的高低，取决于击球瞬间击球点的高低和拍面角度的大小。

随前动作要领：击球后，球拍回收至胸前，右脚回蹬回位。

易犯的错误：准备、引拍、随前动作易犯的错误与正手搓球基本相同。挥拍击球时，易犯的错误是拍面的角度和推球力量的大小未能适当控制。

2. 反手推对角线球

准备、引拍动作要领：与正手推直线球相同。

挥拍击球动作要领：击球瞬间，前臂内旋，带动手腕由后伸到屈腕闪动，并运用食指的推压力量。击球点靠近肩侧前，采用由右至左的挥拍击球方式。

随前动作要领：与正手推直线球动作相同。

易犯的错误：与正手推直线球易犯的错误相同。

3. 反手推直线球

准备动作要领：与正手推球动作要领相同。

引拍动作要领：用前交叉步加蹬跨步至网前左区，前臂随步法移动伸向左前上方，并向左胸前收引。此时，肘关节微屈，手腕外展，手心朝下。

挥拍击球动作要领：击球的瞬间，前臂稍外旋，手腕由外展到伸直闪腕，中指、无名指、小指突然紧握拍柄，拇指顶压拍柄。击球点在左侧前，推击球托的后部，使球呈较低的抛物线飞向对方后底线。

随前动作要领：击球后球拍回收至胸前，右脚回蹬回位。

易犯的错误：握拍太紧，手臂伸得太直，两脚平站，身体太直立，影响起动速度和手腕灵活发力。起动速度太慢，不能准确到位。前臂未伸向左前上方，导致击球点太低。击球前手臂朝网的屈腕动作使发力速度太慢，击球速度不快。

4. 反手推对角线球

准备、引拍及随前动作要领：与反手推直线球相同。

挥拍击球动作要领：与反手推直线球基本相同，只不过击球点在反边近肩侧方，击打球托的左侧后部，使球朝对角线方向飞行。

易犯的错误：与反手推直线球易犯的错误基本相同。

第六节　羽毛球中场技术

一、挡直线网前球技术（图 3-21）

（一）正手挡直线网前球技术

该技术多用于接对方杀球。接球前用接杀球的步法移至右场边线，身体右倾，手臂右伸，前臂外旋，手腕外展。击球时，前臂内旋稍翻腕带动球拍由右下向前上方推送击球，把球挡向直线网前。可以在击球时前臂由外旋到内收,带动球拍由右向前切送挡直线网前。击球后,身体左转成正面对网,然后右脚上前一步,球拍随身体向左转收至身体前方。如图 3-21 所示。

图 3-21　正手挡直线

另一种是击球时前臂中外旋到内收,带动球拍由右向前切送挡直线网前。击球后,身体左转成正面对网,然后右脚上前一步,球拍随身体向左转收至体前。

(二)正手挡对角网前球技术

挥拍击球时,在肘关节屈收的同时前臂稍旋内,手腕由后伸到内收闪动击球托的右侧。击球点在右侧前,手腕、手指控制拍面角度,使球向对角线对方网前坠落。

(三)反手接杀挡直线网前球技术(图 3-22)

图 3-22　反手挡直线

此技术多用于接杀球。首先用接杀球的步法移至左场区边线,身体左转前倾,右肩对网,右肘弯曲、手腕外展、引拍至左肩前上方。击球时,借对方杀球的冲力,以前臂带动球拍由左上方向左前方,用拇指的顶力挥拍轻击球托,把球挡回直线网前。击球后,身体右转成正面对网,球拍随着身体的移动收至身体前方。如图 3-22 所示。

(四)反手挡勾对角网前球技术

该技术用于反手勾对角接杀球。击球时,手腕由外展到后伸闪动挥拍球托的左侧下部,使球向对方对角线网前坠落。

二、接杀球技术

(一)正手接杀挑后场直线高球

动作与网前正手挑高球相似,当对方杀向右边线球时,右脚向右侧跨一大步到位。随步法移动往右侧引拍,右臂稍向右后摆的同时稍带有外展,手臂后伸到最大限度,使球拍迅速后摆，紧跟着右前臂急速向摆动时略有外展，手腕从后伸到伸直闪腕。这时手肘起着支点作用，拍面对准来球，击球托的中下部，使球向直线方向飞行。击球后，前臂内旋，球拍往身体前上方挥动。

（二）反手接杀挑后场直线高球

击球前，前臂内旋，手腕外展，引拍至左侧前。击球时，前臂急速往右前方挥摆，手腕由外展至后伸闪动，握紧球拍，加上拇指的顶力，全速挥拍击球，使球向直线方向飞行，若向对角线方向挥拍，则球向对角线方向飞行。

（三）正手接杀放网前球技术

侧身对右边网前，右脚跨前成弓箭步重心在右脚上。右手持拍于右侧体前约同肩高，拍面右边稍高斜对网，左臂自然后伸，起平衡作用。击球前，前臂稍外旋，手腕外展引拍至右侧前。击球时手腕稍内收，食指和拇指控制拍面和用力大小，轻切球托把球轻送过网。击球后，在身体重心复原的同时，收拍至胸前。

（四）反手接杀放网前球技术

侧身对左边网前，右脚跨前成弓箭步，重心在右脚上。左手持拍于身侧前同肩高，拍面左边稍高斜对网，左臂自然后伸。击球前，前臂稍内旋，手腕外展引拍。击球时手腕内收，拇指和食指分别贴在拍柄内外侧的小棱边上，用拇指的推力轻托球托把球送过网。击球后，随重心的复原收拍至胸前。

三、抽球技术

（一）正手平抽球技术（图3-23）

图3-23　正手平抽球

站在右场区的中部，两脚平行站立稍宽于肩，重心在两脚间，微屈膝收腹，正手握拍举于右肩前。击球前肘关节前摆，前臂稍往后带外展，手腕稍外展至后伸，引拍至体后。击球时前臂内旋，手腕伸直闪动，手指抓紧拍柄，球拍由右后往右前方高速平扫盖击来球。击球后手臂方摆，左脚往左前方迈一步，右脚跟一步回中心位置。如图3-23所示。

（二）反手平抽球技术（图3-24）

右脚前交叉在左侧前，重心在左脚上，右手反手握拍在左侧前。击球前肘斜稍上抬，前臂内旋，手腕外展，引拍至左侧。击球时，在髋关节的右转带动下，前臂外旋，手腕由外展到伸直闪动，挥拍击球托的底部。击球后，球拍随身体的回动收回到右侧前。如图3-24所示。

43

平抽球易出现的错误：身体重心不稳，影响了手臂的击球动作；击球时间掌握不准确；击球时没有完成前臂带动腕部，手指抽鞭式地向前闪动，影响了爆发力。

图 3-24　反手平抽球

四、平抽挡技术

中场平击球技术主要是应对对方击来的弧线平行于或稍低于网，且落点在中场附近的低平球时所采取的回击技术，在双方比赛中应多采用这种技术。它的击球点在与肩同高或在肩腰之间。因为来球的速度较快、弧线较平，所以击出的球速度也较快、弧线较平，因而中场平击球也是一种对攻的技术，有正、反手中场平抽球和半蹲式中场平击球两种。

（一）正、反手中场平抽球技术

正、反手中场平抽球技术主要应对来球离身体较远的平球。人站位于场地中心附近，两脚左右开立，面对球网，两膝微屈，右手持拍于体前。击球时，判断准来球并向右（左）侧横跨一步，同时挥拍依靠前臂和手腕的闪动发力击球。正手平抽球时，多用食指的力量向前发力；反手平抽球时，多用拇指的反压力朝前发力。此外，不论是正手还是反手中场平抽球，其击球点都应争取在身体侧前方，这更有利于手臂的发力。

（二）半蹲式中场平击球技术

半蹲式中场平击球技术主要运用在双打比赛中，这是进行对攻的一种击球技术。这种技术是将对方击来的位于肩部或面部附近的球，在半蹲姿势下还击回去。击球时，看准来球，迅速采取半蹲姿势，同时举拍在正面或头顶等位置以前臂带动手腕快速闪动挥拍击球。

1. 正手平抽挡技术

正手平抽挡时两脚分开，右脚稍前，左脚在后，两膝弯曲成半蹲式，正手西式握拍（虎口对宽面），球拍上举经过头顶，往头后引至右后侧下方，手握拍较松。当判断来球是在头顶上方时，身体稍往前移，同时左脚往前跨一小步，右脚稍微伸直，成左弓箭步，把击球点选在右肩的前上方。上臂向前上方抬起时弯曲，前臂稍后摆带有外旋，引拍于头后。击球时前臂向前，手腕由后伸至前屈闪动挥拍击球托的后部，使球平直、急速地飞向对方中场区附近。击球后球拍随势前盖，右脚往左前方迈一步，站在中线两侧稍偏后的位置上，球拍由左下回举至前上方，准备迎击下一次的来球。

2. 反手平抽挡技术

反手平抽挡时两脚屈膝分开，重心在左脚上，右手反手握拍在左侧前。击球前肘部稍上抬,前臂内旋,手腕外展,引拍至左侧。击球时,在髋关节的右转带动下,前臂外旋,手腕由外展到伸直闪动,挥拍击球托的底部。击球后,球拍随身体的回动收回到身体右侧前。

五、常见的错误

(一)击球点在体后,造成出球无力

要进一步明确击球点应在身体前的概念。准备姿势的持拍应略抬高,拍框应翘起,有利于快举拍击球。多练以脚为轴,以前臂带动手腕做小幅度快速挥拍练习(不要做以肩为轴的大幅度挥拍),这样有利于捕捉击球时机。多做连续挥拍练习,或多球半蹲快打练习,打网前一拍之后,立刻准备打第二拍,提高反应速度。

(二)接杀球反应慢,接不到球

(1)要训练良好的接杀球准备姿势,做到屈膝低重心的灵活站位姿势,有利于起动;
(2)陪练者杀多球,练习者做接杀球练习,以训练反应速度和判断能力。

(三)接杀球不过网

(1)握拍要灵活,在触球时,应以手指控制使拍面后仰一些;
(2)适当增加向前上方提拉的力量。

第七节　羽毛球步法

羽毛球运动中有"三分技术,七分步法"的说法。步法可称为羽毛球运动技术之母,是羽毛球运动的灵魂。步法移动的快慢正确与否,直接影响羽毛球各项技术动作的发挥和质量。由于球的飞行速度快、落点变化多,为了保证击球动作的合理、协调,这就要求在每一次击球中,都必须做到步法的快速移动。击球的手法固然重要,但步法是手法的基础。虽然球最后是通过不同的击球手法将球击出的,但是没有协调、合理、灵活、快速的步法,就不可能把将手法充分地发挥出来,它们之间是相辅相成、不可分割的关系。

一、步法移动的技术环节

羽毛球运动的步法移动方法很多,但是每一种不同的步法技术构成都是相同的。羽毛球运动的步法移动都是由起动、移动、协助完成击球动作和回动这四个技术环节所构成。

(1)起动。起动来自判断和反应。判断正确、反应快是迅速起动的前提。在起动这一环节中,抓好反应速度练习,还要提高判断能力。

(2)移动。主要是指从中心位置起动后到击球位置的移动方法。影响移动速度的因素有步数、步频和步幅。移动的方法通常采用垫步、交叉步、小碎步(或称调整步)、并步、蹬转步、蹬跨步、腾跳步等,然后运用这些方法构成从中心位置到场区不同方位击球的组合步法——后退步法、两侧移动步法和上网步法。自中心位置到击球位置的步数,一般由

一步、两步或三步组成,要根据当时球离身体的远近来决定的。一般来讲,从中心位置到击球位置,在场上的速度快慢很大程度表现在移动上。可以采用专项速度训练的方法,提高步法移动的速度。

(3)协助完成击球动作。羽毛球技术在击球时,不单是上肢挥拍击球,而且需要下肢配合共同发力来完成。这是步法结构中的关键部分,如果动作别扭,是不可能击出速度快、落点刁的球。因此,要求动作准确、合理、协调,给人以一种轻松自如的感觉。

(4)回动。击球后要很快回到场区中心位置,做好迎接下一来球的准备。回动不是盲目地向场地中心的位置跑,而应根据战术需要来移动。

二、常用的基本移动步法

在这块的小场地上(半场),根据羽毛球多变和不确定的运动特点,选手必须在极短的时间里,运用交叉步、垫步、跨步、蹬跨步、蹬跳步、起跳等各种步法向来球的方向迅速移动到适当位置,并以前场、中场和后场等击球手法将球击向对方场区。根据击球的需要,步法大致分为上网步法、后退步法和两侧移动步法。

(一)基本移动步法

羽毛球步法中常运用的是并步、垫步、交叉步、单足跳步、跨步、蹬步、腾跳步等综合步法。

(1)垫步。当右(左)脚向前(后)迈出一步后,紧接着以同一脚向同一方向再迈一步,称为垫步。垫步一般用于调整步距。

(2)交叉步。左右脚交替向前、向侧或向后移动为交叉步。经另一脚前面超越的为前交叉步,经另一脚跟后超越的为后交叉步。

(3)小碎步。小的交叉步为小碎步。由于步幅小、步频快,一般在起动或回动起始时用。

(4)并步。右脚向前(或向后)移动一步时,左脚即刻向右脚跟并一步,紧接着右脚再向前(向后)移一步,称为并步。

(5)蹬转步。以一脚为轴,另一脚做向后或向前蹬转迈步,称为蹬转步。

(6)蹬跨步。在移动的最后一步,左脚用力向后蹬的同时,右脚向球的方向跨出一大步称为蹬跨步。在上网击球,向后场底线两角移动抽球时常会采用。

(7)腾跳步。起跳腾空击球的步法为腾跳步。它可分为两种:一种是在上网扑球或向两侧移动突击杀球时,以领先的脚(或双脚)起跳,做扑球或突击杀球;另一种是对方击来高远球时,用右脚(或双脚)起跳到最高点时杀球。

(二)上网步法

上网步法是指从场地中央位置向网前移动的步法。上网步法可以分为正手上网步法、反手上网步法和蹬跳上网扑球步法三种。为了便于随时起动,准备姿势应为两脚稍前后开立,右前左后,轮换弹动,以便随时调整身体的重心。上网步法具体可分为跨步、垫步、蹬步。

1. 两侧跨步上网步法

当判断来球是网前球时,两脚轻轻向上弹跳将重心调至右脚,左脚迅速蹬地向前迈出一步,当左脚刚着地时,右脚加速蹬地向前跨出,左腿用力使右脚向前大跨一步,着地时,以右脚跟、脚掌外侧的顺序着地。上体前倾,右腿成弓箭步,前腿用力缓冲,制动住身体,保持正确的击球姿势。左侧跨步上网,动作方法同右侧跨步上网动作相反,具体步法如图3-25所示。

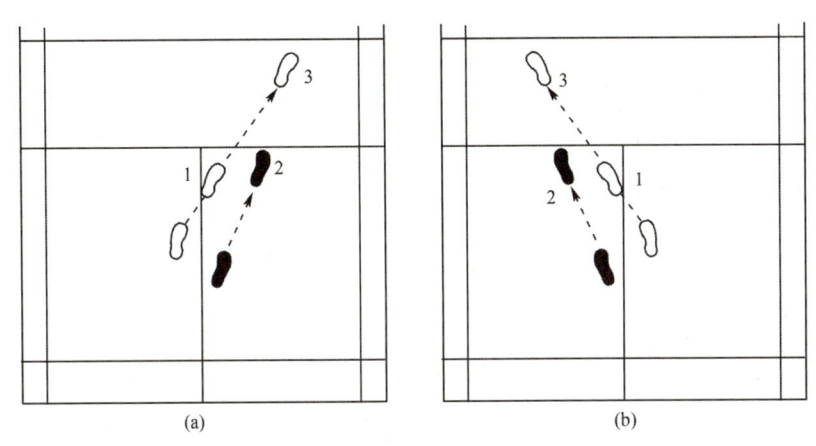

图 3-25　前交叉上网步法

2. 两侧垫步上网步法

当判断来球是网前球时,右脚先迈出一小步,左脚立即向右脚垫一小步,左脚着地后,脚内侧用力蹬地,右脚再向网前跨一大步成弓箭步,紧接着左脚自然地向前跟进小半步,身体重心在前脚。击球后前脚朝后蹬地,用小步、交叉步或并步退回中心位置。左脚垫步上网步法方向相反。具体步法如图3-26所示。

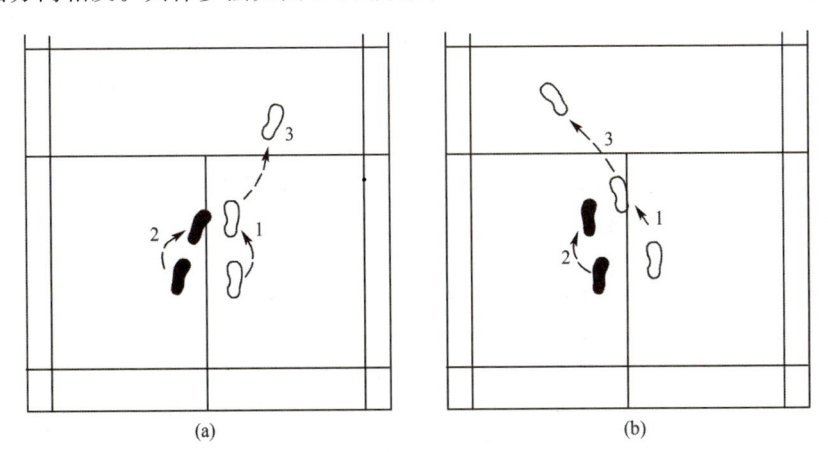

图 3-26　垫步上网步法

3. 两侧蹬步上网步法

蹬步用于离网较近、争取抢高点击球时采用。其动作要领为:当判断来球是网前球时,两脚轻跳将重心调至左脚,同时左脚用力蹬地,右脚向来球方向大步跨出,使身体迅速向来球方向移动,右脚先着地,左脚紧跟着着地,并迅速制动。击完球后,返回球场中心位置(也可以根据当时的具体情况调整身体的位置),准备下一次击球。上网步法还有另外几种,但移动后总是有其基本规律的。无论是跨步还是蹬步,最后一定要形成右弓步的姿势,这样可以扩大击球范围,最大限度地击球。当用正手击球时,右脚跟先着地制动,引拍击球;当用反手击球时也一样以右脚跟先着地制动,以便于身体左转,在引拍击球时能协调发力(左侧蹬步上网步法方向相反)。蹬跨上网步法具体如图3-27所示。

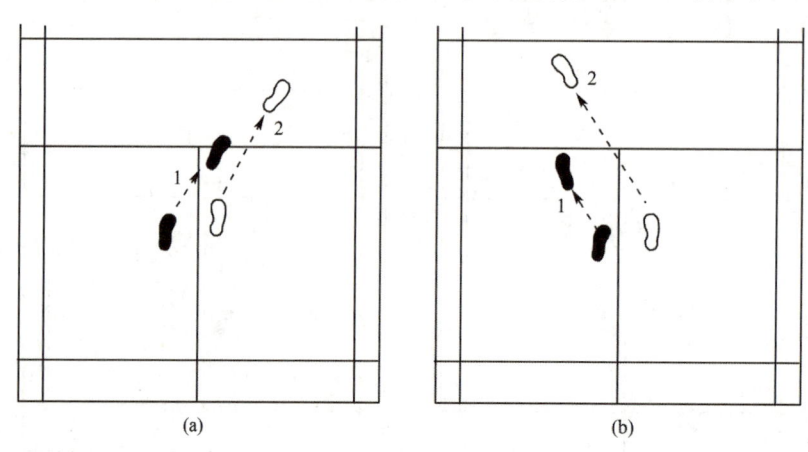

图 3-27 蹬跨上网步法

(三)后退步法

后退步法是羽毛球步法中最常用的,又是难度较大的。由解剖学原理可知,羽毛球运动的步法动作因人的生理结构因素的影响,向前比向后移动容易些。特别是向左场区底线后退,对灵活性和协调性的要求很高。后场来球有正手位、反手位之分,击球也有正、反手之别,退后场步法也有正手退后场击球和反手退后场击球两种。

1. 右后场区后退步法

(1)侧身后退一步。起动后,以左脚前掌为轴,右脚往右后侧蹬转后退一步,重心移到右脚上(右脚脚尖朝右侧,左脚尖也顺势略转向右)成侧身对网姿势。此时,可做原地击球或起跳击球。具体步法如图3-28所示。

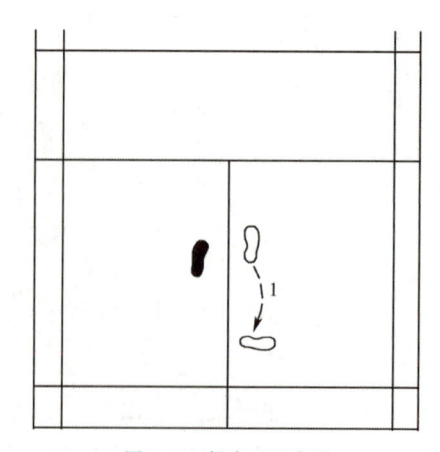

图 3-28 侧身后退步法

(2)侧身并步后退步法。起动后,以左脚前掌为轴,右脚往右后侧蹬转后退一步,左脚即刻往右脚并一步。紧接着右脚再向右后撤一步(重心移到右脚上)成侧身对网姿势。此刻,可做原地击球或起跳击球。具体步法如图3-29所示。

(3)交叉步后退步法。这种步法的特点是移动范围大,所以回击端线附近的球多用这种步法,其动作要领是:当判断来球是后场球时,两脚向上轻跳将重心调至右脚,紧接着右脚蹬地,身体右转,右脚向来球方向迈出一步。随着右脚的着地,左脚经体后交叉移至右脚后侧,然后右脚迅速向后再移动一步。当右脚着地时,迅速向上蹬,使击球点增高,同时左脚主动后撤落地。当击球完成时,左脚以前脚掌先着地,然后右脚着地,左脚着地时要缓冲、制动、回蹬后要紧凑身体,使身体迅速返回球场中心位置。具体步法如图3-30所示。

图 3-29　侧身并步后退法

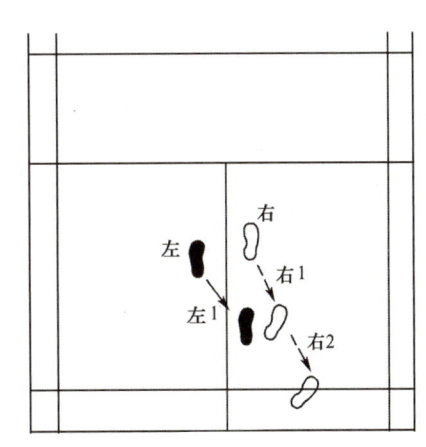

图 3-30　交叉步后退法

2. 左后场区后退步法(头顶后退法)

(1)交叉步后退头顶击球步法。起动后,以左脚前掌为轴,右脚向右后蹬转(蹬转的角度应较大,向左后场方向撤一步),左脚即刻往身后交叉后退一步。紧接着右脚再往左后场退一步(重心落在右脚上)成上体后仰面对网的姿势。此刻,可以做原地或起跳头顶击球。具体步法如图3-31所示。

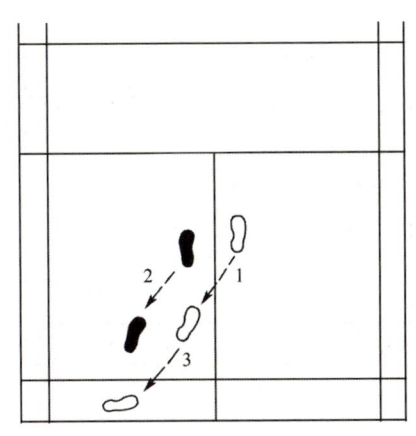

图 3-31　头顶击球步法

(2) 蹬转一步反手击球步法。起动后,以左脚前掌为轴,右脚向左后方蹬转使身体转向左后方。同时,右脚经左脚前向左后场跨出一步(重心移到右脚)成背对球网姿势(在移动过程中,由正手握拍法换成反手握拍法),在右脚跨步着地时发力反手击球。击球后,右脚往右后方蹬转,身体随即转成面对球网,回中心位置。具体步法如图 3-32 所示。

(3) 垫步蹬转反手击球步法。起动后,上身向左转。同时,左脚后撤垫一步,紧接着以左脚前掌为轴,右脚经左脚向左后场区跨出一步(重心移到右脚)成背对网姿势(在移动过程中,由正手握拍法换成反手握拍法),在右脚跨步着地时发力反手击球。击球后,右脚往右后方蹬转,身体随即转成面对网,回中心位置。具体步法如图 3-33 所示。

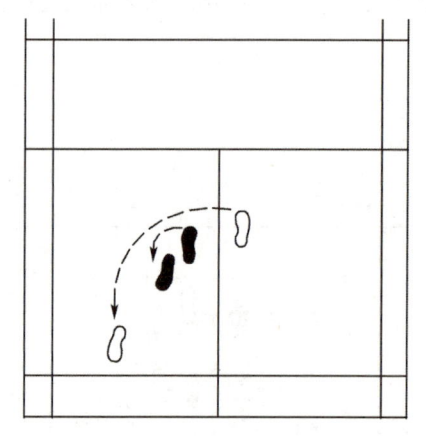

图 3-32 蹬转反手击球步法

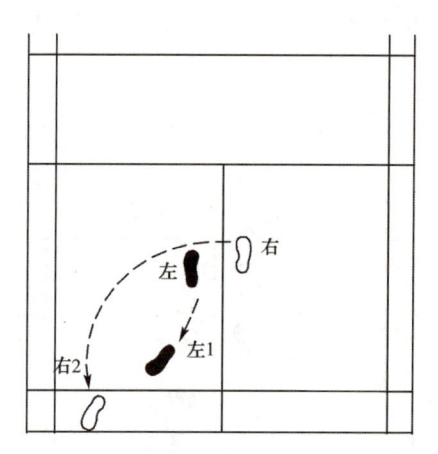

图 3-33 垫步蹬转反手击球步法

(4) 蹬转交叉步反手击球步法。起动后,以左脚前掌为轴右脚向左后方蹬转,使身体转向左后方。同时,右脚经左脚前向左后场区跨一步成背对网姿势(在移动过程中,由正手握拍法换成反手握拍法)。接着,左脚迈一步,右脚再迈一步(重心移到右脚上)。在右脚着地时发力反手击球。击球后,右脚往右后方蹬转,身体随即转成面对网向中心位置回动。具体步法如图 3-34 所示。

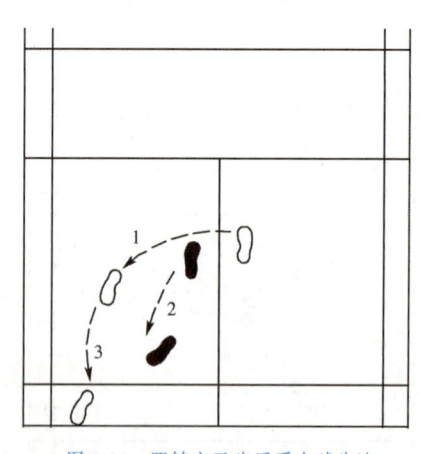

图 3-34 蹬转交叉步反手击球步法

以上都是向中心位置后退的步法。在比赛中,能回中心位置稍作停顿再起动,说明步法比较主动。但是,在比赛中,往往也会有被对方控制而出现被动的局面。例如,在网前击球时对方回击的右侧平推球,这时可用交叉步后退(步数不限,但最后一步仍须符合上述步法要求),用右弓步支撑击球。如果从后场上网击球,步法运用也照此方法。

(四)中场两侧移动步法

从中心位置向两侧移动到击球点上的移动步法,称为两侧移动步法。两侧移动步法多用于接对方的扣杀和打来的半场低平球。其移动前的准备姿势及站位基本同上网步法。

1. 向右蹬跨步步法

起动后,左脚掌内侧用力起蹬,同时向右转髋,右脚向右侧跨出一大步(重心落在右脚上,脚尖偏向右侧,以脚跟制动),上身略向右侧倒(侧倒的程度根据击球点高低而定)做正手抽挡球。击球后,以右脚前掌回蹬。若起跳突击,用右脚(或双脚)起跳,突击后,右脚先着地(或双脚同时着地)缓冲,回中心位置。具体步法如图 3-35 所示。

2. 向右并步加蹬跨步步法

起动后,左脚先向右脚并一步。紧接着,以右脚掌内侧用力起蹬。此后的动作均与前述"向右蹬跨步"一致。具体步法如图 3-36 所示。

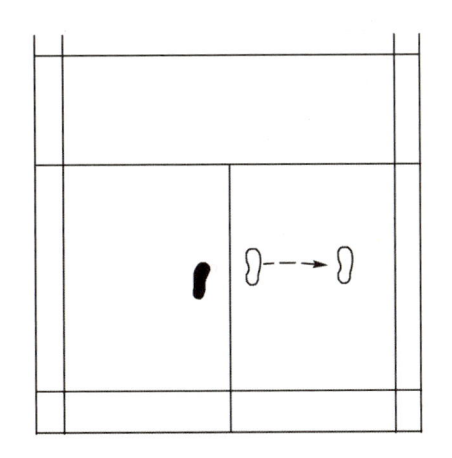

图 3-35　向右蹬跨步步法

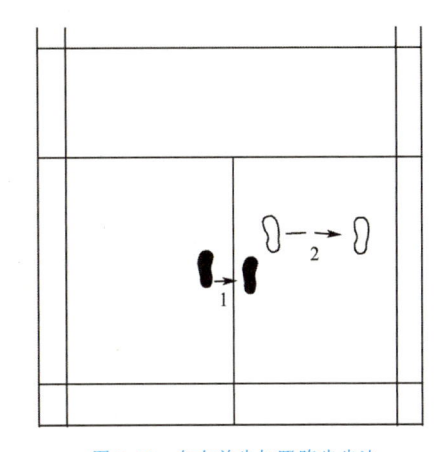

图 3-36　向右并步加蹬跨步步法

3. 向左蹬跨步步法

起动后,右脚掌内侧用力起蹬。同时,向左转髋,左脚向左跨出一步(重心落在左脚上,脚尖偏向左侧,以脚趾制动),上身略向左侧倒做抽、挡球。击球后左脚前掌回蹬,回中心位置。若起跳头顶突击,用左脚(或双脚)起跳,突击后,左脚先着地(或双脚同时着地)缓冲,回中心位置。具体步法如图 3-37 所示。

4. 向左蹬转跨步步法

起动后,以左脚前掌为轴,向左转髋。同时,右脚内侧用力起蹬,经左脚前向左侧跨一大步(重心在右脚上,以脚趾制动)成背对网姿势,上身略向前倾做反手抽、挡球。击球后,以右脚回蹬随即转成面对网,回中心位置。具体步法如图 3-38 所示。

图 3-37　向左蹬跨步步法　　　　　　图 3-38　向左蹬跨步步法

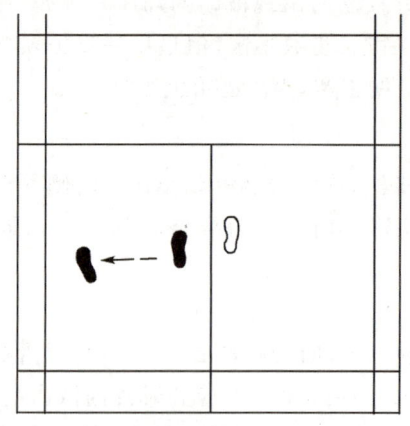

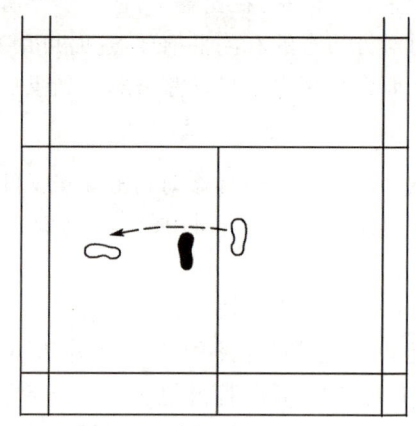

5. 向左垫步加蹬转跨步步法

起动后,左脚先向左侧垫一步。此后的动作与前述"向左蹬转跨步"一致。具体步法如图 3-39 所示。

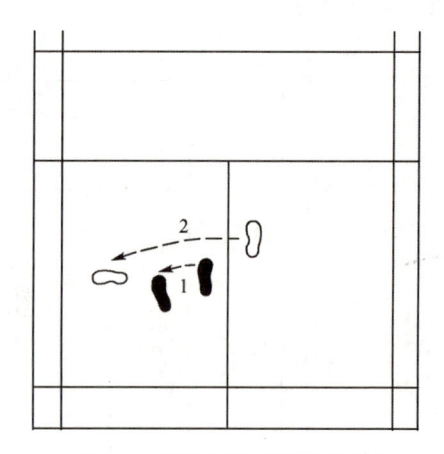

图 3-39　向左垫步加蹬转跨步步法

第八节　羽毛球击球质量的要点

羽毛球运动是一项激烈的对抗性运动,取胜的关键在于高质量的击球技术。高质量的击球技术集球速快、落点准、线路巧、变化多于一体,能最大限度地调动对手,给对手制造障碍,迫使对手出现漏洞,或是跟不上节奏被迫失误,从而取得比赛的胜利。高质量的击球要符合"快、狠、准、活"的原则,而击球质量受来球状况、击球意识、击球技术等多方面因素的影响,现就一些基本的、直接影响击球质量的因素进行剖析,如果能协调好这些因素,必定可以提高击球技术。

一、如何制造合理的弧线

由于球的重力作用,羽毛球被球员击出后,在飞往对方场区的过程中一般呈弧线飞行,即使是强而有力的杀球也不例外,只不过球飞行时呈现的弯曲程度较小。我们把羽毛球在运行中呈现的弯曲程度叫作球的弧线。研究弧线是为了更好地掌握羽毛球的飞行规律,从而准确判断来球,控制回球的运行,达到争取主动、克敌制胜的目的。

球的弧线包括以下几个方面的内容:一是弧线的长度,也就是球实际运行轨迹的长度;二是弧线的曲度,也就是弧线的弯曲程度;三是球飞出的距离,也就是弧线投影在地面上的直线距离;四是球飞行的方向。

羽毛球弧线的特点是球刚被击出时弧线曲度小,越往后弧线曲度越大,最后甚至呈自由落体垂直下落。这是由羽毛球的制作材料及球本身的特殊结构、形状与空气的阻力共同作用的结果,所以必须充分利用这个特殊规律,制造出对羽毛球运动有特殊意义的弧线。

羽毛球比赛的各种不同技术对弧线有不同的要求,因此在制造弧线时一定要考虑这个重要因素。例如,中后场的击高远球和中后场的吊球,这两种技术对这两条弧线的要求就不一样。高远球要求弧线的曲度大、弧线长,球飞出的距离远,球飞行的方向是底线高远球;而吊球则要求弧线的曲度小、弧度短,球飞出的距离近,球飞行的方向是近网短球。那么,怎样去制造符合各种技术要求的弧线呢?

首先,要掌握影响弧线质量的主要因素:一是弧线的曲度,二是弧线打出的距离。在每一拍击球时都要在灵敏感觉的基础上,有意识地控制弧线的曲度和打出的距离。其次,要明确各种技术对弧线的特殊要求。例如,击高远球要高到什么程度,远到什么程度。也就是说后场击高远球要击出多大的弧线曲度,打出多远的距离。又如,后场击平高球,要平到什么程度(弧线的曲度),远到什么程度(打出距离)。最后,要知道如何控制拍形角度、拍面方向和击球的力量及用力方向,这是控制击球弧线的根本方法。根据公式:$s=v^2\sin2\theta/g$ 可知,羽毛球被拍击出的距离 s 与球出拍时的速度 v 的平方成正比,与 $\sin2\theta$ 成正比,与自由落体的重力加速度成反比。所以要想将球打到一定的距离,就要靠增加或者减少击球的力量,增加或者减少击球的角度。当击球角度为 45 度角时,击球的用力最小,随着击球角度的增加或者减少,击球的用力就随之增大,因此在羽毛球运动的击球中,要随时根据拍形去调节击球的力量。拍形决定了击球的角度,力量决定了羽毛球的初速度。两者只有很好地配合、合理使用,才能击出符合弧线要求的球来。

二、如何加快击球的速度

球的速度是指球被球拍击出后在空中飞行的快慢,或者球被球拍击出后落到对方场区所需时间的长短。

可见,羽毛球的速度概念不完全等同于公式 $v=s/t$ 表达的意思,而有其本身特殊的内容。羽毛球的速度包括两个含义:一个是指球本身飞行的速度,称为"绝对速度";另一个是指运动员将球击到对方场地所需的时间长短,称为"间接速度"。"绝对速度"的提高好理解,只要球员击球的作用力大,球的飞行速度就快。而"间接速度"提高的影响因素就较多且复杂。首先取决于对方击球的位置和击球的方式;其次,取决于己方击球所采用的方式、击球时间,以及击球力量的大小、弧线的高低、落点的远近。例如,对方打己方网前球,己方是在下降前期击球,还是在下降后期击球;是采用扑球技术,还是采用推球技术或者采用挑高球;是打在对方的前场,还是打在对方的后场或中场,以上所有因素都决定着回球的速度。可以这样讲,快是羽毛球技术的关键,球的速度快,就能调动对方、限制对方、打击对方,直至夺取最后的胜利。因此,研究球的速度,不仅是技术问题,而且是战术、战略的问题。

如何提高球的速度?具体有以下 3 种方法:

(1)加快回球速度。即增加击球的力量、控制好球拍的角度和拍面的方向,控制适当的弧线和落点,选好合适的击球点。

(2)加快判断速度、移动速度和前后场技术、正反手技术的连接速度。这些速度是提高球速的基础,它们之间是相互依存、相互制约、相互促进的关系,必须同时加强。

(3)提高速度素质。即提高反应移动速度,主要是步法的移动速度。动作速度的提高,主要是手臂、手腕、手指动作速度的提高。另外,要速度和力量相结合,提高速度耐力,只有这样才能保证加快击球的速度。

三、如何加大击球的力量

击球的力量是指球员用球拍击球时作用力的大小。在羽毛球运动中,击球力量的大小将直接影响到击球的质量,较大的击球力量将使对手没有充分的时间判断来球,即使判断正确,也可能由于没有时间移动步法而造成回球失误。击球力量的大小,主要体现在球运行的速度上。牛顿第二定律告诉我们:"物体运行的加速度与它所受的外力成正比,与它的质量成反比。"用公式表示即 $F=m\times a$。由于球(标准的比赛用球)的质量是一定的,因此加速度的大小就取决于作用力 F。F 是球员挥动球拍所给予的。对同一球员来说,他所使用的球拍质量也是一定的,那么增大击球力量的方法就只有增加挥拍的加速度。加速度是指速度的变化和发生这段速度变化的时间之比。用公式表示为:$a=(v-v_0)/t$。由此我们不难看出,击球前 $v_0=0$,当击球时,挥拍速度越快,v 越大,时间越短,则 $(v-v_0)/t$ 的值越大,加速度越大。因此我们可以这样说:增加羽毛球击球力量的原理就是增加击球的加速度(挥拍的加速度),而增加加速度的方法又是通过增加挥拍的即时速度而获得的。在具体击球时,增加击球的力量有如下五种方法。

(一)增加挥拍的加速距离

加速距离较长,球拍具有的能量就大,击球时传给球的能量也就大。球拍对球做功的公式可以表达为:$W=F\times l$,由于拍(或球)质量 m 一定,在加速度 a 也一定的情况下,即 F 不变的情况下,适当增长挥拍距离 l 就可以增加球拍对球做的功 W,也就是增加了传导给球的能量。

(二)身体各部位协调配合击球

仅仅靠前臂、手腕将球拍快速挥动是有一定困难的,因此必须靠腰的转动、腿的蹬地以及上臂、前臂、手腕、手指的多种力量,既有局部肌肉本身的发力,又有其他部位肌肉发力传递过来的动量,最后一起共同完成快速挥拍动作。

(三)击球前放松身体各部位

使身体各部位肌肉尤其是主动肌放松,并得到充分的拉长(拉长肌肉的初长度有利于发力),握拍也要放松,在击球时再握紧球拍柄,这样不仅能发力击球,还不易疲劳。

(四)选择合适的击球点

击球点选择得好,能使动作得以充分完成,只有动作完成才能做出正确的击球动作,正确的击球动作是充分发挥击球力量的保证。

(五)提高球员的力量素质

这主要是提高指、腕、前臂内旋、外旋,上臂绕环,腰的转动,伸腰、下肢的蹬、跳等力量。而以上所述的身体力量的提高,应侧重于爆发力,这是提高击球力量的根本。

四、如何加强击球的旋转

羽毛球网前搓球动作是基本技术中唯一能使球体产生旋转、改变飞行轨迹的击球技术。搓出的球,运行轨迹不规则,出现左右上下旋转,对方难以掌握回击球的方向,影响击球的稳定性。加强击球的旋转可以从以下三个方面着手。

第一,击球拍面角度。根据来球距离的远近,调整拍面击球的角度。来球离网较远时,击球拍面应前倾,以斜拍面搓击球托;来球离网很近时,击球拍面倾斜角度加大,近似水平面向前搓捻切击球托,此时有两种搓球动作,即收搓和展搓。如正手的收搓动作,击球时手腕由展腕至收腕发力,由右向左以斜拍切击球托;正手的展搓动作,击球时手腕由收腕到展腕发力,拍面由左向右以斜拍面切击球托。

第二,击中球托部位。以正手搓球为例,收搓时由右向左以斜拍切击球托的右后侧部位,使球下旋翻滚旋转过网;展搓时,拍面由左向右以斜拍面切击球托的左后侧部位,使球上旋翻滚旋转过网。

第三,击球力量。正手搓球主要靠食指的力量,反手搓球主要靠拇指的力量,并掌握好拍面角度和切击球托的部位,靠拍面与球的摩擦力使球体旋转过网。如果击球力量速小,球体只能在原地旋转,难以向前运行过网;如果击球力量过大,出现球向上弹起,不旋转,则球托难以在拍面上形成一定的黏滞、搓切状态,球体则不易产生旋转。

五、如何打出较好的落点

球被击出后落到对方场区的某一个地方就叫作球的落点。一般来讲,球的落点可以简化为几个区域,如将球击到对方场区的前场、中场、后场,而前场、中场、后场又均可分为左区、中区、右区3个部分。因此球场基本可以划分为9个击球区,即我们经常要求的落点区,也是经常练习的基本落点区。在比赛中,球员只要有意识地控制落点,并能将球击到这9个区的附近,就达到了技术和战术的要求。

本章思考题

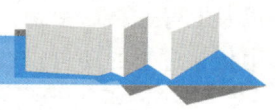

1. 握拍的种类有哪些？请详细阐述握拍方法。
2. 单打发球的种类及战术作用有哪些？
3. 简述前场高手位击球技术的种类及技术要领。
4. 简述中场接杀球技术的种类。
5. 试述正手击后场高远球技术的过程。
6. 简述后场后退步法技术动作方法。

第四章 羽毛球技术训练方法

第一节 握拍与挥拍练习

按照握拍要领,先按正手握拍法握住球拍,如有错误,要及时改正;然后改为反手握拍,这样交替进行。在握拍的练习中,一定要结合实战挥拍的练习,如正手握拍时要结合正手高球挥拍练习,挥拍后立即检查是否正确地按要领握拍,这样反复进行,不断巩固。

握拍练习要以正手握拍法为主,然后转为反手握拍法,再转为正手握拍法,以及由正手握拍法转为特殊握拍法。如此反复进行,不断巩固,最终形成灵活的握拍法。

挥拍练习,首先要花大力气进行正手高球的挥拍练习,先做分解的挥拍练习,再做连贯的慢速挥拍练习,待较熟练掌握挥拍动作要领之后,再进行快速挥拍练习,紧接着进行悬球挥拍练习。在进行挥拍练习时,最好能对着镜子练,或两人对练,这样,可互相观摩,纠正错误动作,也可拿网球拍、壁球拍或小哑铃进行负重挥拍练习,这样既可以在负重情况下练习正确的挥拍动作,又能增强手腕、手臂的力量。

第二节 单项技术击球练习法

一、发球练习法

(一)发高远球练习法

这是初学者首先要接触的练习法,因为只有学会发高远球,才能打好高远球。发高远球必须按动作要领进行练习,使球能发得又高(能垂直落下)又远(落在对方底线附近)。同时,还要学习控制发球落点,并做到得心应手。

(二)发平高球、平射球练习法

练习发平高球、平射球时,要注意弧度与落点是否符合技术要求,而且要使发球的前期引拍挥拍动作与发高远球动作基本一致,仅在击球瞬间有所变化。

(三)发网前球练习法

练习发网前球时,要根据单、双打比赛的需要,选择好站位。单打比赛时,发网前球的站位应与发高远球、平高球、平射球相同;双打比赛时,一般应站前一些,或根据战术的需要站位,拉开至边线或离中线的适当距离。发出的球要符合发网前球的技术要求,练习时可安排一人进行接发球,以提高实战性。

以上几种发球练习法,可采用单人多球练习法或双人对练练习法。总之,通过练习提高发球的质量,达到战术要求。

二、击高球练习法

击高球包括击高远球、平高球、平射球,通过这种练习可以巩固击这些球的手法,能把球回击出预期的弧度、速度和达到预期的落点。

(一)初级的悬球击球练习法

用一细绳将球悬挂在适合于每个人击到高球的位置上(高度应根据个人的身高、臂长而定),反复练习击高球动作,检查挥拍动作、击球点、接触面是否按照击高远球技术要求来完成,这是初学者所采取的练习法。

(二)喂球练习法

由教练员发高球或击高球给练习者,球落到一定高度时,教练员发出"打"的信号,要求练习者挥拍击球,以提高练习者的空中击球感觉,准确把握击球点。这种练习因教练员喂球时的弧度较高,有利于初学者挥拍动作的完成,而且球的落点能较固定,不会忽左忽右忽高忽低,有利于初学者更快形成正确的击球动作和动力定型。如果一开始就做对打练习,因为每次来球的高度、位置、速度不一样,练习者为了击球就会乱跑、乱挥、乱打,必然会形成许多错误动作,打多后形成了错误的动力定型以后再改正就困难了。

(三)中级的原地对打练习法

两人站在各自场区的底线附近,进行对打高远球的练习。先练直线对打高远球,再练平高球、平射球,然后再进行对角线对打高远球、平高球、平射球的练习,如图4-1、图4-2所示。

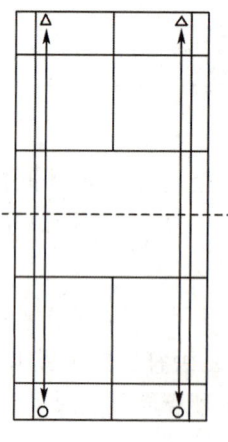

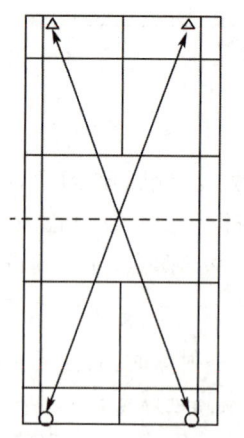

图 4-1 直线对打   图 4-2 对角线对打

(四)移动对打高远球练习法

1. 一人固定、一人移动的练习

一人在底线固定击高球,另一人前后移动回击高球,如图 4-3、图 4-4 所示。另一边也同样。

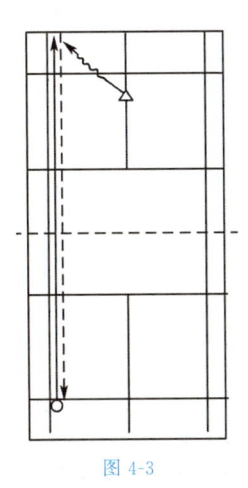

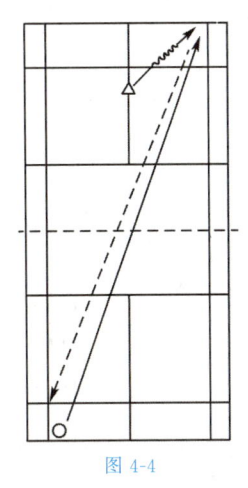

图 4-3

图 4-4

2. 一点打一点前后移动击高球练习

双方在击完球之后均应回到中心位置,然后再退至底线,回击对方来的高球,反复练习如图 4-5 所示。这种练习能提高起动、回动能力和击高远球的能力。

3. 一点打两点移动练习法

乙(教练员、同伴或陪练者,下同)固定在左后场区回击甲(练习者,下同)打过来的高球,可随意回击直线球或对角线球,甲则应移动将球以直线或对角的方式固定回击到乙的左后场区。反复练习,以提高回击直线球和对角线球的能力,甲提高移动到位击球和起动、回动能力如图 4-6 所示。

4. 两点打两点练习法

甲乙二人对打两边底线球,并应积极回中心,如图 4-7 所示。此种练习能提高移动到位并控制回击直线、对角高球的能力,是业余运动员和高水平运动员均可采用的一种练习手段。

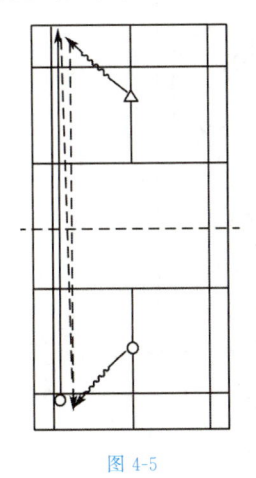

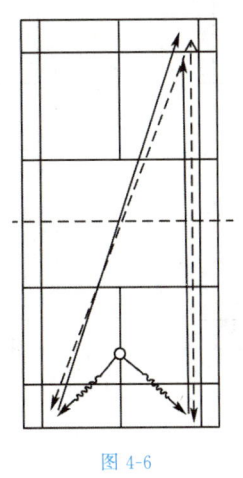

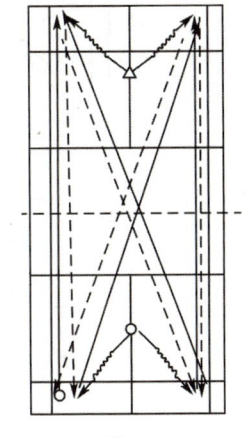

图 4-5

图 4-6

图 4-7

三、吊球练习法

(一)定点吊直线练习法

甲站在右(左)后场,将球吊至乙的左(右)场区网前,乙再将球挑回甲所站的位置,反复练习,如图4-8所示。

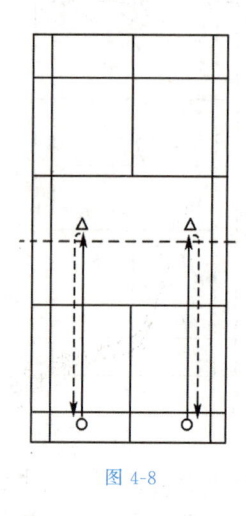

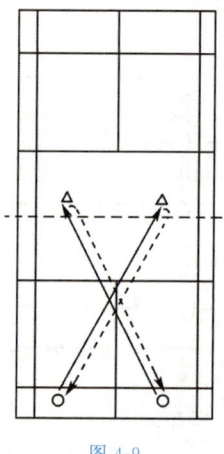

图 4-8

图 4-9

(二)定点吊对角线球练习法

甲站在右(左)后场,将球吊至乙的左(右)场区网前,乙再将球挑回甲所站的位置,反复练习,如图4-9所示。

(三)前后移动一点吊一点练习法

甲由右(左)后场区吊对角(直线)后回动至中心位置,然后重新退至右(左)后场进行吊球练习。乙挑球后退回中心位置,然后重新上网挑球,如图4-10、图4-11所示。

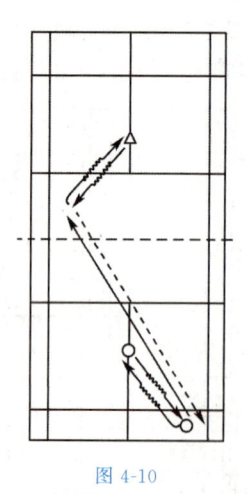

图 4-10

图 4-11

（四）前后移动两点吊一点练习法

甲先后在后场两个点上将球吊至乙的网前某个点上（可在右前场区也可在左前场区），乙在网前的一个点上先后将球挑至甲的后场两个点上，反复练习，双方均做前后移动，如图 4-12、图 4-13 所示。

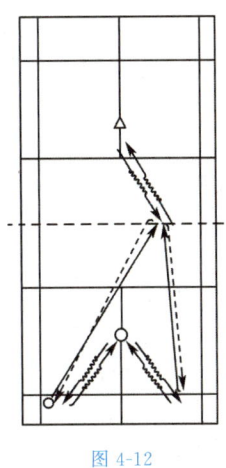

图 4-12　　　　图 4-13

（五）前后移动两点吊两点练习法

甲先后在后场两点将球吊至乙的网前。乙前后移动，将两个点的球挑至甲的后场两个点上，反复练习，如图 4-14 所示。

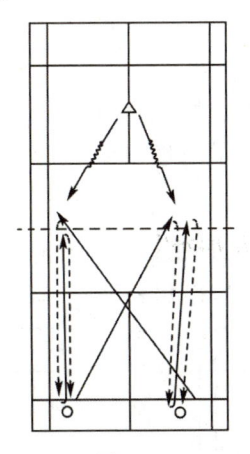

图 4-14

以上吊球的路线练习，一种是以练手法和练感觉为要求，一般是计时间；另一种是以练稳妥性为要求，可以计次数，例如以连续吊成功 50 次或 100 次为一组，连续吊几组，以提高吊球的稳妥性。两点吊一点或两点则是为了提高运动员吊球时的起动、回动能力，要求在移动中提高吊球能力。吊球是一项很重要的进攻性技术，熟练地掌握并结合一致性手法，可收到和杀球一样的得分效果。在一般情况下，吊球是一项调动对方位置的进攻性技术，因而在比赛中占了很大比例。

四、杀球练习法

（一）定点杀直线球练习法

甲站在右（左）后场，将来球杀至乙的左（右）场区。乙的水平较高时，可直接将球挑至甲的后场，让甲反复进行杀直线球的练习如图4-15所示。如果乙也是刚开始掌握基本技术者，他无法将杀过来的球挑至后场，那么，就可采用定点杀直线练习。这种练习主要是让初学者找到手腕闪动压击球的增强，以及手臂挥拍和拍面正面击球的正确感觉，形成正确的杀球技术，这是初学者很重要的一项练习法。

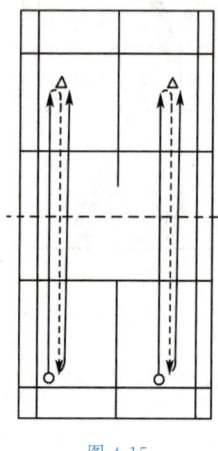

图 4-15 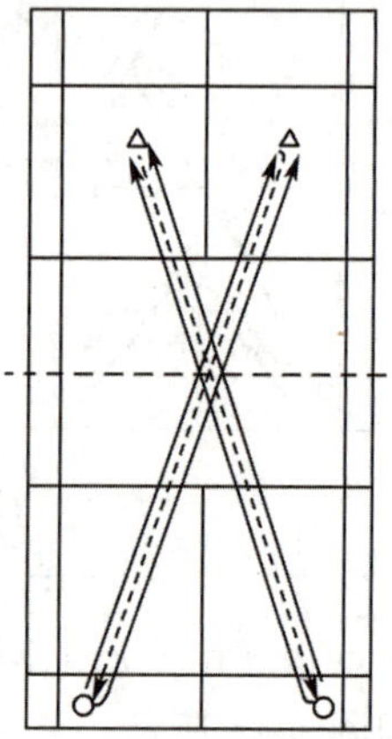　　　　　图 4-16

（二）定点杀对角线练习法

练习方法与杀直线球相同，但要求杀对角线球，让甲找到杀对角线球时手臂的挥动、手腕的闪动和拍面击球时的击球点的正确感觉，如图4-16所示。

（三）定点杀球上网练习法

甲杀直线（对角）球后上网，将乙回击过来的网前球回击到乙的网前，乙再把球挑至甲的后场，甲从前场再退至后场进行杀球，反复练习，如图4-17、图4-18所示。

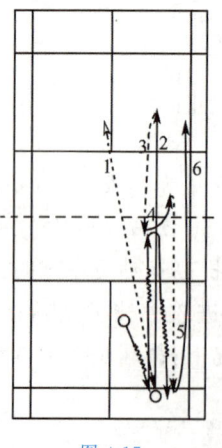

图 4-17 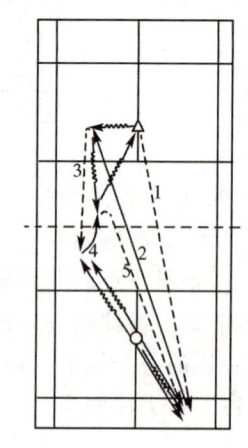　　　　　图 4-18

这是一种杀球技术与上网步法结合的最初级练习法。杀球者的上网步法基本是前后直线(对角线)移动的方式,而防守者的步法呈三角形的移动方式。在头顶区开始杀球也一样。

(四)不定点杀球上网练习法

甲对乙回击过来的高球可用正手杀直线(对角)球或头顶杀直线(对角)球,然后,上网回击网前球;乙挑直线(对角)到甲的后场正手(头顶)区,甲退至后场重新进行不定点练习,如图4-19、图4-20所示。这是一种适于高水平运动员的练习,能有效提高迅速上网高点击球与快速后退杀球的能力。

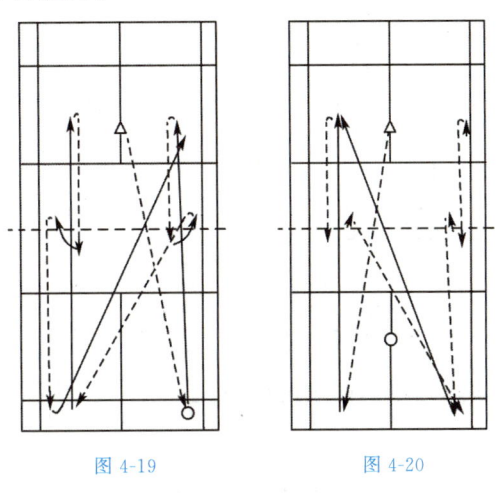

图 4-19   图 4-20

五、搓球练习法

(一)定点不移动搓球练习法

这是一种多球的练习法,也是练习手感的方法。甲可站在右(左)区网前,对乙抛过来的网前球用正搓、反搓技术搓过网,如图4-21所示。

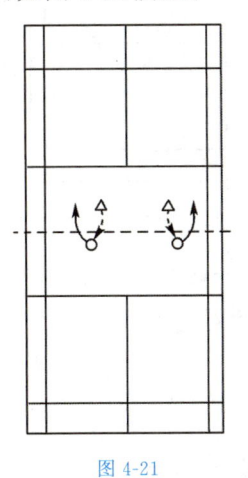

图 4-21

(二)定点移动搓球练习法

这是一种与定点不移动搓球练习类似的练习法,只不过加上了从中心上网搓球后回动至中心,再重复上网搓球练习,如图4-22、图4-23所示。

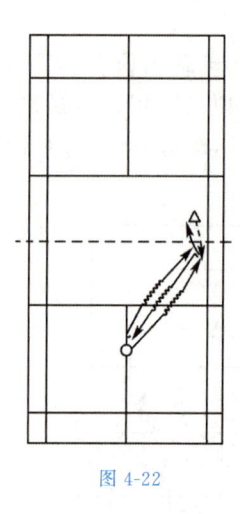

图 4-22   图 4-23

(三)不定点移动搓球练习法

乙站于网前中心处,将球向网前两边抛出,甲上网搓球后回动至中心,再反复上网搓球,如图4-24所示。

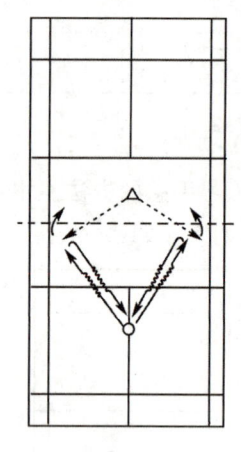

图 4-24

这是一种将手法与步法结合在一起的练习法,如抛球者抛球时间、弧度和距离合适,就可达到和实战一样的效果,是一种较好的练习法。

六、推球练习法

推球练习法与搓球练习法相同,开始采用定点不移动推球,然后采用定点移动推球,最后采用不定点移动推球练习,如图4-25、图4-26、图4-27、图4-28所示。

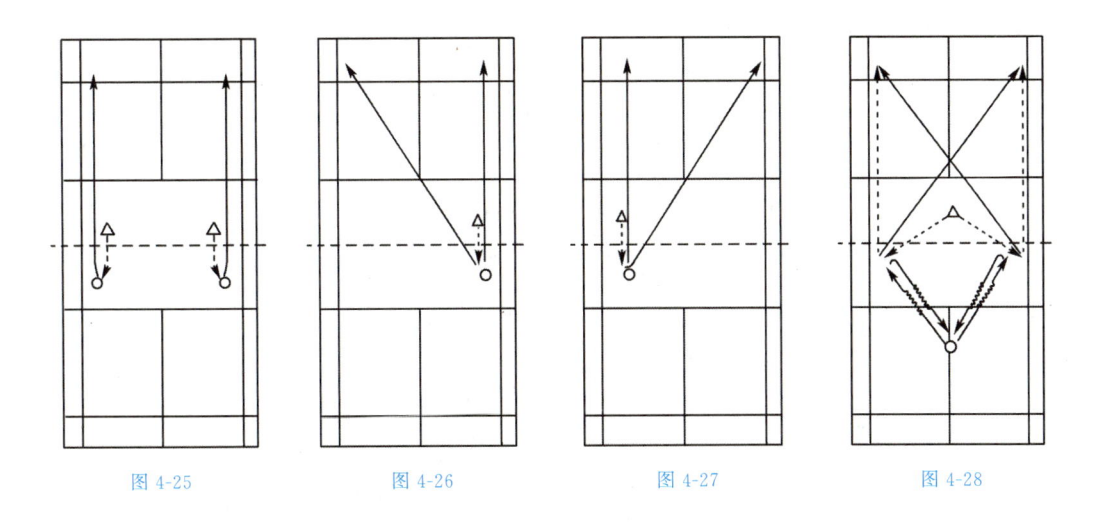

图 4-25　　　　　　图 4-26　　　　　　图 4-27　　　　　　图 4-28

七、勾球练习法

勾球练习法与搓球练习法相同,开始采用定点不移动勾球,然后定点移动勾球,最后采用不定点移动勾球练习,如图 4-29、图 4-30、图 4-31、图 4-32 所示。

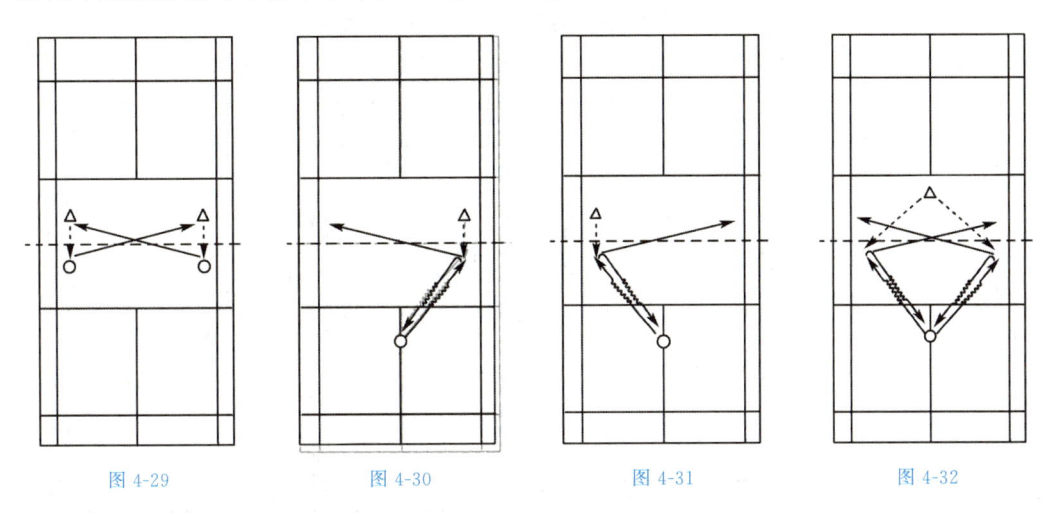

图 4-29　　　　　　图 4-30　　　　　　图 4-31　　　　　　图 4-32

八、扑、拨球练习法

扑、拨球练习法与搓球练习法相同,开始采用定点不移动扑、拨球,然后定点移动扑、拨球,最后采用不定点移动扑、拨球练习,如图 4-33、图 4-34、图 4-35、图 4-36 所示。但扑、拨球的移动都应采用蹬跳步而不应采用蹬跨步,采用蹬跳步才能在最高点出手扑、拨球,否则就只能用推球了。

图 4-33　　　　　图 4-34　　　　　图 4-35　　　　　图 4-36

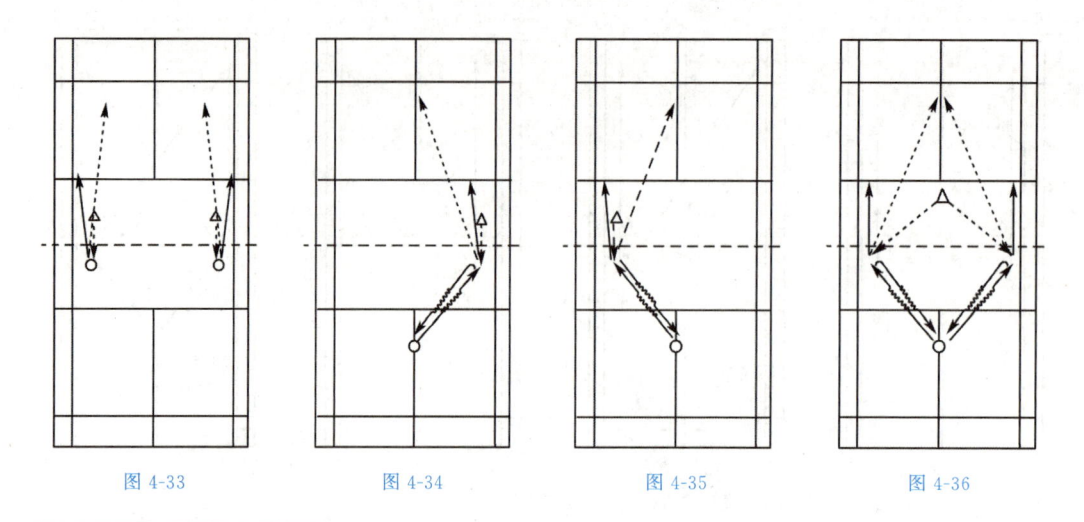

九、前场挑球练习法

前场挑球练习法与搓球练习法相同,开始采用定点不移动挑球,然后定点移动挑球,最后采用不定点移动挑球练习,如图 4-37、图 4-38、图 4-39、图 4-40 所示。

挑球练习是练习被动时的挑球手法,而搓、推、勾、扑、拨是主动技术,差别就在于挑球击球点在网的下半部,而搓、推、勾、扑、拨应在网的上半部,或更高的击球点。

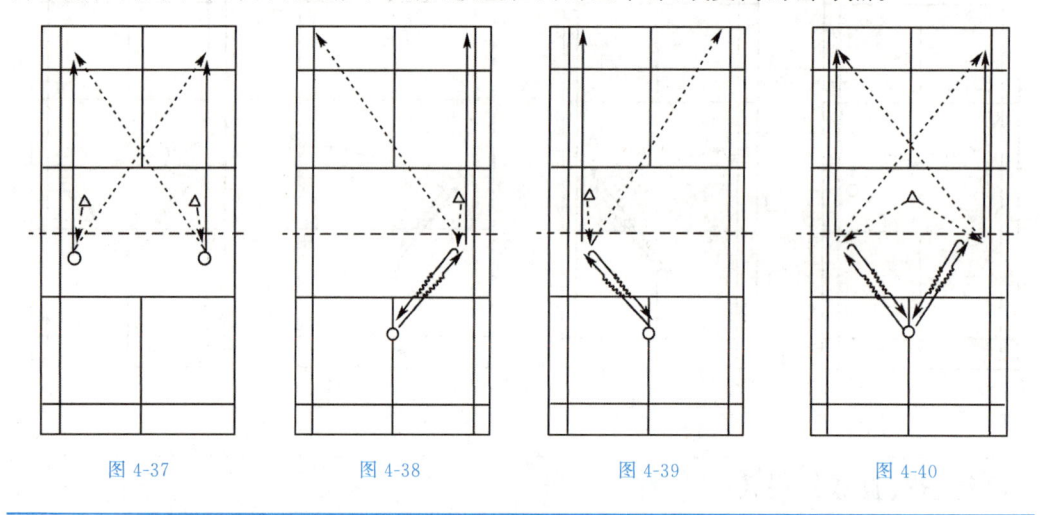

图 4-37　　　　　图 4-38　　　　　图 4-39　　　　　图 4-40

十、抽球练习法

(一)固定单边抽球练习法

甲乙二人都用抽球对抽,一边用正手抽,一边用反手抽,再互换如图 4-41 所示。

(二)一人固定一人移动抽球练习法

甲可站在左或右边向乙的两边抽球,乙移动把两边的球抽至固定的一个点如图 4-42 所示。

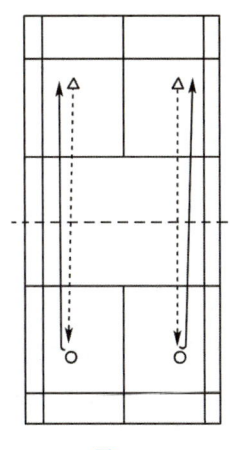

图 4-41　　　　　　　　图 4-42

(三) 不固定的两边抽球练习法

甲乙双方均可抽直线球或对角球,如图 4-43 所示。

(四) 多球杀球的抽球练习法

由教练员做多球杀球,甲做两边抽球练习,如图 4-44 所示。

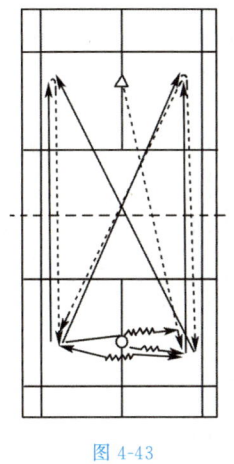

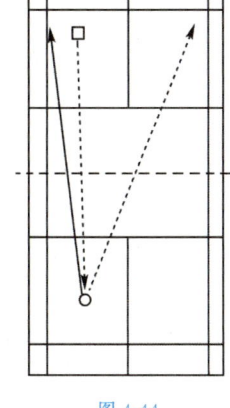

图 4-43　　　　　　　　图 4-44

十一、挡与勾球练习

(一) 固定单边挡与勾球练习法

教练员在场外采用发多球高球给乙,乙杀固定球路,如正手杀直线(对角)、头顶杀直线(对角),甲采用挡直线球、勾对角的球路,反复练习,如图 4-45 所示。

(二) 不固定挡与勾球练习法

乙从中路或单边杀两边线,甲根据来球的质量与难度练习回击挡直线或勾对角的球路,如图 4-46 所示。

图 4-45

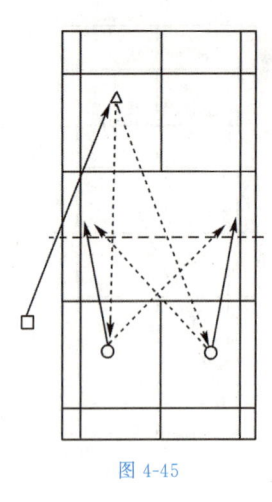

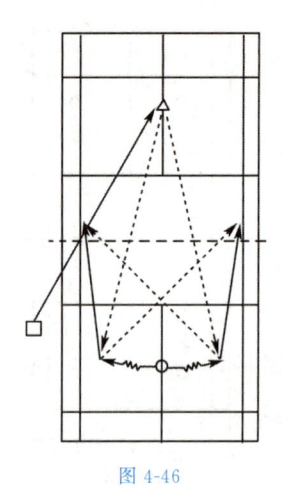

图 4-46

十二、中场挑球练习法

(一) 单打中场挑球练习法

乙先采用固定的杀单边球,让甲采用挑直线或对角球到乙的两底线,反复练习。然后乙采用不固定的杀两边线球,让甲采用挑直线或对角球到乙的后场两边,如图 4-47 所示。

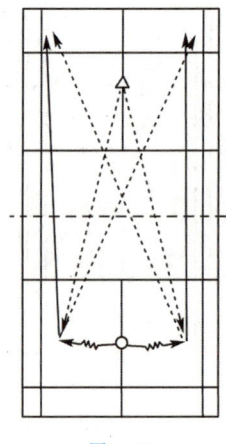

图 4-47

(二) 双打中场挑球练习法

这是双打运动员很重要的一项防守技术,练习的目的是把对方杀过来的球能轻而易举地挑至底线两角。

可采用一攻一守、二攻一守、二攻二守、三攻一守、三攻二防守或多球杀守等防守练习法。

十三、半蹲上手平击球练习法

练习者可一对一采用半蹲上手平击球对打练习,如图 4-48 所示,也可采用一对二平击球对打练习,如图 4-49 所示。有了一定的能力之后,也可安排接杀,做半蹲上手平击球练习。

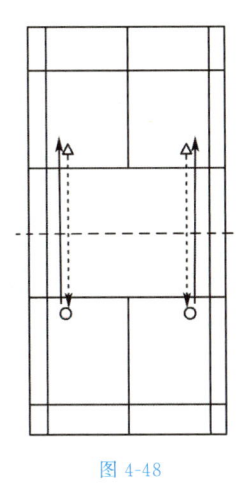

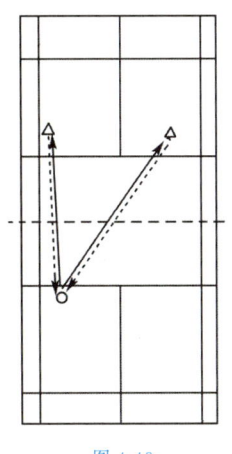

图 4-48　　　　图 4-49

第三节　球路练习

球路训练是羽毛球技战术训练的重要内容。球路练习有助于球员移动步伐、前场、中场和后场击球技术的熟练衔接,可以有效提高球员击球动作的稳定性和准确性。高吊、高杀、吊杀、杀上网和吊上网是羽毛球实战中最常用到的技术组合,在实现比赛战术意图中也具有重要作用。本节将重点介绍高吊、高杀、吊杀、杀上网和吊上网 5 种最基本球路训练的方法。球员在训练时应该遵循由简单到复杂、由固定到不固定球路这样循序渐进的方式进行练习。在熟练掌握基本球路的基础上,教练员和球员可以根据实战需要,尝试设计新的球路训练方法。本节共分为五个部分,分别介绍了高吊球路、高杀球路、吊杀球路、杀上网球路和吊上网球路。

一、羽毛球高吊球路

羽毛球高吊球路主要是高球和吊球技术的组合。球员可以利用高球和吊球全场控制对手,因此在比赛中具有战术意义。

(一)固定高吊球路练习

1. 右后场区位置(正手)的高吊球练习

(1)直线高吊球路(图 4-50)

甲站在右后场区底线和边线附近位置 A 处,正手打高球到乙的左后场区底线位置 B 处(球路 1),乙将球回击到 A 处(球路 2);甲再吊球将球回击到乙方左前场位置网前 C 处(球路 3),乙挑球将球再回击到 A 处给甲(球路 4)。以此重复练习,让甲在基本固定的位置完成直线高球和吊球的练习。

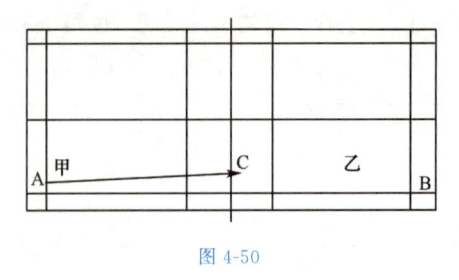

图 4-50

（2）正手斜线高吊球路（图 4-51）

甲站在右后场区底线和边线附近位置 A 处，正手打高球到乙的右后场区底线位置 B 处（球路 1），乙将球回击到 A 处（球路 2）；甲再吊斜线球将球回击到乙方右前场位置网前 C 处（球路 3），乙迅速向 C 处移动上网挑球，将球回击到 A 处给甲（球路 4）。以此重复练习，让甲在基本固定的位置完成斜线高球和吊球的练习。

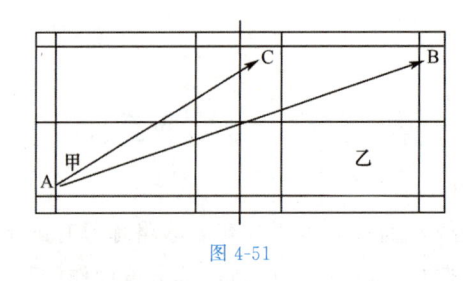

图 4-51

（3）正手直线高球、斜线吊球球路（图 4-52）

甲站在右后场区底线和边线附近位置 A 处，正手打高球到乙的左后场区底线位置 B 处（球路 1），乙将球回击到 A 处（球路 2）；甲再吊斜线球将球回击到乙方右前场位置网前 C 处（球路 3），乙迅速向 C 处移动上网，利用挑球将球再回击到 A 处给甲（球路 4）。以此重复练习，让甲在基本固定的位置完成直线高球和斜线吊球的练习。

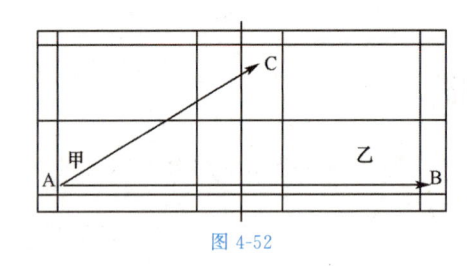

图 4-52

（4）正手斜线高球、直线吊球球路（图 4-53）

甲站在右后场区底线和边线附近位置 A 处，正手打斜线高球到乙的右后场区底线位置 B 处（球路 1），乙将球回击到 A 处（球路 2）；甲再吊直线球将球击到乙方左前场位置网前 C 处（球路 3），乙迅速向 C 处移动，将球再回击到 A 处给甲（球路 4）。以此重复练习，让甲在基本固定的位置完成斜线高球和直线吊球的练习。

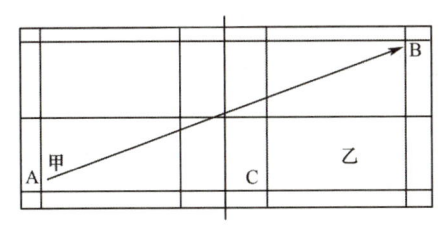

图 4-53

(5)正手直线、斜线的高吊球(图 4-54)

甲站在右后场区底线和边线附近位置 A 处,正手打直线高球到乙的左后场区底线位置 B 处(球路 1),乙将球回击到 A 处(球路 2);甲再吊直线球将球回击到乙方左前场位置网前 C 处(球路 3),乙迅速向 C 处移动,将球再回击到 A 处给甲(球路 4);甲再打斜线高球到乙右后场区 D 处(球路 5),乙再回击球至甲 A 处(球路 6);甲再吊斜线球到乙右前场区网前 E 处(球路 7),乙再将球回击到甲 A 处(球路 8)。以此重复练习,让甲在基本固定的位置完成直线、斜线高球和吊球练习。

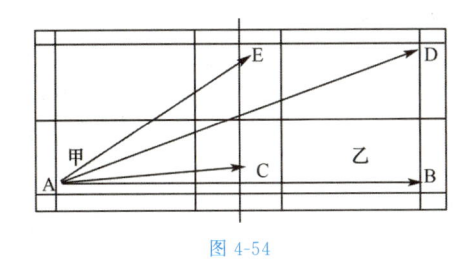

图 4-54

简言之,甲在位置 A 处,分别将球击至乙方 B、C、D 和 E 处,乙将甲击到不同位置的球还击到甲所在位置 A 处,以此重复练习。

2. 左后场区位置(头顶)的高吊球练习

(1)头顶直线高吊球(图 4-55)

甲站在左后场区底线和边线附近位置 A 处,打高球到乙的右后场区底线位置 B 处(球路 1),乙将球回击到 A 处(球路 2);甲再将球吊到乙方右前场位置网前 C 处(球路 3),乙将球再回击到 A 处给甲(球路 4)以此重复练习,让甲在基本固定的位置完成头顶直线高球和直线吊球的练习。

图 4-55

(2)头顶斜线高吊球(图 4-56)

甲站在左后场区底线和边线附近位置 A 处,打头顶高球到乙的左后场区底线位置 B

处(球路1),乙将球回击到 A 处(球路2);甲再将球吊到乙方左前场位置网前 C 处(球路3),乙将球再回击到 A 处给甲(球路4)。以此重复练习,让甲在基本固定的位置完成头顶斜线高球和斜线吊球的练习。

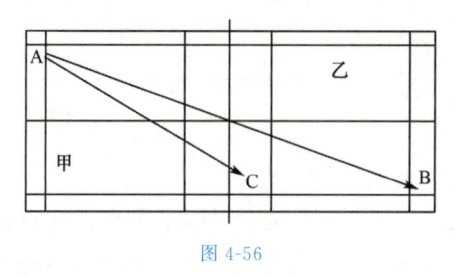

图 4-56

(3)头顶直线高球、斜线吊球(图 4-57)

甲站在左后场区底线和边线附近位置 A 处,打头顶直线高球到乙的右后场区底线位置 B 处(球路1),乙将球回击到 A 处(球路2);甲再打斜线吊球到乙方左前场位置网前 C 处(球路3),乙将球再回击到 A 处给甲(球路4)。以此重复练习,让甲在基本固定的位置完成头顶直线高球和斜线吊球的练习。

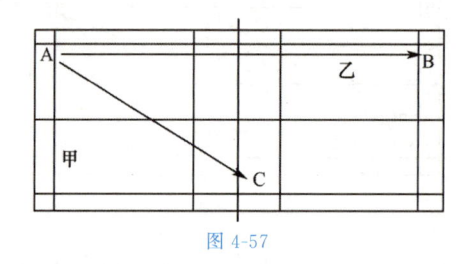

图 4-57

(4)头顶斜线高球、直线吊球(图 4-58)

甲站在左后场区底线和边线附近位置 A 处,打头顶斜线高球到乙的左后场区底线位置 B 处(球路1),乙将球回击到 A 处(球路2);甲再打直线吊球到乙方右前场位置网前 C 处(球路3),乙将球再回击到 A 处给甲(球路4)。以此重复练习,让甲在基本固定的位置完成头顶斜线高球和直线吊球的练习。

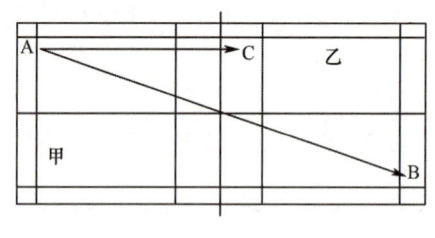

图 4-58

(5)头顶直线、斜线高吊球(图 4-59)

甲站在左后场区底线和边线附近位置 A 处,分别将球打到乙的 C、D 和 E 处,乙将球都回击到 A 处给甲;以此重复练习,让甲在基本固定的位置完成头顶直线和斜线高球、头顶直线和斜线吊球的练习。

图 4-59

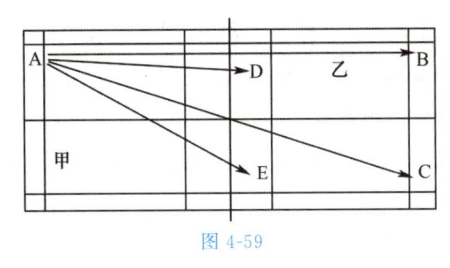

(二)不固定高吊练习

1. 两点移动高吊左场区(图 4-60)

甲在右场区底线与边线附近位置 A 处,用直线高球把球打到乙的左后场区底线位置 C 处(球路 1),乙将球回击到甲 A 处(球路 2);甲用直线吊球把球吊到乙的左前场区位置 D 处(球路 3),乙将球回击到甲左后场区底线与边线附近位置 B 处(球路 4);甲在 B 处用斜线高球把球打到乙的左后场区底线位置 C 处(球路 5),乙将球回击到甲 B 处(球路 6)甲在 B 处用斜线吊球把球吊到乙的左前场区位置 D 处(球路 7),乙再回击球到甲 A 处(球路 8)。以此重复练习,让甲在底线移动中对乙的左场区进行高吊练习。甲在每回击一次球后都应该适当地向球场中心位置回动。

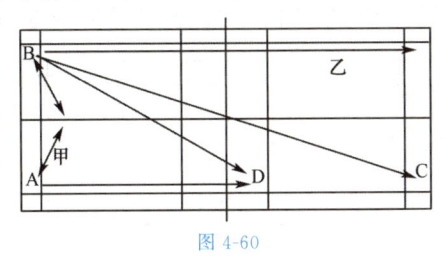

图 4-60

2. 两点移动高吊右场区(图 4-61)

甲在左场区底线与边线附近位置 A 处,用直线高球把球打到乙的右后场区底线位置 C 处(球路 1),乙将球回击到甲 A 处(球路 2);甲用直线吊球把球吊到乙的右前场区位置 D 处(球路 3)、乙将球回击到甲右场区底线与边线附近位置 B 处(球路 4);甲在 B 处用斜线高球把球打到乙的右后场区底线位置 C 处(球路 5),乙将球回击到甲 B 处(球路 6);甲在 B 处用斜线吊球把球吊到乙的右前场区位置 D 处(球路 7),乙再回击球到甲 A 处(球路 8)。以此重复练习,让甲在底线移动中对乙的右场区进行高吊练习。甲在每回击一次球后都应该适当地向球场中心位置回动。

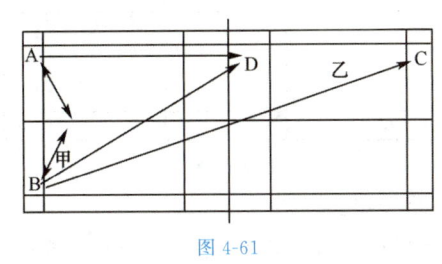

图 4-61

3. 两点移动直线、斜线高吊左后场和右前场(图 4-62)

甲在右场区底线和边线附近位置 A 处,击直线高球到乙左后场区 C 处(球路 1),乙将球回击到甲 A 处(球路 2);甲在 A 处再吊斜线球到乙右前方 D 处(球路 3),乙将球回击到甲左后场区底线和边线附近位置 B 处(球路 4);甲在 B 处击斜线高球到乙 C 处(球路 5),乙将球回击到甲 B 处(球路 6);甲在 B 处直线吊球至乙 D 处(球路 7),乙将球回击到甲 A 处(球路 8)。以此重复练习,要求甲在每次击球后适当地向球场中心位置回动。

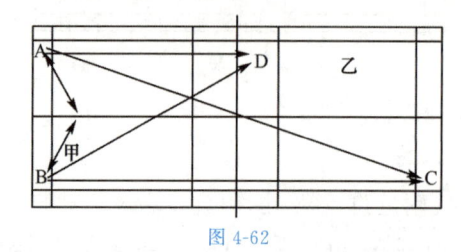

图 4-62

4. 两点移动直线、斜线高吊右后场和左前场(图 4-63)

甲在右场区底线和边线附近位置 A 处,击斜线高球到乙右后场区 C 处(球路 1),乙将球回击到甲 A 处(球路 2);甲在 A 处再吊直线球到乙左前场区 D 处(球路 3),乙将球回击到甲左后场区底线和边线附近位置 B 处(球路 4);甲在 B 处击直线高球到乙 C 处(球路 5),乙将球回击到甲 B 处(球路 6);甲在 B 处斜线吊球至乙 D 处(球路 7),乙将球回击到甲 A 处(球路 8)。以此重复练习,要求甲在每次击球后适当地向球场中心位置回动。

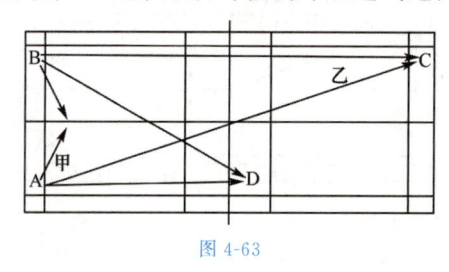

图 4-63

5. 后场两点控四点(图 4-64)

甲在左、右后场区底线与边线附近位置 A、B 处,将球分别打到乙的左、右后场区底线与边线附近位置 C、D 处和乙的左前场区和右前场区位置 E、F 处。乙分别在四点将球回击到甲 A 处或 B 处。以此重复练习,要求甲、乙在每次击球后适当地向球场中心位置回动。

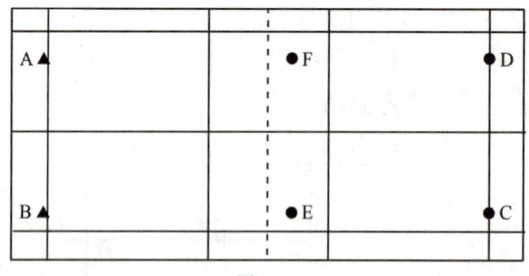

图 4-64

提升练习:互相高吊球路练习。

互相高吊是利用高球与吊球以及上网搓、挑四项技术完成的组合练习。在对高吊练习中,双方队员都可以进行高吊练习。因此,没有主练和陪练之分,只有练习先后顺序的区分。

练习方法：一方队员先进行高球和吊球的练习，另一方队员在接高吊的同时过渡到网前，然后利用放网、挑球，再进入另一方队员的高吊上网。此练习是结合了前后场几项技术的练习方法。

二、羽毛球高杀球路

高杀球路练习是主要利用高球和杀球的技术组合来进行的练习。高杀球路可以通过直线高球杀直线、直线高球杀斜线、斜线高球杀直线和斜线高球杀斜线四种球路进行训练，如图 4-65 所示。

$$
\text{高杀球路} \begin{cases} \text{直线高球杀直线} \\ \text{直线高球杀斜线} \\ \text{斜线高球杀直线} \\ \text{斜线高球杀斜线} \end{cases}
$$

图 4-65　高杀球路的四种球路

(一) 直线高球杀直线

1. 直线高球杀直线一(图 4-66)

乙发球至甲的右后场位置 A 处(球路 1)，甲打直线高球将球击至乙左后场位置 B 处(球路 2)，乙将球回击到甲 A 处(球路 3)；甲利用杀球将球杀至乙方 C 处(球路 4)，乙挑球回击到甲 A 处(球路 5)，然后甲再打直线高球和杀直线，乙回击，重复练习，直到球落地为止。

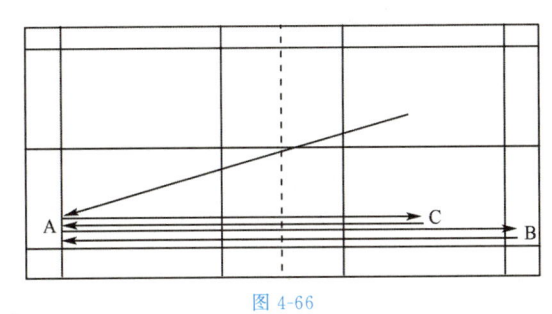

图 4-66

2. 直线高球杀直线二(图 4-67)

乙发球至甲的左后场位置 A 处(球路 1)，甲打直线高球将球击至乙右后场位置 B 处(球路 2)，乙将球回击到 A 处(球路 3)；甲杀球直线将球杀至乙方 C 处(球路 4)，乙挑球回击到甲 A 处(球路 5)；然后甲再打直线高球和杀直线，乙回击，重复练习直到球落地为止。

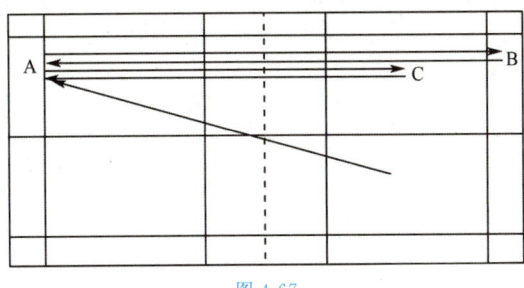

图 4-67

(二)直线高球杀斜线

1.直线高球杀斜线一(图4-68)

乙发球至甲的右后场位置A处(球路1),甲打直线高球将球击至乙左后场位置B处(球路2),乙将球回击到甲A处(球路3);甲杀斜线球将球杀至乙方C处(球路4),乙挑球回击到甲A处(球路5);然后甲再打直线高球和斜线杀球,乙回击,重复练习,直到球落地为止。

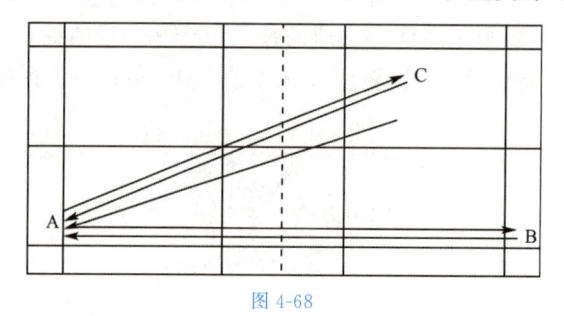

图 4-68

2.直线高球杀斜线二(图4-69)

乙发球至甲的左后场位置A处(球路1),甲打直线高球将球击至乙右后场位置B处(球路2),乙将球回击到甲A处(球路3);甲杀斜线球将球杀至乙方C处(球路4),乙挑球回击到甲A处(球路5);然后甲再打直线高球和杀斜线,乙回击,重复练习直到球落地为止。

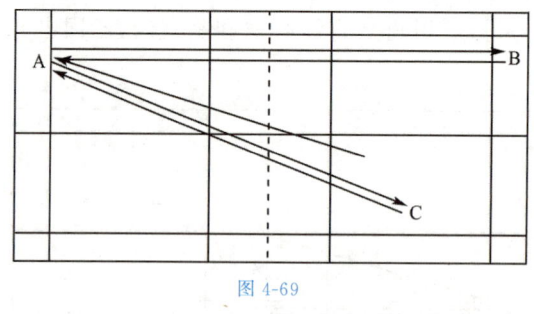

图 4-69

(三)斜线高球杀直线

1.斜线高球杀直线一(图4-70)

乙发球至甲的右后场位置A处(球路1),甲打斜线高球将球击至乙右后场位置B处(球路2),乙将球回击到甲A处(球路3);甲再直线杀球将球击至乙方C处(球路4),乙挑球回击到甲A处(球路5);然后甲再打斜线高球和直线杀球,乙回击,重复练习,直到球落地为止。

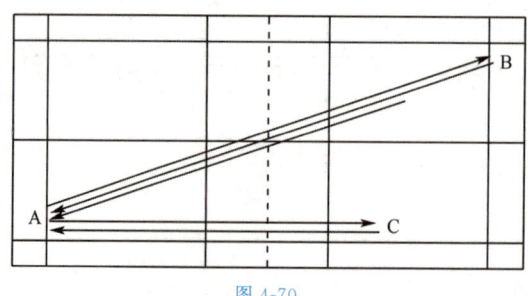

图 4-70

2.斜线高球杀直线二(图 4-71)

乙发球至甲的左后场位置 A 处(球路 1),甲打斜线高球将球击至乙左后场位置 B 处(球路 2),乙打高球将球回击到 A 处(球路 3),甲杀直线球将球杀至乙方 C 处(球路 4),乙挑球回击到甲 A 处(球路 5),然后甲再打斜线高球和杀直线,乙回击,重复练习直到球落地为止。

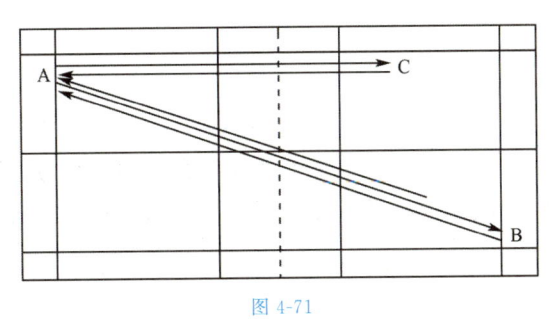

图 4-71

(四)斜线高球杀斜线

1.斜线高球杀斜线一(图 4-72)

乙发球至甲的右后场位置 A 处(球路 1,甲打斜线高球将球击至乙右后场位置 B 处(球路 2),乙将球回击到 A 处(球路 3),甲再斜线杀球将球击至乙方 C 处(球路 4),乙挑球回击到甲 A 处(球路 5),然后甲再打斜线高球和斜线杀球,乙回击,重复练习,直到球落地为止。

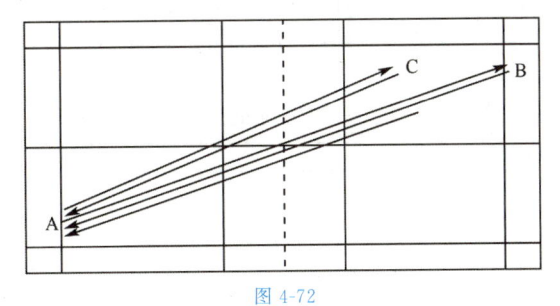

图 4-72

2.斜线高球杀斜线二(图 4-73)

乙发球至甲的左后场位置 A 处(球路 1),甲打斜线高球将球击至乙左后场位置 B 处(球路 2),乙将球回击到 A 处(球路 3),甲再斜线杀球将球击至乙方 C 处(球路 4),乙挑球回击到甲 A 处(球路 5),然后甲再打斜线高球和杀斜线,乙回击,重复练习,直到球落地为止。

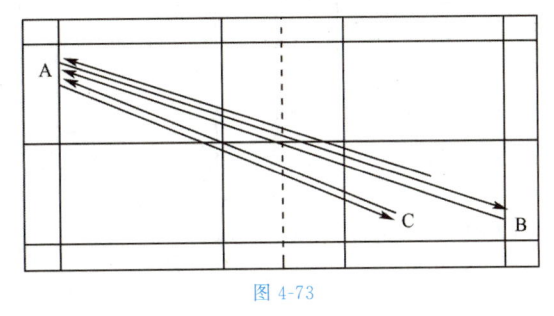

图 4-73

提升练习:互相高杀球路。

互相高杀球路训练是利用高球和杀球的组合再抢网以及网前的组织、挑高球进行的一种对高杀的练习。练习者不分主次,没有主练和陪练之分,他们只是通过球路的转换,使两个人都能达到主练,同时也能达到一边进攻一边防守的效果,攻防兼备。

这种练习需要的是把握后场击球点的高度以及要强调高球和杀球的动作一致性,还有上网抢网的速度,达到进攻方的目的。防守方要提高对接杀球的判断能力以及上网挑球的质量,这样双方才能获得更好的练习效果。

三、羽毛球吊杀球路

吊杀球路练习主要是利用吊球和杀球的技术组合来进行练习。吊杀球路可以通过吊直线杀直线、吊直线杀斜线、吊斜线杀直线、吊斜线杀斜线四种球路进行训练。

(一)吊直线杀直线

1. 吊直线杀直线一(图 4-74)

乙发球至甲的右后场位置 A 处(球路1),甲吊直线球将球击至乙左前场位置 C 处(球路2),乙挑球回击到 A 处(球路3);甲杀直线球将球击至乙左后场区 B 处(球路4),乙挑球回击到甲 A 处(球路5);然后甲再吊直线和杀直线,乙回击,重复练习直到球落地为止。

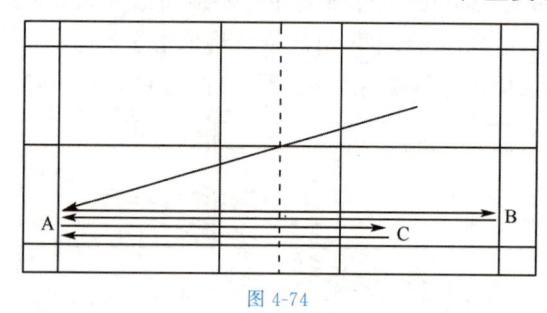

图 4-74

2. 吊直线杀直线二(图 4-75)

乙发球至甲的左后场位置 A 处(球路1),甲吊直线球将球击至乙右前场位置 C 处(球路2),乙挑球回击到 A 处(球路3);甲杀直线球将球击至乙右后场区 B 处(球路4),乙挑球回击到甲 A 处(球路5);然后甲再吊直线和杀直线,乙回击,重复练习直到球落地为止。

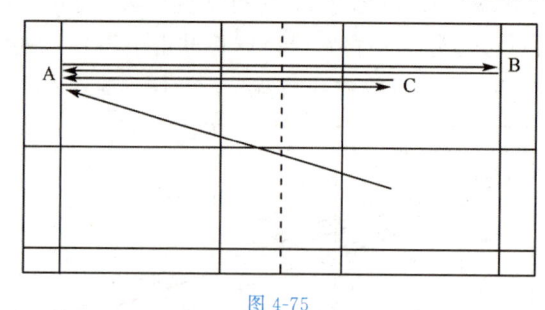

图 4-75

(二)吊直线杀斜线

1. 吊直线杀斜线一(图 4-76)

乙发球至甲的右后场位置 A 处(球路1),甲吊直线球将球击至乙左前场位置 C 处(球路 2),乙挑球回击到 A 处(球路 3);甲杀斜线球将球击至乙右后场区 B 处(球路 4),乙挑球回击到甲 A 处(球路 5);然后甲再吊直线球和杀斜线球,乙回击,重复练习直到球落地为止。

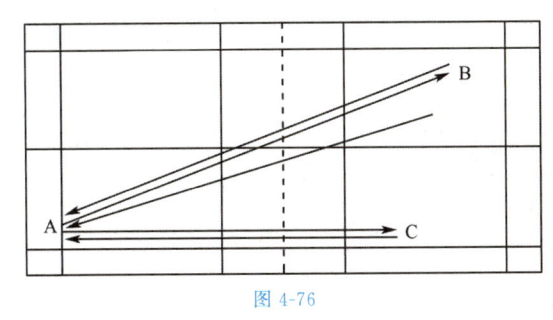

图 4-76

2. 吊直线杀斜线二(图 4-77)

乙发球至甲的左后场位置 A 处(球路 1),甲吊直线球将球击至乙右前场位置 C 处(球路 2),乙挑球回击到甲 A 处(球路 3);甲杀斜线球将球击至乙左后场位置 B 处(球路 4),乙挑球回击到甲 A 处(球路 5);然后甲再吊直线和杀斜线,乙回击,重复练习直到球落地为止。

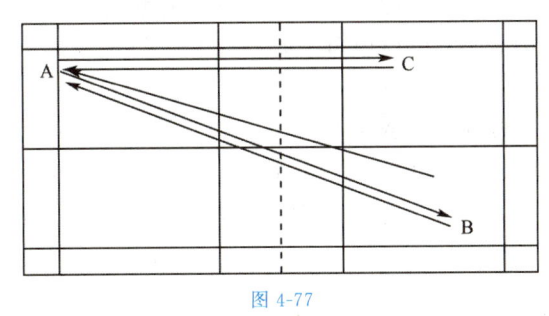

图 4-77

(三)吊斜线杀直线

1. 吊斜线杀直线一(图 4-78)

乙发球至甲的右后场位置 A 处(球路 1),甲吊斜线球将球击至乙右前场位置 C 处(球路 2),乙挑球回击到甲 A 处(球路 3);甲杀直线球将球击至乙左后场区 B 处(球路 4),乙挑球回击到甲 A 处(球路 5);然后甲再吊斜线球和杀直线球,乙回击,重复练习直到球落地为止。

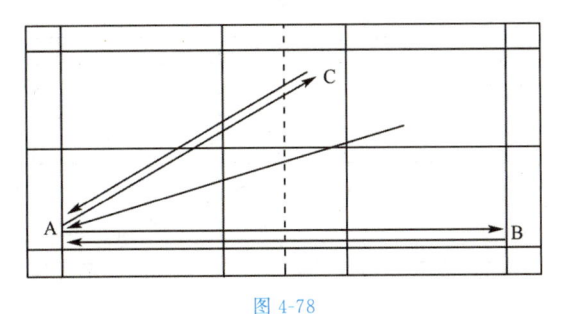

图 4-78

2. 吊斜线杀直线二(图 4-79)

乙发球至甲的左后场位置 A 处(球路 1),甲吊斜线球将球击至乙左前场位置 C 处(球路 2),乙挑球回击到甲 A 处(球路 3);甲杀直线球将球击至乙右后场区 B 处(球路 4),乙挑球回击到甲 A 处(球路 5);然后甲再吊斜线球和杀直线球,乙回击,重复练习直到球落地为止。

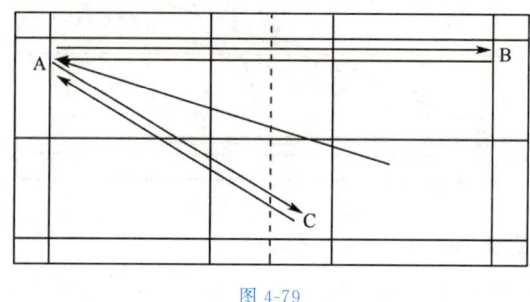

图 4-79

(四)吊斜线杀斜线(图 4-80、图 4-81)

(1)乙发球至甲的右后场位置 A 处(球路 1),甲吊斜线球将球击至乙右前场位置 C 处(球路 2),乙挑球回击到甲 A 处(球路 3);甲杀斜线球将球击至乙右后场区 B 处(球路 4),乙挑球回击到甲 A 处(球路 5);然后甲再吊斜线球和杀斜线球,乙回击,重复练习直到球落地为止。

(2)乙发球至甲的左后场位置 A 处(球路 1),甲吊斜线球将球击至乙左前场位置 C 处(球路 2),乙挑球回击到甲 A 处(球路 3);甲杀斜线球将球击至乙左后场区 B 处(球路 4),乙挑球回击到甲 A 处(球路 5);然后甲再吊斜线球和杀斜线球,乙回击,重复练习直到球落地为止。

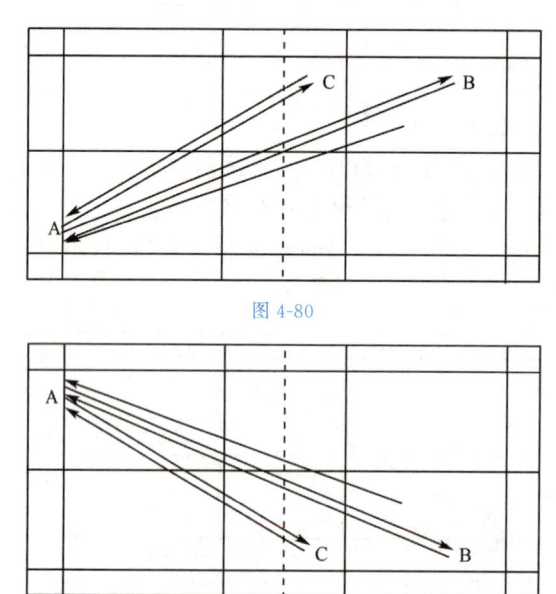

图 4-80

图 4-81

提升练习:吊杀上网

吊杀上网是由吊球—杀球—上网组成的组合。要求:第一拍吊球必须是成功的,这样才能获得第二拍半场突击杀球的机会。

四、羽毛球杀上网球路

杀上网是利用杀球技术将对方来球扣杀到对方场区内,随后从后场移动到前场以前半场各击球技术(放网、搓球、推球、勾对角)还击对方放回的网前球。杀上网是后场和前半场技术组成的连贯组合,具有较强的进攻性。练习中,进攻一方利用后场的起跳杀球技术动作形成的向前惯性快速上网控制网前。

(一)杀直线上直线

1. 正手杀直线上直线(图 4-82)

乙站在左后场区底线和边线附近位置 B 处,打高球到甲的右后场区底线位置 A 处(球路 1);甲正手杀直线球将球击到乙方 C 处(球路 2),乙将球还击到甲网前位置 D 处(球路 3);甲快速向往前移动上网将球直线回击到乙方网前位置 E 处(球路 4),乙将球挑回到 A 处给甲(球路 5)。以此重复练习,让甲完成正手后场杀直线和上直线的练习。

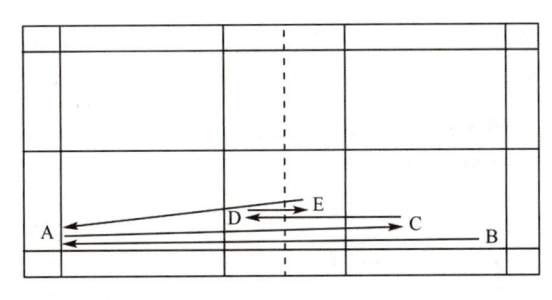

图 4-82

2. 头顶杀直线上直线(图 4-83)

乙站在右后场区底线和边线附近位置 B 处,打高球到甲的左后场区底线位置 A 处(球路 1);甲头顶杀直线球将球击到乙方 C 处(球路 2),乙将球还击到甲网前位置 D 处(球路 3);甲快速移动上网将球回击到乙方网前位置 E 处(球路 4),乙将球挑回到 A 处给甲(球路 5)。以此重复练习,让甲完成头顶杀直线和上直线的练习。

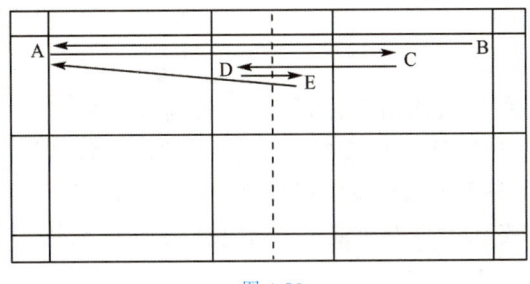

图 4-83

(二)杀斜线上直线

1. 正手杀斜线上直线(图 4-84)

乙站在左后场区底线与边线附近位置 B 处,发高球到甲站在的右后场区底线与边线附近位置 A 处(球路1);甲正手杀斜线球到乙右场区 C 处(球路2),乙将球还击到甲的网前位置 D 处(球路3);甲迅速上网到网前位置 D 处利用搓球、放球等网前击球技术将球回击到乙网前位置 E 处(球路4),乙从 E 处挑球到甲的右后场区底线位置 A 处。以此重复练习,使甲重复练习杀斜线接上网击球的技术组合练习。

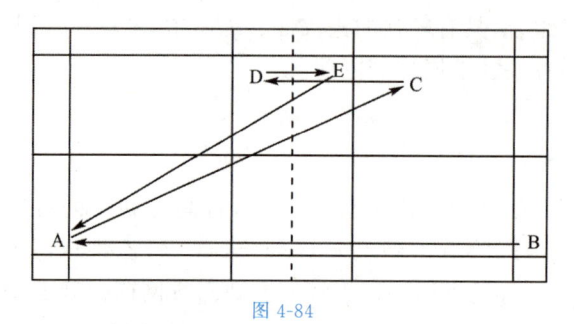

图 4-84

2. 头顶杀斜线上直线(图 4-85)

乙站在右后场区底线和边线附近位置 B 处,打高球到甲的左后场区底线位置 A 处(球路1);甲头顶杀斜线球将球击到乙方 C 处(球路2),乙将球还击到甲网前位置 D 处(球路3);甲快速移动上网利用搓球、放球等网前击球技术将球回击到乙方网前位置 E 处(球路4),乙将球挑回到 A 处给甲(球路5)。以此重复练习,让甲完成头顶杀斜线和上网的组合练习。

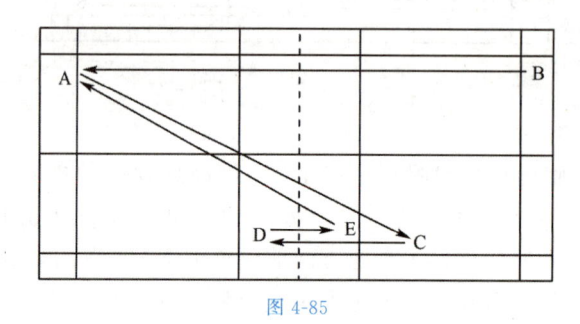

图 4-85

(三)杀直线上斜线

1. 正手杀直线上斜线(图 4-86)

乙站在左后场区底线和边线附近位置 B 处,打高球到甲的右后场区底线位置 A 处(球路1);甲正手杀直线球将球击到乙方 C 处(球路2),乙将球还击到甲网前位置 D 处(球路3);甲快速向网前移动上网反手击球将球回击到乙方网前位置 E 处(球路4),乙将球挑回到 A 处给甲(球路5)。以此重复练习,让甲完成正手后场杀直线和上斜线的练习。

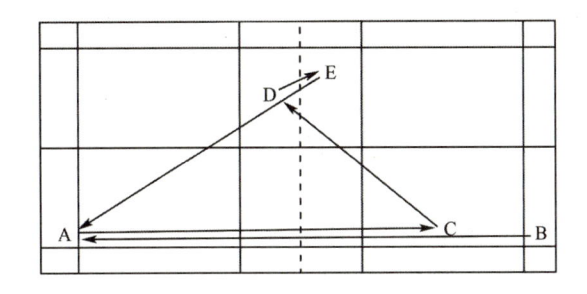

图 4-86

2. 头顶杀直线上斜线（图 4-87）

乙站在右后场区底线和边线附近位置 B 处，打高球到甲的左后场区底线位置 A 处（球路 1）；甲头顶杀直线球将球击到乙方 C 处（球路 2），乙将球还击到甲网前位置 D 处（球路 3）；甲快速移动上网将球回击到乙方网前位置 E 处（球路 4），乙将球挑回到 A 处给甲（球路 5）。以此重复练习，让甲完成头顶杀直线和上斜线的练习。

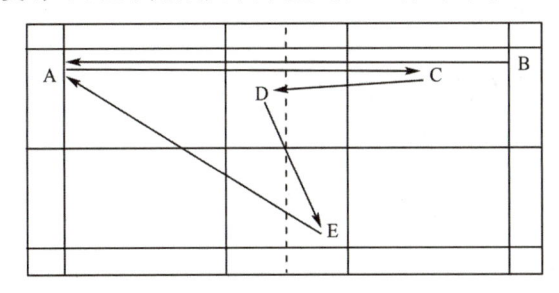

图 4-87

（四）杀斜线上斜线

1. 正手杀斜线上斜线（图 4-88）

乙站在左后场区底线与边线附近位置 B 处，发高球到甲的右后场区底线与边线附近位置 A 处（球路 1）；甲正手杀斜线球到乙右场区 C 处（球路 2），乙将球还击到甲的网前位置 D 处（球路 3）；甲迅速上网到网前位置 D 处利用搓球、放球等网前击球技术将球回击到乙网前位置 E 处（球路 4），乙从 E 处挑球到甲的右后场区底线位置 A 处。以此重复练习，使甲完成正手杀斜线接上斜线的技术组合练习。

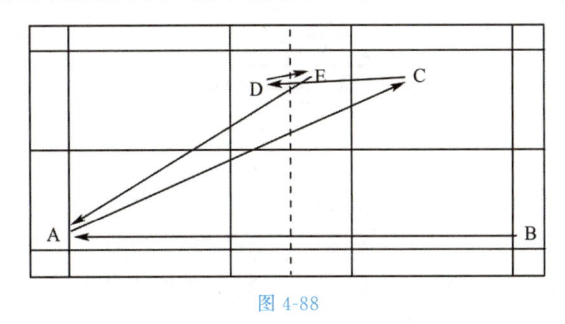

图 4-88

2. 头顶杀斜线上斜线（图 4-89）

乙站在右后场区底线和边线附近位置 B 处，打高球到甲的左后场区底线位置 A 处

(球路1);甲头顶杀斜线球将球击到乙方 C 处(球路2),乙将球还击到甲网前位置 D 处(球路3);甲快速移动上网利用搓球、放球等网前击球技术将球回击到乙方网前位置 E 处(球路4);乙将球挑回到 A 处给甲(球路5)。以此重复练习,让甲完成头顶杀斜线和上斜线的组合练习。

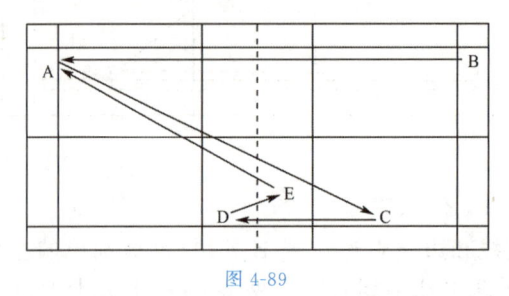

图 4-89

提升练习:杀上网练习是进攻手段中比较重要的简单球路练习。主练方要注意后场起跳、抢网速度、网前的放球或搓球;陪练方要注意接好杀球并上网挑球,就能形成球路的互相练习。

五、羽毛球吊上网球路

(一)固定吊上网练习

1. 直线吊上网

(1)直线吊上网一(图 4-90)

甲在右后场区底线与边线附近位置 A 处站立,乙将球发至甲 A 处(球路1);甲直线吊球将球吊到乙左前场区位置 B 处(球路2),乙将球回击到甲右前场区位置 C 处(球路3);甲从后场上网利用搓球、放球等前场球技术将球回击到乙 B 处(球路4),乙挑球将球击回到甲 A 处(球路5);甲再继续做直线吊球上网的练习,直到球落地。

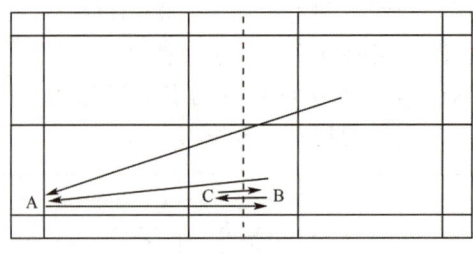

图 4-90

(2)直线吊上网二(图 4-91)

甲在左后场区底线与边线附近位置 A 处站立,乙将球发至甲 A 处(球路1);甲直线吊球将球吊到乙右前场区位置 B 处(球路2),乙将球回击到甲左前场区位置 C 处(球路3);甲从后场上网利用搓球、放球等前场球技术将来球回击到乙 B 处(球路4),乙挑球将球击回到甲 A 处(球路5);甲再继续做直线吊球上网的练习,直到球落地。

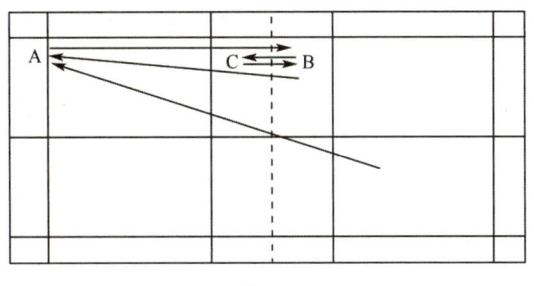

图 4-91

2. 斜线吊上网

（1）斜线吊上网一（图 4-92）

甲在右后场区底线与边线附近位置 A 处站立,乙将球发至甲 A 处(球路 1);甲斜线吊球将球吊到乙右前场区位置 B 处(球路 2),乙将球回击到甲左前场区位置 C 处(球路 3);甲从右后场上网利用搓球、放球等前场球技术将来球回击到乙 B 处(球路 4),乙挑球将球击回到甲 A 处(球路 5);甲再继续做斜线吊球上网的练习,直到球落地。

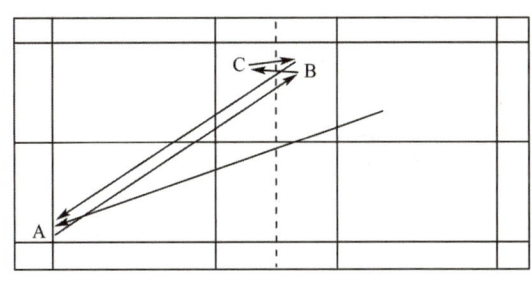

图 4-92

（2）斜线吊上网二（图 4-93）

甲在左后场区底线与边线附近位置 A 处站立,乙将球发至甲 A 处(球路 1);甲吊斜线球将球吊到乙左前场区位置 B 处(球路 2),乙将球回击到甲右前场区位置 C 处(球路 3);甲从后场上网利用搓球、放球等前场球技术将来球回击到乙 B 处(球路 4),乙挑球将球击回到甲 A 处(球路 5);甲再继续做斜线吊球上网的练习,直到球落地。

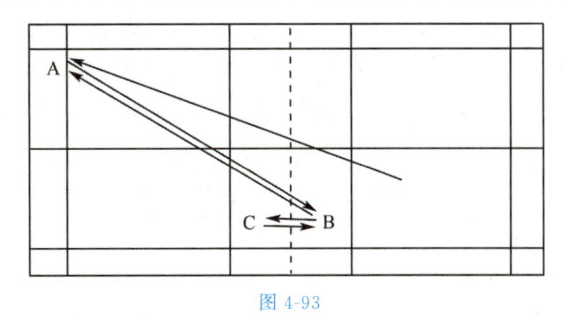

图 4-93

（3）斜线吊上网三（图 4-94）

甲在右后场区底线与边线附近位置 A 处站立,乙将球发至甲 A 处(球路 1);甲斜线吊球将球吊到乙右前场区位置 B 处(球路 2),乙将球回击到甲左前场区位置 C 处(球路 3);甲从右后场上网将来球利用前场球勾对角技术回击到乙左前场位置 D 处(球路 4),乙挑球将球击回到甲 A 处(球路 5);甲再继续做斜线吊球上网的练习,直到球落地。

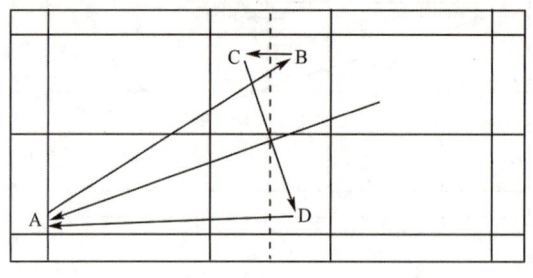

图 4-94

(4)斜线吊上网四(图 4-95)

甲在左后场区底线与边线附近位置 A 处站立,乙将球发至甲 A 处(球路 1);甲斜线吊球将球吊到乙左前场区位置 B 处(球路 2),乙将球回击到甲右前场区位置 C 处(球路 3);甲从后场上网利用前场球技术勾对角将来球回击到乙 D 处(球路 4),乙挑球将球击回到甲 A 处(球路 5);甲再继续做斜线吊球上网的练习,直到球落地。

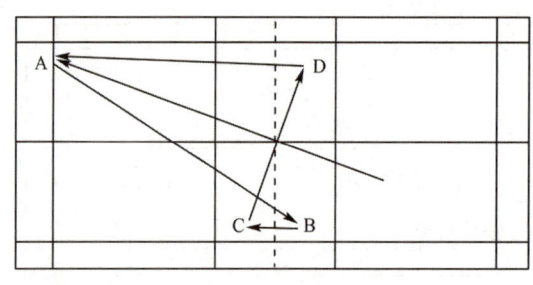

图 4-95

(二)半固定吊上网练习

1. 两点吊一点

(1)两点吊一点一(图 4-96)

甲站在右后场区底线与边线附近位置 A 处,乙发球到甲 A 处(球路 1);甲吊直线球至乙网前位置 B 处(球路 2),乙将球回击到甲网前位置 C 处(球路 3);甲从后场移动上网利用搓球或勾球等前场技术将球回击到 B 处(球路 4),乙将球挑到甲左后场区底线与边线附近位置 D 处(球路 5);甲吊斜线球将球吊到 B 处(球路 6),乙再将球放回到甲 C 处(重复球路 3);甲快速移动上网正手搓球或勾球将球回击到 B(重复球路 4),乙将球挑回到甲 A 处(球路 7);甲再继续进行两点吊一点的吊上网重复练习。

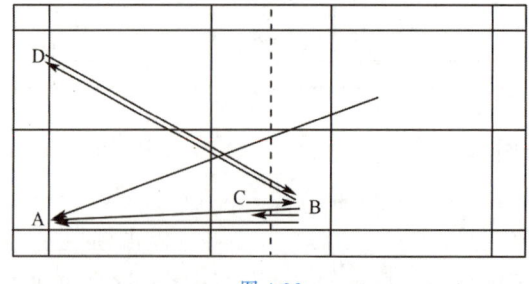

图 4-96

(2)两点吊一点二(图 4-97)

甲站在左后场区底线与边线附近位置 A 处,乙发球到甲 A 处(球路 1);甲吊直线球至乙网前位置 B 处(球路 2),乙将球回击到甲网前位置 C 处(球路 3);甲从后场移动上网利用搓球或勾球等前场技术将球回击到 B 处(球路 4),乙将球挑到甲右后场区底线与边线附近位置 D 处(球路 5);甲吊斜线球将球再吊回乙 B 处(球路 6),乙再将球放回到甲 C 处(重复球路 3);甲快速移动上网利用搓球等前场击球技术将球回击到乙 B 处(重复球路 4),乙将球挑回到甲 A 处(球路 7);甲再继续进行两点吊一点的吊上网的重复练习。

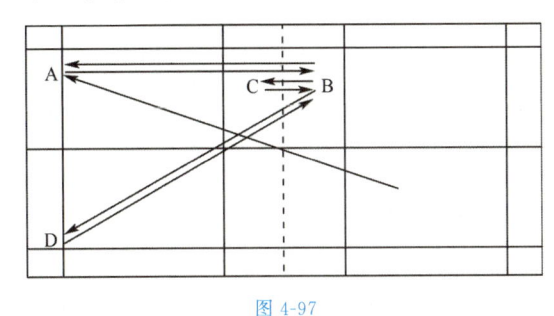

图 4-97

2. 两点吊两点

(1)两点吊两点一(图 4-98)

甲在右后场区底线与边线附近位置 A 处站立,乙将球发至甲 A 处(球路 1);甲直线吊球将球吊到乙左前场区位置 B 处(球路 2),乙将球回击到甲右前场区位置 C 处(球路 3);甲从后场上网利用搓球、放球等前场技术将来球回击到乙 B 处(球路 4),乙挑球将球击回到甲左后场区底线与边线附近位置 D 处(球路 5);甲再吊直线球将球吊到乙右前场区位置 E 处(球路 6);乙将球回击到甲左前场区位置 F 处(球路 7);甲从后场快速移动上网,利用搓球或勾球等技术把球回击到乙网前位置 E 处(球路 8),乙将球挑回到甲后场区位置 A 处(球路 9);让甲再继续重复后场两点吊前场两点的直线吊上网练习,直到球落地。

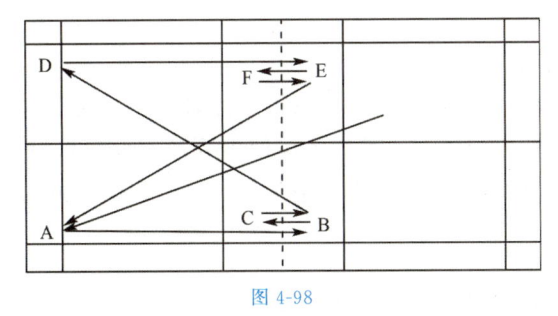

图 4-98

(2)两点吊两点二(图 4-99)

甲在右后场区底线与边线附近位置 A 处站立,乙将球发至甲 A 处(球路 1);甲斜线吊球将球吊到乙右前场区位置 B 处(球路 2),乙将球回击到甲左前场区位置 C 处(球路 3);甲上网利用搓球、放球等前场球技术将球回击到乙 B 处(球路 4),乙挑直线球将球击回到甲左后场区底线与边线附近位置 D 处(球路 5);甲再斜线吊球将球吊到乙左前场区位置 E 处(球路 6),乙将球回击到甲右前场区位置 F 处(球路 7);甲快速移动上网,利用搓球或推球等技术把球回击到乙网前位置 E 处(球路 8),乙挑直线球将球击回到甲后场区位置 A 处(球路 9);甲再继续重复后场两点吊前场两点的斜线吊球上网练习,直到球落地。

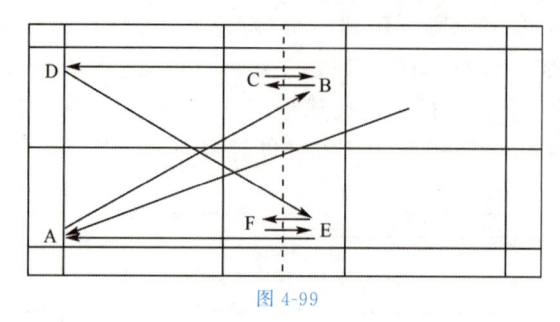

图 4-99

3. 吊直线上网勾对角

(1)直线上网勾对角一(图 4-100)

甲在右后场区底线与边线附近位置 A 处站立,乙将球发至甲 A 处(球路 1);甲直线吊球将球吊到乙左前场区位置 B 处(球路 2),乙将球放到甲网前位置 C 处(球路 3);甲从后场上网利用勾对角球技术将来球回击到乙右前场区网前位置 D 处(球路 4),乙挑球将球击回到甲 A 处(球路 5);甲再继续进行吊直线球上网勾对角的球路练习,直到球落地。

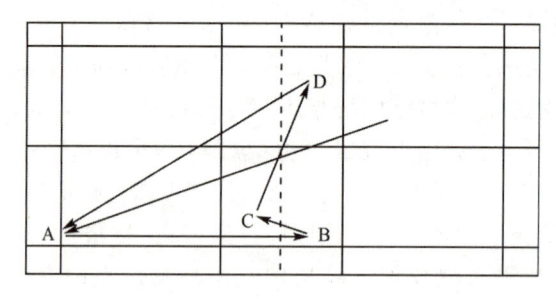

图 4-100

(2)直线上网勾对角二(图 4-101)

甲在左后场区底线与边线附近位置 A 处站立,乙将球发至甲 A 处(球路 1);甲直线吊球将球吊到乙右前场区位置 B 处(球路 2),乙将球放到甲网前位置 C 处(球路 3);甲从后场上网利用反手勾对角前场球技术将来球回击到乙左前场区网前位置 D 处(球路 4),乙挑球将球击回到甲 A 处(球路 5);甲再继续进行吊直线球上网勾对角的球路练习,直到球落地。

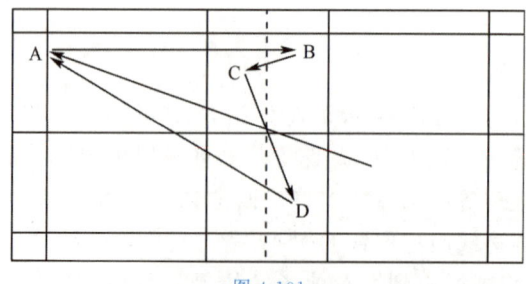

图 4-101

4. 全场吊上网练习

乙发球到甲后场底线任何位置,甲把球吊到乙场区任何位置,乙将球放回到甲网前;甲上网后利用搓球、推球、放球或勾对角等网前击球技术将球回击到乙网前,乙挑球将球回击到甲后场底线附近;甲继续进行吊上网的重复练习。

5. 对吊上网练习

(1)对吊上网一(图4-102)

乙方发球到甲右后场区底线与边线附近位置A处(球路1);甲吊直线网前球将球击到乙左前场B处(球路2),乙方挡或放网将球回击到甲网前位置C处(球路3);甲快速上网挑球将球击到乙右后场位置D处(球路4),乙快速退向后场劈吊直线网前球将球击到甲网前位置E处(球路5);甲再快速上网利用搓球、放球等前场击球技术将球击到乙网前位置F处(球路6),乙再快速上网挑斜线高球将球回击到甲A处(球路7)。重复以上练习。

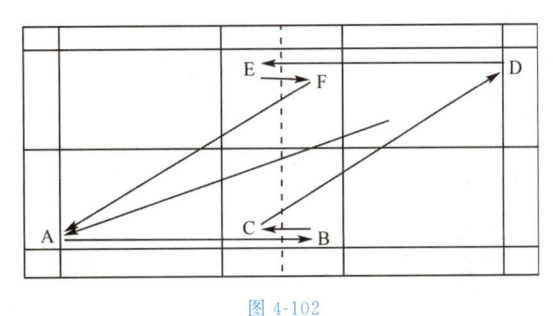

图4-102

(2)对吊上网二(图4-103)

乙发球将球击至甲右后场区位置A处(球路1);甲吊斜线网前球将球击至乙右前场位置B处(球路2),乙搓球、挡球或放球将球回击到甲左前场位置C处(球路3);甲快速上网挑后场直线高远球到乙右后场位置D处(球路4),乙再吊斜线网前球,将球吊至甲右前场位置E处(球路5);甲利用搓球或放球将球放回到乙左前场位置F处(球路6),乙快速上网挑后场直线高远球将球回击到甲A处(球路7);甲再吊对角上网,乙吊对角上网,重复练习。

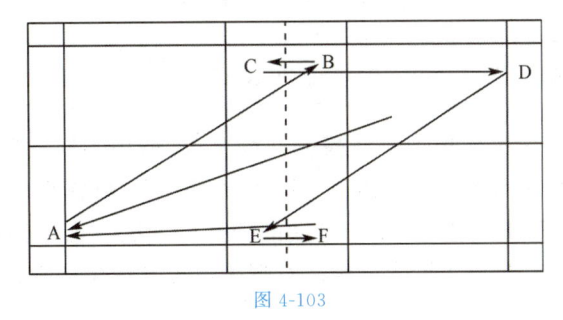

图4-103

提升练习:吊上网

吊上网练习可以从定点练习开始,从简单到复杂,从固定模式化的球路到全场互相不限制球路的吊上网练习,增加球路的多变性。

第四节　练习形式

一、单球直线单边对练法

练习者在左区或右区用单球进行直线单边对练(图4-104)。

二、单球对角单边对练法

练习者在对角区,使用单球进行对角单边对练(图4-105)。

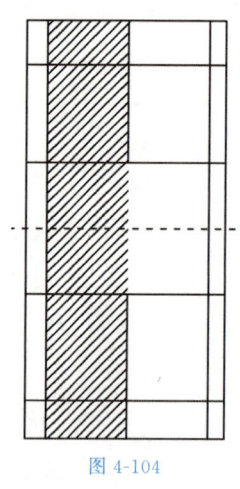

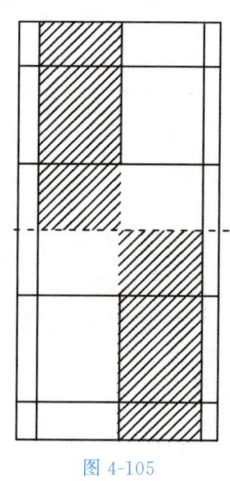

图 4-104　　　　　图 4-105

三、多球对练法

练习者双方均可用两个球,当失误时,不用去捡球,而将手中的球再发出去,以增加练习时间和击球次数,是一种增加强度和密度的训练方法,适用于单、双打练习。

四、多球单练法

练习者是一个人,采用多球训练。根据训练要求,采用不同的路线、速度和组数、个数,由教练员发多球给练习者练习。当一人练完一组之后,可休息一定时间,换另一名练习者练习。这种多球练习是增加难度和强度的一种好方法。为了保证有一定密度,练习者最多不超过三人一组,最好是两人一组。双打练习也常使用多球练习法。

五、多人陪练法

这种练习法在单打中一般较多采用二对一的陪练法,它对提高练习的难度、强度和密度均有好处,如二对一进行高吊、高杀、吊杀、高吊杀等练习都能收到较好的效果。在双打中常采用三对二练习攻守,甚至增加至四对二,即三人或四人进攻,二人练习防守,是一种能较明显提高防守能力的训练方法。

本章思考题

1. 什么是羽毛球球路训练?
2. 在羽毛球比赛实战中最常用的球路有哪些?
3. 球路训练只是单纯的技术组合训练吗?多种技术的组合是否应该考虑在战术实施中的作用?
4. 尝试利用几种击球技术组合进行球路练习,并融入战术意图。

第五章　羽毛球技战术运用

第一节　基本战术意识

羽毛球战术是选手在比赛中为争取胜利，充分发挥自己的竞技水平，根据对手的技术特点、体力和心理素质等情况采取的对策。羽毛球比赛中得分或失分看起来似乎是通过某技术动作而实现的，其实比赛中的任何一项技术行动都是在战术意识的支配下完成的。羽毛球比赛突出的特点，就是比赛双方始终围绕着限制与反限制展开激烈争夺。为了争取主动，比赛双方总是一方面尽可能地充分发挥自己的优势，设法弥补自己的弱点；另一方面尽力限制对方特长的发挥，并诱使对方暴露弱点，随即发起攻击，从而制胜。羽毛球比赛的魅力体现在这种进攻与防守、控制与反控制的意志、心理、技术、战术和体能的较量中。

比赛中，在双方实力相当的情况下，正确地运用战术，适时地抓住战机，对夺取比赛的最后胜利具有极其重要的意义。

一、基本技术的战术意识与运用

技术与战术是相互作用和影响的，技术运用中带有战术意图，战术靠技术体现。在学习和掌握基本击球技术的同时，必须加强击球战术意识的培养，体会"脑体并用"，除了要打得"巧"外，还要运用得"妙"。不仅要求懂得怎样击球，更重要的是要懂得在什么情形下击什么样的球、击到什么位置去，使击出的每一个球都具有战术意义。只有技、战术兼顾，合理交融，才能取得最佳效果。若击球时毫无战术意识准备，随意挥拍击球，出球没有战术目的，技术运用不连贯，击球效果不会好。

羽毛球击球技术中，发球是唯一一项不受对方击球方式和击球线路限制的技术。也就是说，发球方处于主动地位，可以根据对方的站位、击球能力、击球路线和当时的思想状态等情况，有目的、有意识地选择发球的方式，运用得好，从每个回合开始的第一个球就能控制场上主动权。但若运用得不好，就会将自己的主动权拱手让给对方。

然而，竞赛是公平的，发球方控制了发球的主动权，接发球方却掌握着首次击球的主动权，即发球规则严格规定了发球的区域（相当于接球方整个场区的半块场地），而接发球方却可将球还击到对方的整个场区。因此，无论发球或接发球都应有准备地、充分地施展技能。

（一）发球战术意识

准确而恰当的发球，能增加对手接发球的困难，迫使其按照你的意愿回球或回球质量不高。特殊情况下,还会造成对手接发球失误。相反,不适宜的发球,会为对手提供反攻机会,使其从被动变为主动,而自己却从主动变为被动。因此,发球质量的高低,决定着比赛回合开始的主动与被动,可见发球的重要性。然而,实战中忽视发球重要性的情况时有出现,对于争夺多个回合才得来的发球权不珍惜,拿起球随意就发,结果不是发球质量不高,就是发球失误。不仅没有把握好发球的优势,反而让对手掌握了主动,这是十分可惜的。

实战比赛中,要利用发球前的捡球空隙思考发球战术,保持积极主动的发球意识。如:

(1)迅速回顾上一回合中战术运用适宜或不恰当的地方,并决定下一回合的战术。

(2)观察对手当时的心态,并以此来调整发球节奏和变换发球的速度。

(3)回顾前几次发球主动和被动的情形,选择对方意想不到的发球方式。

(4)考虑当时对手可能采取的接发球策略,并预想应对对方第三拍的方法。

(5)重视发球准确性,不把直接得分的希望放在发球上,可只考虑如何准确地将球发入对方场区内。

根据以上几方面的情况,再有意识、有目的地发球。

(二)发球的战术运用

1.发球区域及其战术特点

将发球区域分为如图5-1所示的1、2、3、4号位置。1、2号位为对方右接发球区域的网前两角,3、4号位为对方右接发球区域的后场两角。也可以将近中线的前后两点称为1、3号位置,靠近边线的前后两点称为2、4号位置。

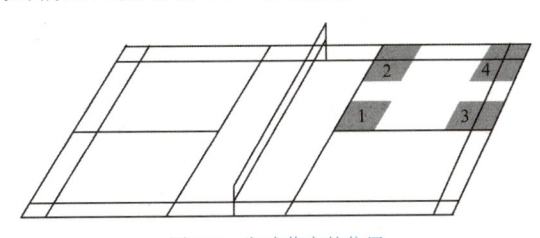

图5-1 发球落点的位置

(1)将球发至4号位(图5-2),便于拉开对方位置,下一拍可将对方调动至对角线网前。发这个位置的球要注意对手回击直线平高球进攻我方左后场,即后场反手区域。

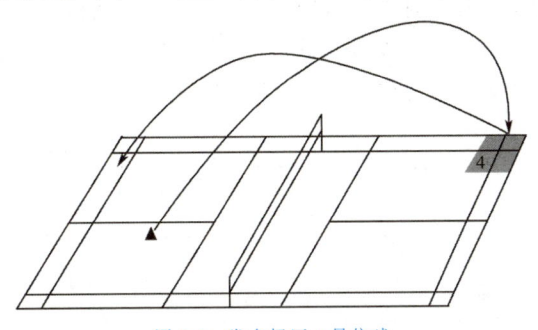

图5-2 发右场区4号位球

(2)将球发至3号位(图5-3),可限制对方以快速直线平高球攻击我方后场左边线位置,因为中线的出球角度要较边线小一些,出球须经过我方的中心位置才能到达两边线,便于有时间准备第三拍球。

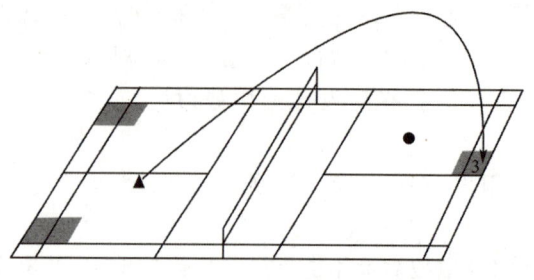

图 5-3　发右场区 3 号位球

(3)将球发至 1 号位(图 5-4),对方出球角度小,便于判断对方的出球方向,容易回击对方推至我方后场的球。

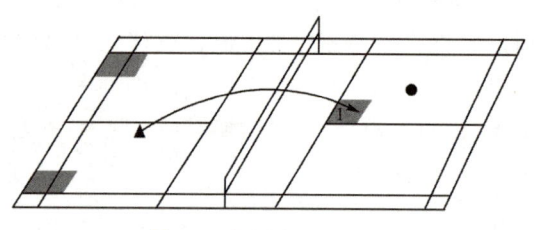

图 5-4　发右场区 1 号位球

(4)将球发至 2 号位,特别是右场区 2 号位(图 5-5),有利于我方下一拍攻击对方左后场反手区域,但是我方也必须注意防范对方以直线球攻击我方左后场区域。

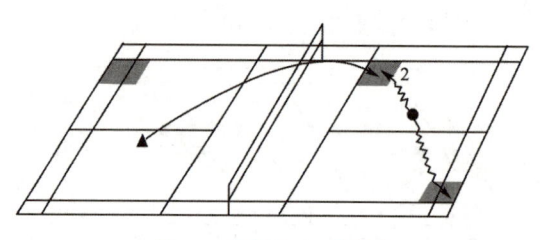

图 5-5　发右场区 2 号位球

(5)1、2 号位之间的前场中路小球或称"追身球"(图 5-6),效果不错。追身球是用发网前小球的动作,但击球力量稍大一些,是直冲对方身上去的一种球。其战术特点有两方面:一方面是突然性强,因为在对方没有防备的情况下发这种小球比发一般网前小球速度要快,通常会使对方措手不及,造成接发球被动;另一方面是稳定性强,发中路球直冲对方身上,比较稳妥,能减少发球出边线的机会,命中率高。

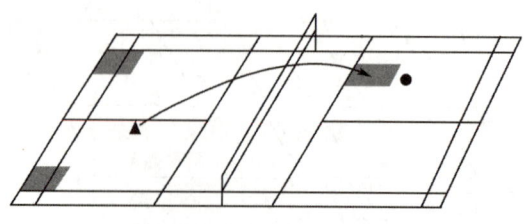

图 5-6　发右前场区中路球

2. 视对方接发球站位决定发球路线

对方接发球站位偏后，注意力在后场，网前出现空当，这时我方就应发网前小球（图 5-7）。

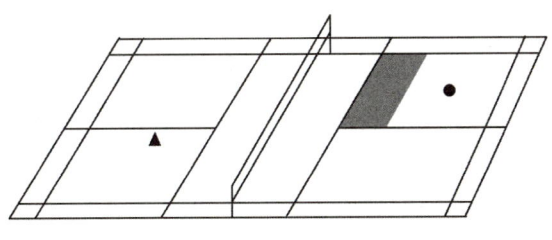

图 5-7　发右场区网前小球

对方接发球站位靠前，接发球注意力在前场，后场出现空当，此时就可以发后场球（图 5-8）。

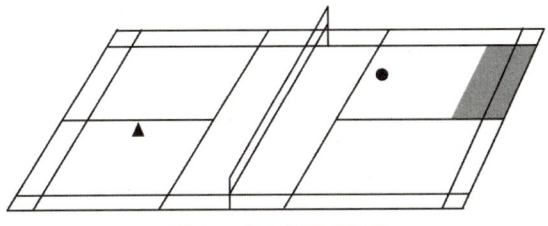

图 5-8　发右场区后场球

对手接发球站位靠近场地边线，可采用突然性很强的平射球袭击对方的 3 号位置（图 5-9），使其措手不及，回球失误。发平射球速度快且弧线平，对方接发球若想吊前场小球，不易控制力量，可能性不大；对方也没有时间和空间条件采用接发球居高向下大力杀球。因此，发平射球后防范的重点可在中场平快球和后场球上。但此种发球战术不可一味地运用，要与其他种类的发球结合使用，并加强线路变化才能取得较好效果。

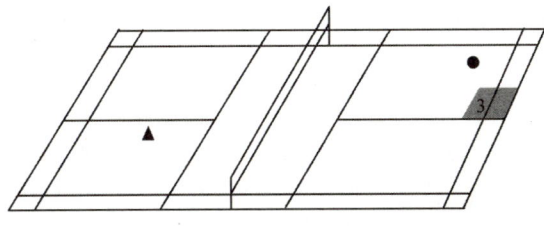

图 5-9　发右场区 3 号位球

3. 视对手的技术特长和接发球规律发球

对付后场进攻能力强、球路刁钻、前场球相对弱的对手，可以发网前小球为主，限制其后场进攻优势的发挥。如果对方网前技术动作一致性强，出手变化多，威胁大，那么发球时就应避开其优势，以多发后场球为主。了解掌握了对手接发球规律，可有针对性地利用。如对手接发后场高球习惯以压直线平高球为主，则可有意采用发后场高球，然后注意去堵击其接发球出直线平高球的习惯球路。

4. 视对手心态发球

突然改变发球方向。发现对方接发球急躁，跃跃欲试想扑封网前球，这时发球可摆出欲发前场小球的姿势，在击球瞬间突然改发后场平高球，这样抢攻效果较好。以身体形态或表情迷惑对手。发球时,故意显出犹豫不决或漫不经心的姿态,迷惑、打乱对手接发球的准备状态,给对手一定的假象,再以突然的发球动作,陷对手于被动。

(三)接发球的战术运用意识

比赛中,发球方总是想方设法地利用多变的发球来增加接发球方接球的难度,以争取主动。接发球方也总是想尽一切办法做好充分的准备,来还击对方的发球,以求后发制人,不让发球方的意图得逞。

接发球是后发制人,须待判断出对方出球方向后才能进行接发球,且规则规定,如果接发球失误,发球就得分,接发球心理承受的负担比发球要大,因此,接发球者要沉得住气。准确恰当地发球虽能增加接发球的困难,但积极主动、有针对性地接好发球同样也能得分。这就要求接发球者在做好充分准备的前提下积极、主动地接发球。

为避免无意识地被动接发球,同样应利用对方短暂的捡球空隙来思考如何高效地接发球,可以从以下几方面考虑:

(1)观察场上局势,从对手身体姿势和表情等方面来观察其心态。
(2)思考上一回合比赛双方战术的优劣,决定此回合从接发开始的战术策略。
(3)回顾对方前几次发球的战术意图。
(4)判断对方可能采取的发球策略。
(5)根据以上几方面的情况,做到有意识、有目的地接发球。

二、前场击球技术的战术意识及运用

(一)前场击球意识

前场击球意识要求选手有明确的位置感觉,明白在什么位置情况下选择什么样的击球技术,这无论对击球的质量还是战术运用的效果都是非常重要的。比如,击球位置太低,在球网以下位置击球,就不可再以搓网前小球的击球方式回击球;如果击球位置在球网顶部以下位置,就不能再用网前扑球的方式击球;如果在网前击球位置很高的情况下,却以挑高球还击,就会使比赛速度减慢,贻误战机。因此,运用前场击球技术,一定要依据自己当时所处的击球位置来选择击球技术,只有在适宜的击球位置下,合理地应用击球技术,才能收到较好的击球效果,达到预期的战术目的。

1. 前场高手位主动进攻状态下的击球意识

前场高手位击球,场上主动权控制在我方,击球位置较主动,击球时间较充裕,可不受对手来球的限制,利用扑球、推后场球,或是搓网前小球等主动性网前进攻技术向对手发起攻击,可迫使其疲于应付,或是被动失误。但要注意避免急于求成、质量要求过高、一拍将对手置于死地的打法意识。处理来球应具有在快和稳的前提下与对手周旋多拍的意识。

2. 前场中高手位对峙状态下的击球意识

击球点在球网顶部与地面距离的三分之一处,这种击球状态常出现在双方控制与反控制的调动中。这时要特别注意树立以稳为主的击球意识,根据对方技术特点,配合后场各种击球技术,合理运用网前搓球、推球、勾球等技术,在多拍调动中,寻找有利的战机。

3. 前场低手位被动防守状态下的击球意识

在被动情形下的击球战术意识只能是设法过渡,挽救险情,再从中寻求机会,扭转不利形势,转被动为主动。因为在这种击球状态下,我方已失去场上控制权,击球位置较被动,击球点很低。绝不能在被动状态下还盲目地运用攻击性的击球战术意识来处理球。

(二)前场击球的取位方法

处理好场上各种技、战术间的连贯、衔接,除了要有良好的判断力和移动步法外,合适的取位能提高场上速度,有利于回击下一拍的来球。

1. 前场搓(放)、勾小球后的取位

主动高手位置击高质量的搓球后应随球跟进取位(图5-10),注意防范对方的反搓小球,争取以扑球或是拨球回击。若对方挑后场球,还有时间取位。

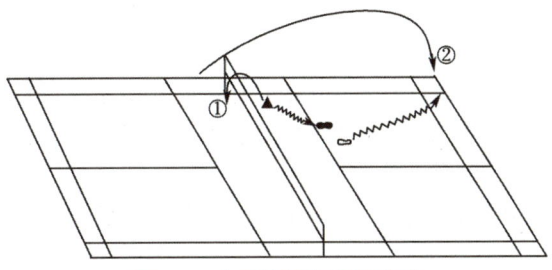

图5-10 高手位置搓球后的取位

主动高手位置勾对角线小球后应随球向落球方向移动取位(图5-11),注意防范对方的搓直线小球。

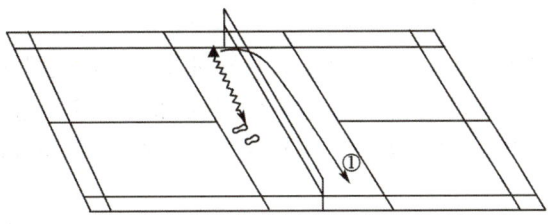

图5-11 高手位置勾对角线小球后的取位

当被动地从网前低手位置回击一个质量不高的小球时,对方击球位置较主动,他可随意选择前场击球技术,可以假动作放网前小球配合平推后场球,可以起跳扑球,也可以搓近网旋转小球,因此应以平行站位取位(图5-12)。注意防范对方假动作重复放网前球,或是推挑后场球,甚至扑球。

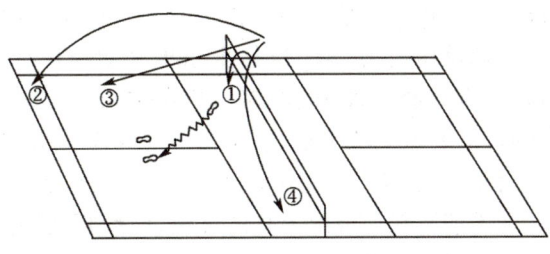

图5-12 被动低手位置放网前球后的取位

如果已处于低手位置击球状态,还硬要以平推后场球或是搓网前小球回击,那只会得不偿失，或者平推球被对方挡击扣杀，或者搓球不过网等，击球毫无意义。

2. 前场推、挑后场球后的取位

击对角线路球后，重点防范对方回击直线杀球、平高球和吊球。回动速度要视自己出球的速度而定，推平球，出球速度快，回动取位速度也要快；出球速度慢，如挑高远球（过渡球）后，回动取位速度可以适当慢一些。

当前场推球角度好、速度快，落点在对方边线与端线夹角处时，取位可偏前，将注意力放在网前。因为此时对手已被压住，很难再回击威胁较大的后场攻击性球，多数情况只能用限制性过渡球至网前，我方应该抓住控制网前的机会。

3. 前场扑球后的取位

虽然扑球被称为在网前的扣杀球，是在非常主动的情况下击出的，但是扑球后也不能掉以轻心，还要随球迅速向中心位置回动取位，以应付对手可能再反击过来的球。

（三）前场球路的运用

（1）高手位接球困难的选手比赛，可多使用前场重复线路球，增加其接球难度。

（2）与身材较矮小、后场攻击力不太好的选手比赛，可争取前场高击球点，将球推压至对方后场，以创造进攻机会

（3）一般情况下，握拍不灵活、手法粗糙的选手，其前场击球技巧掌握得不好，比赛中可多使用网前小球。

三、中场击球技术的战术意识及运用

（一）中场击球意识

中场位置击球速度极快，平抽平挡球多在进攻处于相持局面时运用，而接杀球多在处于防守状态下运用。比赛中的进攻和防守是经常转换的，在双方选手控制与反控制的较量中交替反复出现。因此，进攻时要有由攻转守的思想准备，而防守时也要有由守转攻的意识。

接杀球时，击球意识要根据当时击球位置来选择，争取好的击球角度，即在身前完成击球。如果击球点落在身后，则中场击球技术的出球质量会受到限制。因此，除了击球前积极判断对方的出球路线外，重要的是要有意识地迎着球击，不能等球。

1. 中场高手位进攻状态下的主动击球意识

中场主动高手位击球时，由于击球位置有利，击球时间充裕，自由发挥击球余地大，所以应采用攻击性的击球战术。运用平抽平挡球技术时应争取将球向下压，接杀球时可争取运用接杀平抽球技术将球反压过去。击球时，要求出手动作快、击球线路变化多，应有积极的击球意识，随着快速有力地击球，压向前场，以争取攻势。但是高手位置击平抽平挡下压球或接杀平抽球时，既要避免急于求成，拍面下压角度太大造成球不过网，又要注意平抽平挡球中不要往后退、往后躲，以免出现失去好时机而变攻势为守势的现象。同时，处于主动高手位置，也不能有任何麻痹大意的思想，仍然要做好接下一拍球的准备。

2. 中场中高手位对峙状态下的击球意识

对方的来球质量较高、速度较快，迫使我方在肩部与腰部之间的位置击球，为中场中

高手位击球。由于击球时间不太充裕,无论击平抽平挡球还是接杀球,击球的战术意识都应以稳为主,击球的质量不能要求过高。

3. 中场低手位被动防守状态下的击球意识

对方来球质量很好,控制场上的主动权,迫使我方在失控状态下在腰部以下用低手位置被动击球时,应该注意的是对手来球强有力,威力大,击球的战术意识要以防守过渡为主,控制出球的速度,调整出球的节奏,在应付中寻找落点,设法破坏对方的连续进攻,争取回旋的余地。

(二)中场击球取位方法

根据对方出球的质量,熟悉其进攻习惯线路,在判断准确和有预见的基础上才能争取中场击球的主动。否则采取守势,等来球才做出反应,只能处于被动地位,消极地防守。

1. 接杀球的取位

前、后场出直线球后接杀球取位:接杀球的取位方法与后场和前场击球技术有所不同。通常情形下,进攻的一方都习惯将球杀向对方场区的空当。因此,接杀球的取位方法,除了注意对方的习惯性攻球线路外,还要将注意力放在保护本场区空当的位置上。例如从左场区前场或后场区域出质量不高的直线球路后,取位应靠右区,将注意力放在对方回击斜线杀球的位置上。

前、后场出对角线球后接杀球取位:当从右场区前场或后场出质量不高的对角线球路时,对手杀球进攻左区的可能性极大。击球后,应迅速向中心位置偏左一点方向跟进移动,将注意力放在防守左区的杀球上。

当对手击来的直线杀球很飘、角度不好、质量不高时,可运用接杀平抽对角线球回击,随出球方向跟进一小步,注意对方回击直线球路争取有效的反攻。

2. 平抽球的取位

平抽球多用在相对主动的情况下。因此,要求击球前的准备姿势及身体重心要高一些,以斜步站位准备。持拍手的准备位置可以举高一些,击球意识要积极、主动。当回球质量高时,站位可以随球往前跟进一些,争取主动压上网击球;如果这时你还往后躲,向后取位回球,那么对手就会压向前场,控制场上的主动权。

3. 平挡球的取位

平抽平挡对抗中,如出球质量不好,则取位不能太靠前,可靠中场偏后,保持一定的距离,以留有一定的时间判断对方的下一拍击球。

(三)中场球路战术的运用

与身材高大、后场进攻威力大而步法不太灵活的选手比赛,当对方杀球进攻时,可采用接杀放网前小球或接杀勾对角线小球回击。采用这种战术,一方面可以破坏对方后场连续大力扣杀的意图,限制其连续进攻;另一方面,可以通过前后场大角度的调动,消耗对方的体力,削弱对方进攻威力。但击球后要随球跟进取位,注意对方回击直线网前球和直线推后场球。

如与身材较矮小、后场进攻威力不大的选手比赛,当对方杀球进攻时,可采用接杀平抽或是接杀挑高球回击,压住对方后场,再伺机反攻。

四、后场击球技术的战术意识及运用

羽毛球比赛变化多、速度快,击球意识与每位选手的秉性、习惯、对事物的看法,以及击球时的情绪等因素相关联,选手在处理同一种来球时,由于击球意识不同,在处理方式的选择上不同,击球效果也不同。

(一)后场击球意识

良好的战术意图,是在正确击球意识支配下,通过恰当的击球技术来贯彻实施的。羽毛球比赛临场局势千变万化,双方选手击球总是处于进攻、对峙和防守等不同的击球状态变化之中,不同的击球状态应受不同的击球意识支配,这样才能保证最佳的击球效果。

1. 后场主动高手位进攻状态下的击球意识

对方来球弧线相对较高、速度较慢,或是不到位,落至我方后场中部的双打后发球线附近,我方有时间从容选择高手位击球。在这种情形下,由于击球位置较有利,击球时间较充裕,有自由发挥的余地,应采取攻击状击球的战术,以击进攻球为主。击球时要求出手快、速度快、变化多,任意选用平高球、吊球、杀球和劈球等技术向对方场区进行任意位置的全力攻击,不受对手击球效果限制。例如:对方回击一个中后半场高球,这时我方无论选择击何种线路的球(如直、斜线扣杀,直、斜线劈吊球等),都能对对方造成威胁,对手在这种状态下不敢轻易行动。

主动情形下,应避免急于求成、质量要求过高的击球意识。虽占尽优势,但仍应把握好击球分寸,树立稳定持久的击球意识。

2. 后场中高手位对峙状态下的击球意识

对方来球质量较高、速度较快,迫使我方在身体重心位置欠平衡、击球位置欠佳状态下击球,由于没有充分的击球时间和空间,后场中高手位的击球战术意识应以稳为主,与对方周旋控制与反控制,出球的质量不能要求过高,出球的角度不可太刁钻,可酌情运用点杀、平高球、吊球等,保持击球的稳定和持续性。

3. 后场低手位被动防守状态下的击球意识

场上主动权被对方控制,攻击性来球直逼后场底线,在失控状态下,击球位置被动,只能用低手位置还击球。在这种情况下,击球的战术意识应采取防守过渡,控制击球的速度,调整击球的节奏,化险为夷,争取时间。在被动低手位情形下,受对手来球限制,只有一两种可行的击球方式能保证相对好的击球效果。如对手将球逼至我方正手底线低手位置,则只能设法回击又高又远的高球至对方中路底线附近,或以软吊球限制对方连续进攻,才能争取回旋余地,摆脱困境。在运用技术时,不能忽视击球的战术意识,只有在正确击球战术意识支配下,熟练的击球技巧才能充分发挥作用。

(二)后场击球取位方法

非周期性技术特点决定了羽毛球运动击球位置千变万化。由于来球的方向左右不定、来球的角度和弧线有高有低、来球的距离有长有短和来球的力量有大有小,选手在身体前后左右上下等各个空间位置都有可能击球。羽毛球运动特点使相关联的技、战术因素间没有固定和一成不变的模式,一切技、战术都是在动态的状况下完成的,而且同一情况可采用不同的处理方法。对方的状况不同,其回击球对自己的影响也不同。在击球路线千变万化、速度极快的运动中,要保证身体的移动跟上球体飞行的速度,有预见性地提前取位也是很重要的。

1. 击后场高远球(平高球)后的取位

回击后场高远球或平高球后,取位方法要依据出球路线决定。

出直线球路时,重点防范对方回击的直线高远球或是平高球、吊球和杀球,取位时注意力应放在对手回击直线球的位置上。例如从左场区出高质量的直线平高球路,这时不必盲目快速向中心位置回动,而应靠左区取位,将注意力放在对方回击直线球路上。因为这种情形下,直线距离相对于斜线距离要短且快,而且高质量平高球攻击力强,斜线球困难大,因此应重点保护直线(图5-13)。

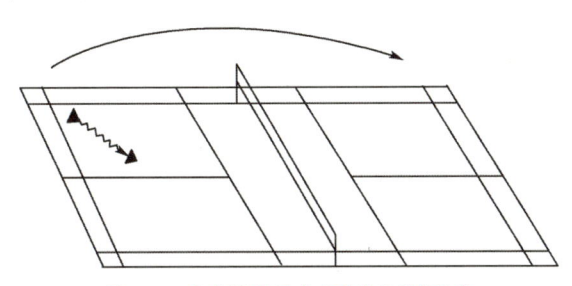

图5-13 击直线高远球或平高球后的取位

出斜线球路时:选手应随球迅速向中心位置移动,重点防范对方回击的直线杀球、平高球和吊球。

取位速度要视自己出球的速度而定,出球速度快,如击平高球后,取位速度要快;出球速度慢,如回击高远球(过渡球)后,取位回动速度可以适当慢一些。

击至对手底线两侧攻击性平高球,质量较高时,取位可以稍偏后一点。因为此时我方位置较有利,在出球速度上已压住对方,对方不大可能击出威胁较大的攻击性球。如果击球已迫使对方在底线位置用低手位击球,那么防范的重点是对方回击前场吊球,取位可稍前一些。

2. 击吊球后的取位

吊直线球后注意防范对方回击直线,取位偏直线。吊对角线球后取位的角度要大一些,注意防范对方回击直线网前或是推直线后场球(图5-14)。

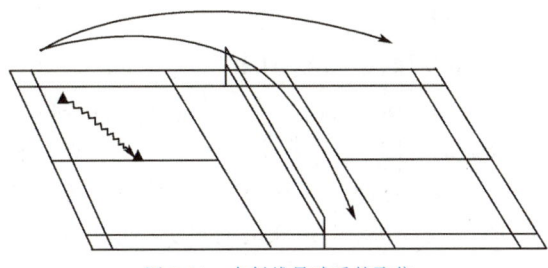

图5-14 击斜线吊球后的取位

吊球质量高,对方位置较被动时,取位速度可以快一些,此时对方一般以放网前球或是推挑后场球回击。

吊球质量不好,对方主动情况下,他会以推后场球的假动作突然改放直线网前球,或是勾网前对角线球,应注意加强防范。

3. 扣杀球后的取位

主动杀球,特别是半场位置杀球后,如果杀球质量较好,球速下压快,可以随球迅速回动,取位偏重于向中前场压进(图5-15),准备下一拍连续上网进攻,即杀球上网。此时若对方处于被动状态重复挑后场,速度慢,我方仍有时间回击。同时也要注意观察对方回击杀球的习惯性路线,随时调整取位位置。限制性杀球,即点杀后,杀球位置不是太主动,不要急于冲上网,应采取一步回位,稍作停顿,判断清楚来球方向后再起动。

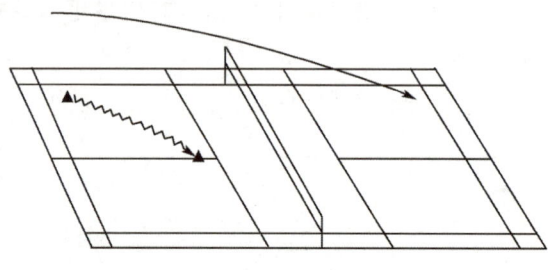

图 5-15　主动杀球后的取位

第二节　羽毛球单打技战术

除了要掌握一定的基本技术、具备一定的体能素质和心理品质外,还要学习一些羽毛球运动的基本单、双打战术,才能有利于在比赛中充分发挥技能,击败对手。

战术运用与选手个人打法特点密切相关。打法可以说是选手的技术风格,它根据选手的技术特点和身体条件来决定。身材高大、进攻速度和力量好的选手,适合选择下压进攻控制网前或突击进攻打法;而速度和力量不足,身材不是太高大,但步法灵活、速度耐力好的选手,通常采用守中反攻或是拉吊突击的打法。总之,要在自身技术特点和身体条件基础上,依据对手的实际情况,适时合理地运用战术,把握场上主动权。

下面介绍拉吊突击进攻战术、发球抢攻战术、守中反攻战术、下压进攻控制网前战术和压底线战术。

(一)拉吊突击进攻战术

这种战术是利用快速的平高球、吊球、杀球和网前搓、推、勾球,准确地将球击到对方场区的后场底线两角和前场网前两角这四个点上。其特点是通过多拍快速拉开调动对方,使其前后左右来回大范围地奔跑,在双方控制与反控制较量过程中,一旦对方出现回球质量不高或偏离中心位置时,我方即可抓住机会,寻其空当突击进攻。因此,运用这种战术时,击球的落点角度要大,速度要快,充分调动对方,使其最大限度地移动,抓住机会球进行快速突击,以取得较好的战术效果。

根据对手特点,可采用不同的拉吊路线:

(1)如对方的灵活性较差,跑动、转动较慢,那么拉吊时可多采用小对角线球路,加大对方接球的难度,迫使其身体重心不稳而失误。例如对手在反手网前勾对角后,正手后场往往会出现空当,此时似乎应推直线(因此位置距离最远)。然而,如果此时运用推对角后场,距离虽然看起来近一些,但对方击球时却需要小对角转动身体,用头顶击球,这对于身体灵活性较差和跑动、转动慢的选手来说,就加大了移动难度,接球也就更困难。

(2)如对方是步法好、身体较灵活且移动速度快的选手,他出球后回中心位置很快,则应选择重复路线的球,或使用假动作以破坏其步法起动节奏,增加其回球难度,使其起动、移动不舒畅,以打消其前后场快速移动的优势。

(3)如果对手步法移动慢,则可采用快速拉前、后场大对角路线的战术。即通过不断快速拉开调动对方,迫使对方出现空当,伺机突击。

(二)发球抢攻战术

根据对方的站位、反击能力、接发球路线和当时的思想状态等情况,有目的、有意识地采用多变的发球,争取由发球开始就掌握场上主动,为自己创造进攻机会。这种战术用于对付经验不足和防守能力较弱的选手比较有效。特别是当比赛进入关键时刻,比分出现相持状况,通过打破常规,突然改变发球方式,形成发球抢攻之势,陷对手于被动,可有效地打破僵局。

发高远球战术。高远球在空中的飞行时间长、距离远,可以有效地将对手从中心位置调至底线位置,使其不便直接发动强攻。如对手后场击球失误较多,不善于接又高又远垂直下落的高远球时,就要坚持多发高远球。

运用发球抢攻战术时,应注意观察对方接发球的注意力。当对方注意力高度集中时,可适当放缓发球时间,待对方注意力的"最佳点"下降后再将球发出。若对方接发球注意力不太集中,则可迅速发球,使其接发球被动。同时,还要注意发球的落点及出球的弧线要合理。

(三)守中反攻战术

如果我方的防守能力好,足以抵挡对方的进攻,而对方又喜好盲目进攻且体力又差,这种情况下可选用守中反攻战术。这是一种后发制人的战术。通过先将各种来球回击至对方后场,以诱使对方发起进攻,在对方只顾进攻而疏于防守时,我方即可采取突击反攻,或当对方疲于进攻、体力耗尽、速度减慢时我方再发起进攻。其特点是通过高球、推球和适当的吊球、搓球、勾球等球路变化,与对方展开持久的抗衡,诱使其产生急躁,造成失误,或当对手陷于被动、进攻质量稍差时,我方即抓住有利时机进行反攻。

(四)下压进攻控制网前战术

这种战术是先发制人,以快速凶狠、凌厉的进攻,从速度、力量上压住对方,速战速决。其特点是先以速度、力量不同的吊球、劈球、点杀、轻杀、重杀球将球下压,创造机会上网,以搓、推、勾球控制网前,将对方的注意力吸引至网前,再配合以平高球突击对方底线,创造中后场的进攻机会,再全力发起进攻。这种战术对付身材高大、步法移动慢、网前出手慢和接下手球吃力的选手较有效。

通常可以直线长杀、对角点杀和劈杀上网搓、推、勾控制网前,或通过中后场的重杀、轻杀创造网前机会,上网控制。实战中,当来球质量不高,在中后半场时,我方应采用重杀。如对方来球质量很好,可采用轻杀,以保持较好的身体重心,目的是下一个球上网控制网前。

(五)压底线战术

反复用快速的高球、平高球、推球击至对方底线附近,特别是对方反手后场区域,造成对方被动,当其注意力集中在后场时,再以快吊或突击点杀进攻其前场空当。此种战术对付初学羽毛球的选手较有效,因为初学者一般技术不熟练,特别是反手后场的还击能力差,进攻后场往往容易奏效。

(1)第一拍发后场边线高远球,重复两次直线平高球后,突然扣杀对角线或吊对角线:如第一拍发左场区3号位高远球,第二拍对方回直线高远球,第三拍用平高球成功地重复压左后底线一角,第四拍对方被动回直线高远球,第五拍即可杀球或吊对角线球。

(2)对付急于上网抢网和后退步法起动移动较慢的对手:通过反复多次的平高球压对方至后场,在其注意力集中于后场时,再以快吊或扣杀进攻其前半场。

第三节　羽毛球双打技战术

双打的战术目的就是设法给对手制造混乱,调动对手,使其出现漏洞,或由于位置错乱、失误引起争吵,出现漏接等现象。

(一)攻中路战术

当对方在防守状态下左右分边站位时,我方进攻要尽可能把球攻到对方两人之间的中场空当区域,造成对方抢击球发生碰撞,或相互让球出现漏接失误。这是对付配合不默契对手的有效战术。

攻半场战术是攻中路战术的另一种形式,当对方处于进攻状态下两人前后站位时,可将球回击到其中场两人前后之间的靠近边线位置上,这样也能造成对方抢接或漏接。

(二)攻人战术

如对方两人中有一人技术水平稍差,集中力量盯住弱者打,不让他有调整的机会,这叫攻人战术。运用这种战术时,如果对方已经意识到我方的战术意图,加强了对弱者一方的保护时,可采用先盯住技术水平差者攻几拍,然后突然改用攻技术水平强者的战术。由于强者为保护弱者,已将注意力集中在弱者,此时再突然转攻他反而容易奏效。

攻人战术也可采用先集中力量对付技术水平较高者,消耗其体力,削弱其战斗力,然后再伺机进攻技术水平较差者,或采用突击其空当的战术。总之,战术的运用不是一成不变的,必须根据当时的情形,灵活运用,方能奏效。

(三)后杀前封战术

这是双打中最常见的进攻战术。当处于主动状态,进行强攻时,一名选手在后场大力杀球进攻,另一名选手在网前,努力封堵对方回击的球。后场选手进攻时要注意攻球的落点位置,前场选手封网应根据对手回球习惯,积极、有意识、有准备地封堵对方的出球路线,避免消极地等待。一般情况下,当后场选手杀大对角线、中路、小斜线或采用攻人战术时，前场封网选手都应将判断来球的重点放在封住对方的直线球上。

（四）守中反攻战术

这是对付后场进攻能力差或是为消耗对方体力而采用的一种后发制人的战术。通过拉后场底线两角诱使对方在左右移动中进攻，我方通过防守，伺机进行反攻。运用这种战术的前提条件是必须具备一定的防守能力，能守住对方的进攻，才能有反攻的机会。

（五）软硬结合战术

通过吊网前或推半场等球路，使球向下飞行，创造机会，迫使对方起高球被动防守。进攻过程中，如不能成功，可再通过软吊网前或是拨击半场等球路待对方挑球质量不高时再次发起进攻。运用这种战术时，进攻的对象通常是对方上网接球、处于匆忙后退的那名选手。

在对方防守位置很好、回球质量很高的情况下，组织进攻应采用以打落点为主的软杀、点杀技术，以直线小对角路线杀球、大对角斜线进攻创造机会，迫使对方回球质量不高，再做大力扣杀强攻。

第四节　混合双打的基本战术

混合双打是由一名男选手和一名女选手搭配组成的双打，基本技、战术同双打很相似，但由于女子选手在技术和速度、力量等方面都要比男子选手差一些，往往是被攻击的主要对象，所以在具体运用战术的方式上与双打有些不同的地方，突出表现在以下两点：

一、站位与双打不同

混合双打女选手攻击力较男选手弱，主要站前场，负责封住网前小球；而男选手能力较强，负责中后场的大范围区域，形成男选手在后、女选手在前的基本进攻队形。男选手发球时站位要较双打后移至中场附近，此时女选手应站在靠近前发球线附近。发球后，男选手立即准备守住中后场，女选手则立即准备封住前半场。左右站位时，无论女选手在左区还是右区，往往是只负责守住靠近边线的三分之一区域，而将场区的大部分区域留给男选手，这样女选手防守范围小，防守起来也相对容易些。

二、女选手往往是被攻击的目标

进攻时通常都围攻女选手，防守时也设法将女选手调至后场，使其向左右两角奔跑，不但消耗其体力，而且抑制了男选手的后场进攻威力。因此，被攻击的女选手可采用回击对角线路球来限制和摆脱对方强有力的进攻。由于对角线路相对直线距离稍长，击球威胁相对直线要小些。同时，当女选手击对角线路球时，男选手处于直线位置，便于防守。

羽毛球运动的技术特点决定了羽毛球战术丰富多彩，比赛中对手不同，特点各异，各种战术、球路的组织、运用更是千变万化。

在实际比赛中,要在掌握好以上基本战术的基础上,善于根据临场的具体情况灵活地运用战术。

本章思考题

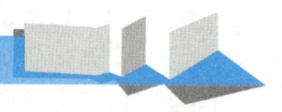

1. 什么叫作羽毛球的类型?其有多少分类?
2. 中国羽毛球类型包括的单打、双打打法有哪些?
3. 羽毛球单打类型有多少种?都是什么?
4. 简述羽毛球混合双打类型的种类、要求、特点及发展趋势。
5. 论述中国羽毛球的现状。

第六章　身体素质及其训练方法

羽毛球选手的身体素质包括基础身体素质和专项身体素质两个方面。基础身体素质是专项身体素质的基础，专项身体素质是提高运动成绩的基础。基础身体素质指完成运动时所需的各种素质，通常包括力量、速度、耐力、灵敏和柔韧等方面。专项身体素质指依据羽毛球运动的方式及动作结构特点所需要的专门的力量、速度、耐力、灵敏和柔韧等素质，其中力量是基础，速度为核心。

第一节　羽毛球运动发展趋势对身体素质的影响与要求

羽毛球运动的发展现状，集中体现了当今人类体能与技能的一系列变化，反映了当今科学技术的发展和社会进步的成果。

一、身体条件与体质的发展变化对身体素质的影响与要求

随着生活水平的不断提高，人们的身体条件和基础体质普遍比过去明显增强。我们从羽毛球选手身高数据中能看出这一变化：女子选手的平均身高由20世纪的1.65米提高至1.72米，男子选手的平均身高也由过去的1.75米提高至1.85米。基础身体条件和体质的变化使选手在身高、速度、力量、耐力等方面均有长足的进步，训练水平提高，承受训练强度的能力发展了，因此提升了现代羽毛球运动的对抗强度。

高水平的训练促使选手身体素质提高，身体素质的提高又促使运动能力增强，刺激选手间的竞争，选手需要不断打破现有平衡，向身体的更高极限挑战，才能从众多选手中脱颖而出，获得更好的专项运动成绩。

二、运动器械与场地设施的发展变化对身体素质的影响与要求

科学技术的进步和新型材料的应用，使羽毛球拍这一羽毛球运动的核心器具，在过去50年中发生了"革命性"变化。竹框竹竿拍被木框铁杆拍取代，铝合金拍诞生不久即被碳素纤维拍所替代，钛碳合成纤维球拍又以其重量轻、强度大、耐性高等特点成为当今羽毛球选手的首选。在球拍材质不断革新的同时，拍弦也发生了根本性变化：羊肠、牛筋甚至尼龙弦的强度和拉力均无法与金属拍框相匹配，新型合成纤维球拍弦集弦细、张力强、弹

性好和抗磨损于一身，有"一发拨千斤"之功。科学实验表明，在人体技术力量的作用下，球拍可将羽毛球击出 300 多公里的最高时速，居拍类运动项目之首。选手要想在比赛中获胜，必须使身体素质水平适应和跟上现代器材的发展，才能保持运动的"和谐"。

20 世纪七八十年代的羽毛球比赛，由于体育场馆少，大众羽毛球比赛多在室外的水泥地上进行，只有专业水平的全国比赛，才有条件在室内体育馆的木地板上进行。由于地面硬而滑，加之运动球鞋底薄，没有防滑措施，选手在场上快速奔跑移动中经常无法"刹住车"，使移动速度下降，严重影响选手技术水平的发挥，对体能素质的要求也不突出。当今，科学技术和经济发展带动运动器材和场地设施也迅速改善，高档羽毛球场馆里，木质地板已被塑胶地面取代（即在木地板上面再铺垫上一层特殊 PVC 材料制成的塑胶），这种场地面料的革新，不但增加了场地的柔软度和弹性，而且由于摩擦力度加大，使得场地滑的状况得以改善。加之运动鞋由单纯橡胶材质薄底改为牛筋材质的强力底，弹力增强，选手们在先进运动设施和器材的帮助下，不但动作发挥流畅自如而且速度加快，弹跳力增强，竞争回合增多，对抗加强，从而竞技水平提高。反过来这一系列的发展与变化，对选手体能素质也相应提出了更高的要求。因为，塑胶地面需要以更大的作用力来克服摩擦力，同样需要选手以更大的作用力来获得反弹力。因此，对身体素质的要求不断提高，以保证身体承受更大的运动负荷。

三、科学技术手段与科学化训练的发展变化对身体素质的影响与要求

科学技术的进步，为竞技训练提供了坚实的保障。训练科学化程度的提高和训练手段的更新，促使选手们在训练中不断挖掘运动潜力，以满足竞技运动水平不断提高的需要。以摄像机为例，过去训练中很少出现，只在科研所里运用于科学研究，没有普及和运用到训练和教学中。因此，过去的训练多以经验指导训练为主，很少参照科学数据。如今，科研工作者广泛介入训练实践，在体育运动中借助先进的电子设备，帮助选手分析复杂的技、战术，从而提高运动技能的现象已很普遍。与此同时，广大教练员和运动员的科学文化水平大有提高，特别是教练员拥有大专以上学历的比率较以往大幅度提高。文化素质的提高，使运动者整体综合素质较以往有很大的提高。加之科研手段的介入，设备和仪器不断发展，训练方法也不断获得更新和发展，对运动竞技训练的发展与提高起到了很大的促进作用。在科学技术手段的监控下，训练方法更加符合人体结构特点，训练负荷更加讲究科学性，训练效率高、效果好，选手的潜能被不断挖掘，竞技水平不断提高，运动寿命也得以延长。

四、技战术的发展变化对身体素质的影响与要求

科学技术的发展，促使羽毛球选手运动技能迅速发展。过去一些不可能运用的技、战术，现在普遍出现在赛场上，表现为选手控球能力加强，击球力量越来越大，击球速度越来越快，击球落点越来越刁钻，击球变化也越来越多；技、战术水平提高，选手间差距缩小，技、战术和心理对抗程度增大，竞争加剧，对选手身体素质能力也提出越来越高的要求。优秀选手不但要具备娴熟、全面的技术，灵活、快速、多变的战术，而且更要有良好的身体

素质作保证,才能在紧张、激烈的比赛中,保证高超技、战术水平的发挥。

综上所述,羽毛球运动中身体素质对运动员比赛成绩的影响越来越大。竞赛双方除了个人技术、战术和心理素质能力的较量外,在很大程度上还是身体素质能力的较量。身体素质作为决定选手成败的四大因素之一,直接影响着技术与战术的运用、心理的承受,从而决定比赛的最后胜负。因此,掌握羽毛球运动的规律并不断提高技术和战术水平,必须努力将提高身体素质能力同发展技、战术和心理素质能力放在同样重要的位置上,这样才能适应新时期高水平技术发展的需要。

第二节 身体素质在羽毛球运动中的作用与意义

一、身体素质是选手承担激烈训练与比赛的基础

羽毛球运动的快速、灵活、对抗激烈、变化多端等特点,决定了选手良好的身体素质是承担大负荷训练和激烈比赛的基础。运动项目特点不同,对选手身体素质能力要求也不同。羽毛球运动速度快,竞争激烈,选手控制场地面积大,训练和比赛的负荷也很大。单打场地长13.40米,宽5.18米,由后场至前场的直线距离就有6米多,由左边线至右边线的距离为5米多,一名选手实际控制的区域为30多平方米。据统计,在一场历时两个小时的高水平羽毛球比赛中,选手必须在攻与守、控制与反控制对抗中,忽左忽右、忽前忽后地完成各种急停、起动、移动、跨跳、挥臂击球等快速动作千余次。选手在运动中速度的快慢、力量的大小、耐力和灵敏等素质的好坏,都直接影响着运动成绩的优劣。双方选手长时间快速、多变、大负荷地对抗,对身体素质能力要求极高。

因此,体力一直是影响羽毛球选手临场技、战术水平发挥的重要因素。比赛开始,由于体能状况良好,通常能保持一定的速度,正常发挥技、战术水平。随着比赛激烈程度的不断加剧,选手体力消耗加大,尤其是到比赛争夺最激烈的时刻,通常因体力不支会表现出技术动作变形、主动失误增多、速度明显减慢、受制于对方等现象,从而导致比赛失利。体力问题一直是羽毛球比赛中普遍存在的问题,体能素质训练是一切训练的基础。

二、身体素质是提高运动技、战术水平的基础

身体素质好是提高、发挥和保持竞技能力的先决条件。羽毛球技、战术水平的高低与身体素质的强弱有着密切关系。选手身体素质好,有利于掌握复杂、先进的技、战术。相反,选手身体素质差,即使具备一定的技、战术能力,其发展会也会受制于体能素质而不能充分施展娴熟的技、战术。实践经验表明,技、战术水平与专项身体素质水平是成正比的,技、战术水平高的选手,通常也具备相应高的专项身体素质能力。专项身体素质能力越好,越能促进技、战术的提高,相反,如果上下肢不协调、灵活性差、肌肉力量弱、缺乏爆发力、判断反应慢,就很难掌握先进、高超的技、战术。

三、身体素质对防范运动损伤与延长运动寿命的积极作用和意义

　　羽毛球运动项目的特点,决定了选手机体在训练和比赛中要承担极大的运动负荷。通常身体在负荷后出现疲劳,其薄弱部位就容易受到损伤,从而影响运动寿命。加强身体素质训练,提高身体素质水平,增强抗疲劳能力,就能减少和防范运动损伤的发生。

　　身体素质的提高是靠机体形态改变和机能提高来实现的,选手在训练过程中承受负荷越大,身体素质训练水平越高,身体结构改变就越深刻,身体突破极限程度也越大。选手身体素质越强,运动机能水平也就越高,保持专项技战术运动能力的时间也就越长。加强抗疲劳程度,能有效避免和减少运动性损伤的发生。

四、身体素质训练过程是培养选手顽强意志力的重要途径

　　身体素质训练是向极限挑战的过程,也是一个异常艰苦的过程。一方面训练负荷大,需要有极强的毅力来战胜自我,克服身体的惰性,经受运动极限冲击;另一方面身体训练往往比较单调、枯燥无味,与其他训练相比,选手往往会有"畏惧"心理。因此,身体素质训练是锻炼和增强选手意志力的一种重要手段,通过艰苦训练,能够增强和提高各项运动素质,同时还能培养选手在训练和比赛场上不怕苦、不怕累、勇猛顽强、百折不挠、迎难而上的意志品质。

五、良好的身体素质是选手树立胜利信心的重要保证

　　由于训练方法、手段不断改进和完善,选手身体素质水平全面提高,技、战术越来越完善,对抗速度也越来越快,促使现代羽毛球运动竞技水平向着越来越高的方向发展。高水平选手的技、战术全面,几乎没有明显的弱点,比赛中仅靠一两拍就轻易击破对手防线的情形已经不存在,每一分球的争夺都非常艰苦。如果选手没有良好的身体素质作保障,体力跟不上竞技的需要,在场上经不住多拍的调动与抗争考验,就会因体力不支而失去与对手周旋和对抗的信心,产生急躁情绪,主动失误增多,出现不攻自破的局面。如果训练有素,有充足的体能作保障,就有耐心、有决心、有能力与对手周旋到底。

第三节　身体素质训练的基本原则

一、科学性原则

　　科学训练对培养选手至关重要。训练方法科学,运动竞技能力就能迅速提高,成才率就高;训练缺乏科学性,运动竞技能力便会提高缓慢,成才率就低。科学地安排身体素质训练,至少要处理好两个方面的关系:

　　一是身体训练与身体素质发展敏感期的关系。掌握和遵循身体素质发展敏感期规

律,是身体素质训练取得良好效果的重要保证。力量、速度、耐力、灵敏和协调等身体素质都有其发展的敏感时期,训练内容要围绕各种素质发展的最佳时期,有目的、有重点地安排。例如少年儿童的身体素质训练,重点是发展柔韧性、协调性、灵敏和速度素质,应避免大力量和高强度的耐力素质训练。青年时期的身体素质训练,可重点发展力量和耐力。根据身体训练和身体素质发展敏感期的基本规律,科学地选择训练方法、训练手段,有针对性地为不同选手安排不同时期和不同训练层次的身体素质训练,使训练更具科学性、逻辑性、针对性和实用性,有利于收到良好的训练效果。

二是身体训练与负荷的关系。科学合理地安排运动负荷,是提高运动水平的重要因素。运动负荷指人体在训练和比赛中所承受的生理负荷量,它由运动强度、时间和数量等关联因素组成,并受动作质量的影响。运动中动作质量好,负荷就大;动作质量差,运动负荷就小。负荷大的训练,机体反应强烈,"刺激痕迹"深刻,超量恢复也就更明显,人体机能水平提高就显著。

根据人体机能提高呈波浪形上升的运动规律,身体素质训练中的运动负荷量要循序渐进地加大,经过一段时间巩固,待身体适应了此种负荷量后再逐步加大。具体负荷量的安排应大、中、小合理交替进行。衡量负荷量的适宜标准是身体在一定的疲劳情况下,仍然处于适度的兴奋状态,从而不断提高工作能力。在一般训练期,身体素质训练采用数量多、密度小的形式进行;在比赛期则采用练习时间短、数量少、密度大的形式。

二、长期性原则

羽毛球选手身体素质的训练和培养是一个长期的系统过程,贯穿训练的始终。可以这样说,只要有训练,就一定有身体素质的训练。优异的运动成绩,是选手多年从事不间断的、长期的系统训练,随着身体素质的提高和技术动作的完善而获得的。如果违背这一原则,就不可能获得高竞技水平。因此,从基础全面身体素质训练开始,就应有长期的、全面的、系统的、不间断的、循序渐进的训练思想。在这一训练思想指导下,在练习初始阶段,选手身体素质基础较弱,机体承受能力较差,身体素质训练必须由浅入深、由易到难、由简到繁地进行,训练负荷量也应由小到大、由轻到重地合理安排;高级训练阶段,经过多年的严格训练,选手的机体已产生适应性的变化,能承受专门化训练时,则可大力加强专项身体素质能力的培养训练;进入尖端训练阶段,随着选手训练年限的增长,应注意加强保护性的身体素质训练。

三、因人而异原则

因人而异原则指在身体素质训练中依据每位选手的具体情况来确定训练任务,选择训练内容。合理运用因人而异原则,对提高教学训练质量有着重要意义。无论是在一个班、一个队,还是一个群体里,每位选手都具有不同的特点,如年龄、个性、特长、训练水平、原始身体条件和成长环境不同等,教学训练的任务、要求、内容、负荷量和训练方法手段的选择,应注意针对选手的不同特点,遵循因人而异的教学训练原则,加以区别对待。随着训练年限的增加、训练客观因素的变化,教学训练的任务、要求、内容、负荷量和训练方法手段等也要注意相应地调整和改变。要求训练指导者了解、分析并研究选手的个体差异，制订训练计划时既要考虑到整体的统一要求，又要考虑到个人的不同特点和不同要求，做到因材施教，区别对待。这样拟定的训练任务和指标、安排的训练内容和方法才会更加切合实际，才能收到更好的教学训练效果。

四、全面性与专门性相结合原则

全面性身体素质训练是指运用各种身体练习的方法和手段，使选手身体各器官的机能得到普遍提高、身体形态得到全面改善、身体素质能力得到全面发展，为日后提高羽毛球专项运动技能打下坚实基础。专项身体素质训练指身体素质训练采用与羽毛球运动特点及技术动作相同的动作方式，辅以专门的辅助练习，发展羽毛球运动所需的专项身体素质能力。

训练中，科学地安排全面和专项身体素质训练时要视选手的实际状况、年龄的大小以及训练水平的高低而定。人体各器官、各系统的活动是相互联系、相互协调配合的，当各器官、系统机能都相应得到提高时，机体的工作能力和承受负荷能力才能得到全面提高。然而，当技术水平提高到一定的程度时，通常其他素质又会出现相应的不足，或是机体内各器官再次出现不协调，从而使技术水平出现暂时的停滞现象。这时，专项身体素质训练应在全面身体素质训练的基础上将二者紧密结合，通过加强专项身体素质的训练，再次加大负荷刺激，打破机体旧的平衡状况，建立新的平衡体系，促使运动技术水平达到新的高度。

选手的训练时限和训练水平不同，全面与专项身体素质训练的内容和比例也应有所不同。在训练的初级阶段，还没有接受正规严格训练，身体素质能力较薄弱，应重视全面身体素质的发展，为将来的提高打好基础。如果在这一阶段的教学训练过分地强调专项身体素质能力的训练与提高，则会使选手局部肌肉负荷过重，出现疲劳，导致损伤。原则上讲，训练水平较低、年龄较小的选手，全面身体素质训练应多一些，以发展全面身体素质为主，发展专项身体素质为辅，重点是全面打好身体素质基础；对于训练程度高、年龄相对较大的选手，专项身体素质训练的比例应相对大一些，同时全面身体训练也不可停止或忽略。

第四节 力量素质训练的内容与方法

力量是选手在运动中身体肌肉发力的能力，它是一切运动素质的基础，是羽毛球选手的一项重要素质。发展力量素质对人体的形态结构、能量代谢、神经系统调节能力的改善都有积极影响。力量素质的提高有助于其他各项素质的发展，它可以更好地帮助身体克服地心引力，从而更快地完成移动和击球动作。力是质的发展，与神经系统和肌肉的生长、发育有密切关系。肌肉横断面积的大小与肌肉收缩时产生的肌力大小有直接关系。肌肉横断面积越大，收缩时产生的力量也就越大。少年时期，由于神经系统、骨骼、肌肉发育还不成熟,表现出年纪越小力量素质越差的特点。因此,根据训练者不同的年龄阶段、不同的身体特点及训练水平,力量训练的方法和要求也应有所不同。一般情况下,少年儿童及训练初始阶段选手的力量训练重点以全面性的基础力量素质训练为主,以便为全面身体素质的提高创造条件。随着身体发育和运动水平的提高,力量素质训练重点可突出专项性,加强羽毛球运动专门性力量的训练。

力量素质训练可以分为上肢力量、下肢力量和躯干力量三大部分,下面简介各部分基础力量和专项力量素质训练的内容与方法。

一、基础力量素质训练的内容与方法

(一)上肢基础力量训练

1. 上肢6项哑铃操练习

用哑铃进行上肢力量训练,是初学者发展力量素质的一种有效方法。根据不同的年龄,使用不同重量的哑铃,选择不同的练习负荷。重量大,负荷次数少,完成动作速度稍慢;重量小,负荷练习次数可以增加,完成动作速度相对加快。哑铃的重量通常有3、5、7、10公斤不等,负荷次数可以安排10×3组、15×3组、20×3组和30×3组不等。

(1)哑铃头上推举。

(2)哑铃胸推举。

(3)哑铃体侧平举。

(4)哑铃体前平举。

(5)哑铃扩胸。

(6)哑铃体侧提收。

上肢哑铃操可采用两种负荷方法完成训练:一种负荷是采用重量较大的哑铃,以上6项练习内容各做一组,连续完成全部6项内容为一大组,每大组间歇2～3分钟,共练习3～6大组;另一种负荷是选用重量较小的哑铃,6项练习内容各做3小组,每小组间休息一定时间,逐步完成6项内容。以上方法仅供参考,实际训练中可酌情而定。

2. 上肢静力性练习

运用重量小的哑铃,做静止力练习,目的是发展各大肌肉群的绝对力量。

(1)哑铃体侧静力平举。

(2)哑铃体前静力平举。

(3)手腕静力对抗。

(4)肩臂静力支撑。

静力性练习时间可视个人具体情况采用30秒、1分钟或数分钟等不同时间。

3. 上肢15～20公斤杠铃练习

利用杠铃发展上下肢动作协调能力和爆发力量。

(1)提铃抓举。

(2)前臂体前屈伸。

(3)前后分腿跳挺举。

4. 卧推举练习、仰卧撑练习、俯卧撑练习等

5. 杠上练习

(1)单杠引体向上。

(2)双杠直臂静力支撑。

(3)双杠屈臂撑。

(二)下肢基础力量训练

1. 跳跃练习

初学者发展下肢力量,一般采用各种姿势的跳跃练习方法。如果要增加负荷,则可采用沙衣或沙袋。

(1)蹲走:全蹲,用前脚掌向前或向后行走。尽量保持一定的速度,手臂前后摆动,协调用力。发展大腿的肌肉力量。负荷量可因人而异,自行掌握。

(2)全蹲向上跳:站立,向下全蹲,再全力向上跳起,落地后再次下蹲跳起,持续练习20次左右为一组,短暂休息后再练习3~5组。发展大小踝关节的爆发力。

(3)站立向上跳起:在空中屈膝收腹,使大腿尽量贴近胸口,双脚落地后再跳起。20次左右为一组,做3~5组。发展腿部力量,锻炼身体在空中的平衡能力。

(4)全力跳起:全力持续地跳起触摸目标物,以能触到为宜。发展腿部的爆发力。尽可能地高跳,并保持一定的频率。每组20~30次,做3~5组。发展起跳扣杀的能力。

(5)腿蹬跳高凳或台阶:借助一定高度的凳子或台阶。站立,先以一脚踩住凳子或台阶做蹬起动作,再换另一脚做。练习次数因人而异。发展腿部和踝关节力量。

(6)双脚跳越障碍物:设置有一定难度的障碍物(如羽毛球筒),并使之固定、放稳。按要求做跳越练习。发展腿部力量和锻炼身体协调及灵敏性。

2. 下肢杠铃负重练习

负一定重量的杠铃,围绕此专项动作进行练习,发展下肢肌肉力量和爆发力。下肢的负重因人而异,一般为10~15公斤,不宜太重。练习时要保持一定的速度和频率。每组20次左右,持续3~5组。

(1)半蹲起跳:负重杠铃半蹲,足跟提起,利用踝关节力量持续向上蹬跳。发展脚弓的爆发力。

(2)全蹲起:此练习比半蹲起跳的动作幅度大。负重杠铃全蹲,以大、小腿和踝关节的力量持续向上蹬跳,并尽量保持直立姿势。

(3)提踵:负重杠铃站立,以踝关节和小腿力量持续向上提踵。主要由小腿和踝关节发力。

(4)静力半蹲:负重半蹲,上体正直,屈膝并控制在接近90°,持续一定时间。发展大腿肌肉,提高膝关节的承受能力。

(5)弓箭步跨步:负重杠铃站立,上体正直,向规定的方向做弓箭步跨步动作。可以左右腿分开练习,也可以左右腿交叉跨步练习。发展羽毛球运动需要的腿部专项力量。

(6)双脚或单脚前后左右蹬跳:负重杠铃站立,双脚或是单脚向前后左右做1米蹬跳练习。屈膝蹬地时,由前脚掌发力,并保持一定的动作频率。

（三）躯干基础力量训练

1. 杠铃负重练习

背肌练习：仰卧或俯卧在两条凳子上，身体中部悬空，把一定重量（2.5～5公斤不等）的物体放在身体的悬空部位，并保持此姿势，静力支撑数分钟，发展躯干、腰腹、背肌的力量。

2. 箱上或垫上练习

（1）俯卧起：俯卧在肋木前的横跳箱或垫子上，脚后跟钩住肋木，颈背部放沙袋等重物做屈体后仰练习，发展背部肌肉力量。

（2）1米蹬跳练习：屈膝蹬地时，由前脚掌发力，并保持一定的动作频率。

3. 力量练习游戏

运用游戏的形式进行力量练习，以增加趣味性。

（1）推"车子"：俯卧撑地，两腿当作车子的扶把由同伴抬起，练习者以两手支撑身体向前爬行。

（2）爬走：俯卧，除手脚着地外，身体的其余部分不许触地，向前快速爬行。

（3）大象走：模仿大象四肢着地的动作，先以同侧手脚同时迈第一步，再换异侧手脚同时迈第二步，以此方法进行练习。练习时要抬头、挺胸、直腰。

4. 发展局部肌肉练习

设计一些针对性较强的动作，以发展局部小肌肉群的力量。

（1）发展股二头肌力量：直立或俯卧，双手扶持一固定物，脚踝负重。单膝后屈成90°，反复练习一定次数，再换另一条腿做，持续练习。俯卧练习时，也可双脚踝负重做。

（2）发展股四头肌力量：坐在凳子上，脚背负重，双腿或单腿由弯曲到抬举伸直，反复持续练习一定次数。

（3）发展大腿的内、外侧和腰部肌肉的力量：直立，两手叉腰，脚背绑上沙袋，大腿带动小腿做前后向或是侧向快速摆腿练习。

三、专项力量素质训练的内容与方法

选手在具有一定绝对力量的基础上，要根据羽毛球运动特点对力量素质的需求，进行专项力量素质训练，并应以发展速度力量和耐力力量素质为主，以保证在长时间的比赛中能够完成各种技术动作。在进行专项力量素质训练时，可用减重量加次数的练习方法，着重进行一些负荷强度小、速度快、重复次数多的速度力量和耐力力量训练，由基础性大力量训练转为逐步加强专项所需的小负荷的爆发速度力量和耐久性力量训练。

专项力量素质的训练应以动力性练习为主。训练中注意掌握好练习密度和重量的关系。一般情况下，负荷重量大，单位时间内练习次数少，速度频率低，休息时间间隔短；负荷重量小，单位时间内练习次数多，速度频率高，练习强度大，休息时间间隔长。例如，练习重点是以发展爆发速度力量为主，总次数不可太多，强调单位时间内动作速度要快，一旦出现单位时间内速度下降，应立刻停止或是转换其他内容的练习。再如，练习重点是以发展耐力力量为主，则要求选手尽力保持一定的动作速度，坚持一定的重复数量。另外，在进行专项力量素质练习时,还应该适当穿插一些跑跳、灵敏性、柔韧性和协调性的训练,以保证获得最佳的专项力量素质训练效果。

(一)上肢专项力量训练

1.哑铃操练习

(1)哑铃前臂头后举。

(2)哑铃两臂上下8字绕肩。

(3)哑铃前臂屈伸。

(4)哑铃手腕屈伸。

(5)哑铃体前手腕绕8字。

(6)哑铃体前前臂挥动8字。

以上每个动作练1小组,6个动作依次完成为1大组,每次练习4~6大组或视个人实际情况而定。

2.拉皮筋练习

将粗橡皮筋的一头拴牢在固定物上,另一头用持拍手以握拍方式握住,以与羽毛球各种击球技术相似的动作进行拉皮筋练习。

(1)肩上前臂屈伸(类似高远球击球动作)。

(2)体侧肩上前臂前后摆动(类似封网击球动作)。

(3)体前前臂屈伸(类似挑球动作)。

(4)体前上臂展屈(类似杀球下压动作)。

(5)手腕屈伸(类似击球发力动作)。

(6)正、反手前臂快速挥摆(类似中场抽击球动作)。

(7)反手挥臂(类似反手击高远球和杀球)。

3.沙瓶或网球拍挥拍练习

用装满沙子的饮料瓶或是网球拍,交替做以下与击球动作相似的练习,发展上肢击球力量。注意握持方式应与实战击球握拍方式相同。

(1)手腕屈伸:持拍手持握沙瓶或网球拍,直臂举至肩上方,前臂和手肘均不移动,仅以手腕快速做前后屈伸练习。注意:练习时,如果肘部弯曲或移动,则效果不佳。

(2)前臂屈伸:持拍手持握沙瓶或网球拍,屈臂举至肩上方,上臂固定不动,以肘为轴心,做前臂、手腕前后快速屈伸练习。注意:当手臂伸至肩上方最高点时,手腕要配合做内旋的击球动作。

(3)后场击高球或杀球动作挥拍:持拍手持握沙瓶或网球拍做高球或杀球击球动作的挥拍练习。此项练习可做原地击球挥拍动作练习,也可以结合后场转体起跳击球做挥拍动作的练习。要求有一定数量并保持一定的挥拍速度。

(4)体侧正、反手抽球动作挥拍:持拍手持握沙瓶或网球拍,在体侧做正、反手抽球击球挥拍动作练习。

(5)前臂前后快速挥摆。持拍手持握沙瓶或是网球拍,置于体侧肩以上部位,以肩为轴心,快速做前臂前后摆的练习。

(6)手腕环绕:持拍手持握沙瓶或网球拍,于体前固定位置,分别以腕或以肘为轴心,用手指或手腕交替做环绕挥动练习。

4. 实心球投掷练习

面对墙壁或两人相距8~10米对面站立,持拍手持小实心球,以与羽毛球后场击球相似的动作投出,以发展手指、手腕的爆发力量。注意:投掷时,发力的顺序是上肢通过上臂带动前臂,最后运用手腕、手指的力量将球投出,爆发力越强、距离越远、力量越大的投球效果越好。

(二)下肢专项力量训练

1. 沙衣或沙袋负重下肢跳跃练习

穿沙衣或沙袋,增加一定的负荷,以所需的动作进行专项力量练习。

(1)全蹲向上起跳:两脚开立同肩宽,向上跳起,落地时全蹲,再立即以全力向上跳起为一次,持续进行多次为一组。下蹲和跳起时腰背都要挺直,在双手的协助下,靠双腿的力量起跳并支撑全蹲。发展大腿、小腿及踝关节的力量。

(2)双腿收腹跳:两脚开立同肩宽,在摆臂带动下向上高高跳起,在空中屈膝以大腿部位贴近胸部,下落时腿伸直,再跳起再以大腿触胸,反复进行。必须尽量高跳,腿贴近胸部时不能弯腰。

(3)单、双脚向前后左右跳跃:两脚开立同肩宽,右脚比左脚前半步(右手握拍者),以此点为中心位置,做单脚或双脚持续向左前、右前、左后、右后跳出又跳回的练习,跳跃的路线似"米"字形。蹬跳距离应尽量远些。

(4)单、双脚全力向上纵跳:半蹲,用单脚或双脚持续地全力向上跳起,落地时以前脚掌着地,避免脚跟触地。

(5)弓箭步前后交叉腿跳:两脚开立同肩宽,在摆臂的带动下跳起,做双腿前后交叉弓箭步跳练习。要利用小腿向前踢以保证弓箭步大步幅,身体重心要保持稳定。

(6)弓箭步左右两侧并腿转髋跳:两脚开立同肩宽,向上跳起,同时以髋带动身体向左、右转体,落地时成弓箭步。持续反复练习。弓箭步落地时,应随转髋方向而指向左侧或是右侧。

(7)单、双脚蹬台阶跳跃:选择一定高度的台阶,以单脚或双脚向上蹬跳。依靠腿部力量完成练习,上体直立,两臂适当地给予助力。

(8)左右体前交叉跳跃转髋:两脚开立同肩宽,跳起后高抬右腿,以转髋带动向左转体,右脚落地再跳起,并高抬左腿,以转髋带动向右转体,如此完成一组动作。反复持续地进行,腿要抬得高,髋要转到位,摆动两臂以保持身体平衡。如有条件,在沙坑里进行效果更好。

2. 跳绳练习

(1)单、双脚跳绳:依据个人实际情况,练习时间可以是15分钟、20分钟、30分钟或1个小时不等。练习中可适当增加负荷,如利用沙衣或沙袋负重做跳绳练习,以发展踝关节的力量。

(2)双摇双脚跳:较长时间的双摇双脚跳练习,可以发展上肢和下肢的速度力量和耐力。练习负荷可采用80次、100次或120次不等6组,或连续完成总数600~800次。

3. 杠铃负重练习

按照规定的动作,负荷一定重量的杠铃进行下肢力量练习。

(1)前脚掌蹬跳:两脚开立同肩宽,两脚前脚掌触地,充分利用前脚掌的力量蹬跳,并保持一定频率。要用爆发力。

(2)左右脚蹬高:练习方法同上述"1"之"(7)",利用沙衣或沙袋负重做单脚蹬台阶跳跃练习。

(3)交叉弓箭步跳跃:练习方法同上述"1"之"(5)",利用沙衣或沙袋负重做弓箭步前后交叉腿跳跃练习。

(4)原地左右蹬跨弓箭步:两脚开立同肩宽,以髋带动向左或向右转动,向左转时,左脚后跟部位和右脚尖触地;向右转时,右脚后跟部位和左脚尖触地。

(三)躯干专项力量训练

1. 实心球练习

(1)躯干前后屈仰:两人一组,相互间隔1.5米左右,背对背站立。持实心球以前屈后仰动作完成一人传一人接的传递练习。

(2)左右转体:两人一组,相互间隔1米左右,背对背站立。两人持实心球做相反方向,即一人向左、一人向右的转体传接球练习。要求转体时双脚不动,仅以上体快速左右转动完成,速度越快越好。

(3)抛掷实心球:两人一组,相距10米左右,对面站立。做双手或单手肩上抛掷球练习。要求运用类似鞭打的动作将球抛出,抛掷距离越远越好。接住实心球时立即抛回,如未接住则拾起来立即抛回。

2. 发展腰部肌肉练习

负荷沙袋做踢腿练习,以发展腰肌力量。

(1)左右腿正踢:侧立,一手扶同侧的支撑物,一腿全力向上踢起。左右脚交替进行,双腿均应绷直。踢腿时要用快速爆发力,另一支撑腿要配合踢腿提踵。

(2)左右腿侧踢:直立,手扶面前的支撑物,一腿全力向侧踢起,左右腿交替进行。向侧上踢的同时,髋部要配合做侧转,另一支撑腿配合侧踢腿做提踵动作。两腿都要伸直。

(3)左右腿后踢:直立,手扶面前的支撑物,一腿全力向后上方踢起,左右腿交替进行。向后踢的同时,上体做后仰动作。两腿都要绷直。

(4)腰部前俯后仰:侧对肋木,两腿与肩同宽靠肋木站立,非持拍手扶住肋木,做前俯后仰练习。后仰时,持拍手尽量去摸足跟。前俯时,持拍手由后仰动作配合击球动作向前上方用力挥动,带动腰部以类似后场击球做大弧度的收腹动作,加强腰背部位的韧性。

第五节　速度素质训练的内容与方法

速度素质指选手在运动中所表现出来的快速运动能力,通常表现为反应速度、动作速度和位移速度等不同形式。速度素质的好坏取决于中枢神经系统节律转换调节能力和肌肉力量的强弱。羽毛球选手速度素质发展的敏感期较早,少儿时期是发展速度素质的重要时期。此时的速度素质训练以基础速度素质为主,结合专项特点,注重发展快速反应能力、快速起动变向移动以及快速完成各种击球技术动作等能力。在训练课中,速度素质训练应安排在课的开始阶段,这时身体尚未产生疲劳,速度训练会取得良好的效果。如果把速度训练安排在课的最后进行,由于经受了训练负荷后身体产生了一定程度的疲劳,速度下降,形成慢的速度定型会影响速度训练的效果。

速度素质训练可分为反应速度、动作速度和位移速度等,下面分别简介其基础速度和专项速度素质训练的内容与方法。

一、基础速度素质训练的内容与方法

(一)反应速度训练

(1)听口令转身起跑:背向起跑线,采用蹲踞式、坐式或站式等起跑姿势,当听到口令后立即转身起动向前冲刺跑。

(2)看手势起跑:以手势代替起跑口令,看到手势后立即起动向前冲刺跑。

(3)视、听信号变速冲刺跑:慢跑中看到或听到信号后立即向规定的方向冲刺跑,再次得到信号后恢复慢跑,第三次得到信号后又开始冲刺跑,反复进行练习。

(二)动作速度训练

1. 快速跑跳台阶练习

(1)1级台阶快速小密步上下往返跑:选择有一定长度的台阶,以最快的小密步频率,从台阶底层一步一级地跑到顶层,然后迅速转身,再以同样的频率和方法跑回底层,如此往返,反复进行。发展腿部力量和动作速度,要以前脚掌和踝关节发力,抬腿的高度以刚刚越过台阶高度为宜,以免影响动作的速度。

(2)2~3级台阶交叉蹬跨步跑:选择有一定长度的台阶,以最大的步幅,由下往上冲跑,每步跨越2~3个台阶。前腿充分抬高,后腿充分后蹬,要有一定的弹性和节奏,发展腿部力量。

(3)1级台阶单脚快速跳:选择有一定长度的台阶,以单足快速地由台阶底层一步一级地跳到顶层,然后跑回底层,再换另一只脚跳,如此反复进行,动作频率要高。

(4)1级台阶双脚快速跳:练习方法同(3),用双脚跳到顶部。

2. 下坡冲跑练习

选择平坦、有一定倾斜度的坡,进行短距离下坡冲跑练习,强迫加快步频交换速度。

3. 快速超越障碍物练习

以规定的动作方式,快速迂回绕过60米距离中放置的障碍物,或以快速跨越动作越过有一定高度的障碍物。

(三)移动速度训练

1. 不同距离的直线冲跑练习

(1)10米冲刺跑:训练从静止到迅速加速的能力。

(2)30米加速跑:训练起动后速度持续加快的能力。

(3)60米途中跑:训练将达到的最快速度保持一定距离的能力。

(4)100米冲刺跑:训练途中跑获得的速度不仅不下降,还要尽可能地有所加快的能力。

(5)200米、400米中距离跑:此项练习是提高速度耐力的有效手段。

2. 往返冲跑练习

(1)来回跑:采用5米、8米、10米或是15米不等的距离进行数次来回冲跑的练习。要求接近终点时不降低速度,保持最快的速度立即转身折返跑。注意:为了保持速度不减低,冲跑的距离不宜过长,往返次数也不宜过多。

(2)10米前、后冲跑:从起点快速跑至终点,再由终点快速后退跑至起点,如此反复练习。

(3)10米左右侧向并步跑:以右脚在前、左脚在后并步侧向跑至终点,再以左脚在前、右脚在后并步侧向跑回起点。练习时可用两种姿势,一种是以直立姿势跑,另一种是以半蹲姿势跑,都要求以最快速度完成。

3. 接力跑练习

(1)接力跑:把学生分成若干组,各组人数相等。听到口令后各组的第一人开始向终点冲跑,跑至终点迅速绕过标志物往回跑。跑回起跑线时迅速拍击下一位同伴,同伴以同样的方式开始冲跑,以此方法持续练习,以最先跑完一轮的小组为胜。

(2)蛇形跑:把参加训练的学生分成两组,每组6人,在地上画两条平行线,两线之间相距2米。各组学生间都有一定的距离,沿画线站成纵队。听到起跑令后,站在最后的学生拿球以蛇形方式依次绕过同队队友跑到队前,再立即把球抛给本组的最后一名,接到球的学生做同样的蛇形跑,依次进行。以率先完成传球并在跑的过程中未触及本组队友的小组为优胜。

二、专项速度素质训练的内容与方法

速度素质是羽毛球专项身体素质训练的核心。从某种意义上说,羽毛球竞赛就是以不同形式的速度竞赛决定胜负的。技、战术风格中第一条规定的"快"字,就是通过不同形式的速度来体现的。因此,专项速度素质训练,主要围绕提高羽毛球运动所需要的反应速度、起动加速度、变向移动速度、挥臂速度和前后场配合的连贯速度等方面进行。下面介绍专项速度素质训练的内容和方法。

(一)专项视听反应速度训练

(1)场地步法:听或看信号、手势进行快速全场移动步法练习,以及前场、中场和后场各种分解和连贯步法练习。

(2)并步、垫步步法:看手势,向前后左右进行并步、垫步步法练习,以提高反应速度。

(3)击球挥拍动作:听到1、2、3、4的口令后,按照预先规定的姿势做击球挥拍动作练习。

(4)起动步法:听或看信号做起动步法练习,提高判断反应速度。

（二）专项动作速度训练

1. 多球练习

（1）快速封网：练习者在前发球线附近准备，陪练者在场地另一侧快速持续发平射球，练习者在快速移动中反复做网前封网。

（2）多球双打快速接近身杀球：练习者在场地中部，陪练者在场地另一侧前场，快速向练习者近身位置击球，练习者用正、反手姿势快速进行防守反击练习。

（3）多球双打快速平抽快挡：练习者在中场位置以防守反攻站位准备，陪练者在场地另一侧从中场快速持续向练习者扣球，然后双方连续平抽快挡，球失误后，迅速发下一个球，不间断地反复练习。

（4）多球前场快速接吊、杀球：练习者在中场位置以防守站位准备，陪练者在同侧场地前场位置用杀球和吊球线路向练习者抛球，练习者连续做被动接吊杀球练习。

（5）多球扑球：练习者在网前位置准备，陪练者在场地另一侧用多球快速向练习者抛近网小球，练习者做正、反手姿势快速扑球或推球练习。

（6）快速击全场球：练习者在单打场地中心准备，陪练者在场地另一侧运用多球向练习者发各种位置的球（适当缩小移动距离），练习者跟上发球速度，连续快速地回击。

2. 快速跳绳练习

（1）单足快速变速跳：采用1分钟快、1分钟慢的小密步频、高抬腿、前后大小交叉步等专项步法，做快速变速跳绳练习。

（2）1分钟快速双摇跳：1分钟内以最快速度完成双足双摇跳，要求突出速度，以次数多者为佳。

3. 击墙壁球练习

（1）以封网动作快速击球：面对平整墙壁1米左右站立，在头前上方以封网动作用前臂和手腕发力向墙壁连续快速击球。

（2）杀球击球：面对墙壁站立，用接杀挑球或平抽球动作快速向墙壁连续击打体前腰部上下位置的球。

4. 快速挥臂练习

（1）手腕屈后伸快速持续挥拍：持拍手臂贴耳置于肩上，上臂和前臂伸直不动，仅靠手指控制握拍，手腕以前屈后伸动作做快速持续挥拍的练习。

（2）前臂屈伸快速挥拍：持拍手臂贴耳置于肩上，上臂不动，以肘为轴，仅以前臂用后倒前伸击球的动作做快速持续挥拍练习。

（3）前臂体侧前后摆动挥拍：持拍手置于与肩齐平的高度，手肘微屈而前后摆动，用类似抽打陀螺的动作做快速摆臂练习。

（4）快速抽球动作挥拍：按信号或节拍做各种正、反手快速持续抽球挥拍动作练习。

（5）快速连续杀球动作挥拍：上下肢协调配合，用完整杀球动作快速持续做挥拍练习。

（6）手腕快速绕8字挥拍：持拍手在体前，以肘为轴固定不动，手指放松握拍，仅用手腕沿8字形线路快速持续做挥拍练习。

5. 下肢快速步频练习

（1）原地快、慢变速高频率小密步踏步。

(2)原地快、慢变速高抬腿。

(3)原地快、慢变速向前、向后屈腿踢。

(4)原地快、慢变速转髋。

(5)原地快、慢变速体前左右交叉跳。

(6)原地快、慢变速向前小垫步接向后蹬转。

以上练习内容按照慢—快—最快,再由最快—快—慢的动作速度节奏进行练习,时间可以控制在 20 秒,慢转为 30 秒或是 1 分钟快,再接 30 秒最快的速度交替进行练习。

6. 跨越障碍物练习

将障碍物摆放成各种形状,练习者以各种跑跳姿势快速穿越或跳越这些障碍物。

(三)专项移动速度训练

(1)直线进退跑、左右两侧跑、低重心四角跑:方法参见步法练习部分。20~30 次为一组,做 4~8 组。组间可放松休息或视自身情况而定。

(2)杀球上网步法:快速连续完成后场左右移动跳跃步杀球击球动作,然后迅速接做上网步法。20~30 次为一组,做 4~8 组。组间可放松休息或视自身情况而定。

(3)场地四角步法:沿半个球场的长方形边线快速冲跑,在转角处变换方向要快。标出场地前发球线与单打左右边线相交的两点及双打后发球线与单打左右边线相交的两点,练习者从场地中心位置开始,以向前、向后交叉跨步步法快速向这 4 个点移动,当前跨步成弓箭步时,迅速用手触标出的点,然后立即返回,再快速向另一侧做。移动的步幅要大,要到位,触摸标出点后回动要快。以自身的极限速度完成。25~30 次为一组,做 6~8 组。组间可放松休息或视自身情况而定。

第六节　耐力素质训练的内容与方法

羽毛球选手的耐力素质是指选手长时间持续进行运动的能力,也称抗疲劳及疲劳后快速复原的能力,或坚持激烈活动的能力。根据长时间持续强度和能量供应的特点,羽毛球运动要求选手在一定时间内保持快速运动,耐力素质以无氧供能速度耐力为主,基础耐力素质是运动的基本素质。根据专项运动特点,耐力素质训练中,在提高基础耐力素质的同时,应注意发展专项速度耐力,保证在比赛中持续快速工作的能力。现将基础耐力和专项耐力素质训练的内容与方法简介如下。

一、基础耐力素质训练的内容与方法

(一)中等距离或长距离跑步训练

(1)400 米、800 米快速跑步:保持一定的速度,发展速度耐力。

(2)1000~5000 米不等长距离跑步:基础耐久能力训练。

(3)长距离变速跑:在相当距离内,如 2000 米、3000 米或 5000 米以上采用快慢交替的方式进行变速跑。

(4)越野长跑:在郊外,规定一定的时间和距离进行长跑。

(二)上下肢和躯干力量耐力训练

参考力量素质练习中上、下肢和躯干力量的练习内容,根据具体情况,以小重量、多次数的方法进行练习,发展力量耐力。

二、专项耐力素质训练的内容与方法

羽毛球运动中所需要的专项耐力不同于体能类长跑运动项目所需的那种长时间的持续耐力,而是一种快速运动状态下间隔时间长短不一的速度耐力。对抗中多次的反复快速起动、位移、击球动作,持续的快速运动贯穿整场比赛,速度耐力素质在羽毛球运动中起着极其重要的作用。因此,专项耐力素质的训练,应以发展强度高、间歇短的速度耐力为主。练习示例如下:

(1)冲刺跑加移动步法:200米、300米或是400米全力冲跑后,立刻进行45秒或1分钟全场移动步法练习,完成两项内容为一组,中途无间歇,组与组之间可间歇3分钟左右。依据选手的具体情况,可采用2组、3组、5组不等的练习负荷。

(2)长时间综合跑跳:内容可参见专项灵敏素质练习,但要延长练习时间,加大负荷量。

(3)长时间的单、双脚跳绳:采用专项速度素质训练中的跳绳内容,但要延长练习时间,加大负荷量。

(4)多球速度耐力:运用多球,进行全场各种位置的连续击球练习。以下多球练习的次数可视个人情况灵活掌握,但每次练习均应在快速动作前提下有一定的基础数量,以达到速度耐力训练的目的。练习时,组与组之间应间歇放松休息后再练习。

①多球后场定点连续击高吊杀:陪练者用多球持续向练习者的后场发高球,练习者连续不停地进行高、吊和杀球练习,在熟练技术的同时,增强手臂的击球耐力。

②多球连续被动接吊杀:陪练者用多球定点地或不定点地向练习者的前场左右两点和中场左右两点抛球,练习者做全力迎接抛来的类似吊球或杀球练习。陪练者抛球时应适当增加练习者的接球难度,以让练习者"接被动球"为主。

③多球连续全场杀球上网:陪练者持续地用多球向练习者场区一前一后固定的路线发球,练习者进行杀球后快速上网搓球练习。陪练者应控制好发球的速度,以锻炼和发展练习者场上移动的速度耐力。

④多球双打后场左右连续杀球:陪练者用多球持续地向练习者后场左右区发高球,练习者连续不停地快速左右移动起跳杀球。这项练习是为了提高双打后场选手连续进攻的能力,因此,陪练者需要控制好发球的速度和范围,以保证练习者快速、持续地移动杀球。

⑤多球全场封杀球:陪练者用多球以右后场→右中场→右前场→左前场→左中场→左后场的顺序向练习者发球,练习者从右后场起跳后,迅速向前跟进至右中场持续杀球,再向前压到右前场封网,再连续向左前场移动封网,再后退一步至左中场起跳杀球,再后退至左后场做起跳头顶杀球。至此,完成一轮封杀练习。可持续完成几轮,以提高双打的速度耐力。

⑥多球全场跑动：陪练者用多球不断地不固定地向练习者场区前后左右几个点发球，迫使练习者持续不断地做全场奔跑救球，以发展专项移动的速度耐力。

(5)单打持续全场攻防：用5～6个球，一人专门负责捡球，失误出现时，不间断地立即再次发球，使练习者没有间歇，在规定时间内保持较高速度反复移动击球。

①二一式20或30分钟不间断持续全场进攻：这是单打进攻的加强式练习。目的是在熟悉各项技术的同时，提高练习者场上的速度耐力。方法是练习者在场地一侧全力快速地组织球路向对方发起进攻，陪练者两人采用分边站位立于场地一侧，各负其责地守住自己一侧的来球。通常情况下，当练习者以平高球进攻时，陪练一方再回后场高球。如果练习者采用吊球或是杀球进攻，陪练者即可回挡网前小球。练习时，双方可持续进行多拍，以减少捡球时间，提高练习的强度。

②三一式30分钟不间断持续全场接四角球和接吊杀球：这是单打防守的加强式练习。方法是陪练者的一方为3人，1人站网前，2人分站后场两点，以加强进攻的威力。练习者站在场地的另一侧，全力快速地防守对方的来球。通常情况下，陪练者以平高球进攻后场，练习者一般回高球；陪练者吊球或是杀球下压进攻，练习者可任意回球。同二一式一样，练习时，双方可持续进行多拍，尽量减少捡球时间，提高练习的强度。

③三一式、四一式单打全场或是双打半场、全场防守：这是一种双打防守的加强式练习。练习时由3人或4人陪练，目的是加强攻击力，加大对抗的难度，全面提高练习者的防守能力。方法是陪练者分别站位于场地一侧的前场和后场的几个位置，以后压前封的形式全力进攻。练习者可以是1人或是2人，如为1人，则守住半块场地的来球；如为2人，则分边站位，各负责防守半场的来球。

第七节　灵敏素质训练的内容与方法

灵敏是一种综合素质，是运动技能和各种素质在运动中的综合体现。羽毛球运动击球速度快，对身体灵敏性要求很高，特别是下肢步法。选手在近40平方米的场地上要进行各种急起、急停、曲线、直线、前后左右移动、上下位置的转向与跳跃等快速挥臂击球，灵敏性对技、战术运用和提高有至关重要的作用。

灵敏素质训练包括上肢、下肢和躯干部位，下面介绍基础和专项灵敏素质训练的内容和方法。

一、基础灵敏素质训练的内容与方法

（一）抛接羽毛球训练

(1)将球向上抛起，即刻下蹲，双手触地，再迅速站起用右手将球接住。练习中可以游戏方式进行，如做连续接10次球的比赛。以协调配合好、完成速度快者为优胜。

(2)持球，右腿直腿抬起，同时用右手将球从抬起的右膝下向左上方抛起再用左手接住，以此方法反复进行练习。

(3)两臂侧平举,右手将球经头顶向左侧方向轻轻抛出,左手接住球后,以同样方法经头顶向右侧抛球,右手接住,如此反复练习。

(4)两臂向前平举,用右手将球从左臂下面向上抛起,再用右手接住,连续做数次后,再换左手做同样的动作,如此反复练习。

(5)用右手将球向上抛起,同时原地起跳向左转体360°,然后接住球。再换左手做同样的动作,但要向右转体360°,如此反复进行练习。

(6)单脚站立,同侧手将球从身后经肩上方抛向身前,再用抛球手接住,接球后才能把提起的脚放下。再换另一只脚站立,用另一只手做同样的抛球接球练习,如此反复进行。

(7)两脚左右开立,上体前屈,一手持球经胯下将球从背后抛向身前,然后身体快速站直将球接住,反复练习。

(8)在地上画一直径3米的圆圈,沿圆圈顺时针方向边跑边持拍颠击羽毛球,再换方向逆时针做颠球跑。跑的时候全身上下要协调配合,规定双脚要踏在线上,同时用球拍控制好球,不让它落地。

(9)在地上画1米左右的直线,两端各放一球,练习者手持一球站在线的中间向上抛起后,迅速弯腰分别拾起地上左右两端的球,再接住落下的球,如此反复练习。

(二)灵敏游戏训练

(1)持球过杆:在长20米的直线上插10根杆,练习者持拍向上抬球,同时沿曲线绕杆做接力跑练习。

(2)踢球过人:甲乙二人相距6米对面站立,丙站在甲乙中间,甲乙二人力争将羽毛球踢过丙并由对方接住球,丙则尽力截击踢过来的羽毛球。

(3)圈内截球:数人围成一圈,根据练习者的人数多少,决定圈内进1人或2人。圈外的人在圆圈空间范围内将羽毛球来回传递,圈内练习者则设法截击,触到球为截击成功,被截住球的传球者则被换进圈内,继续练习。

(4)小沙包击人:在一个长约8米、宽约4米的场地内设防守者,进攻者站在场地纵向的两端,以小沙包击防守者。如防守者的身体任何部位被沙包击中,则被罚下,直到守方全部选手被罚下场为止。然后交换攻守,继续练习。

(三)变向能力训练

(1)过人:在地上画一条横线,练习者两人对面站在线的两侧,一攻一守。攻者设法越过横线而不被守者触及身体,守者则伸开双臂拦阻攻者,设法不让他越过横线。练习移动中的变向能力。

(2)抢球:练习者分为两个小组,一组传接羽毛球,另一组则设法截夺,截夺成功则交换角色,看哪方控球时间长。要求:控球者不能长时间持球,必须不停地传接球。

二、专项灵敏素质训练的内容与方法

专项灵敏素质是运动技能和各种素质在运动中的综合表现,是一种身体与球和谐统一的特殊素质。羽毛球击球最大飞行时速达300多公里,球体在空中飞行速度快,方向变化多,对身体的灵敏性提出了很高的要求,特别体现瞬间的方向距离感和极强的突变能力。下面介绍一些提高羽毛球专项灵敏素质的常用练习方法。

(一)上肢灵敏性训练

1.手腕前臂灵敏性训练

(1)快速、变向用手接各种前半场小球:练习者站于中心位置,陪练者向其前场两点和左右两角抛球。练习者以低重心配合跨步做双手接球,然后立即抛给陪练者,同时迅速退回中心位置,准备接第二次来球。如此反复练习。

(2)快速左右前后一步腾空接球:练习者站在中心位置,陪练者向其左右两侧的高空抛球,练习者判断来球后侧身跃起,用类似足球守门员的动作在空中接球,再抛给陪练者,同时迅速回到中心位置,准备接第二次来球。如此反复练习。

(3)快速用手接前后左右上下位置的来球:练习者站在中心位置,陪练者向其前后左右上下6个点抛球,练习者向来球方向移动,并用双手接球再立即抛回给练习者,再迅速退回中心位置准备接第二次来球。如此反复练习。

2.手指灵敏性训练

(1)捻动拍柄:手持拍柄,用手指捻动拍柄做左右上下转换拍柄位置的练习。

(2)抛接球拍:将手持的球拍向前后左右和上方抛起,再用手迅速接住,如此反复练习。

(3)持拍绕环:两手各持一拍,在各自的同侧前方位置顺或逆时针方向做手腕大绕环练习;或是两手做不同方向的大绕环练习;或是两臂交叉,即在异侧做大绕环练习。也可用相同方法以肘为轴做前臂绕环练习。

(二)综合灵敏性跳绳训练

跳绳是发展羽毛球专项素质能力的一种行之有效的手段,它不仅可以加强大腿、小腿、踝关节和手腕、前臂的力量,而且对发展上下肢协调配合的灵敏素质有很大帮助。另外,跳绳练习比较简单,效果好,也不受场地限制,只要有一根尼龙绳即可进行练习,是各国羽毛球选手首选的专项身体素质训练方法之一。

(1)小交叉步、大跨步交叉跳绳:练习时要以前脚掌着地,完成交叉和跨步动作。

(2)高抬腿跳绳:以原地高抬腿动作完成跳绳练习。

(3)双脚前后左右跳绳:选择一个中心点,双脚以"米"字形做跳跃练习。

(4)起动步法跳绳:依据步法移动方向,运用起动步法的第一步进行跳绳练习。

(5)左右脚花样跳绳:两脚分别依据不同的花式变换进行跳绳练习,以提高两脚的灵活性。

(6)向右、向左转髋跳绳:先屈膝跳跃并向右转髋90°,然后恢复原位,再屈膝跳跃向左转髋90°。快速交替进行练习。

采用以上练习时,可视具体情况,选择20、30分钟或1小时的持续时间,反复交替进行。

(三)下肢综合跑训练

(1)小步跑:以前脚掌触地,向前做快频率的小步跑。腿要蹬直,以发展小腿和踝关节力量。

(2)高抬腿跑：一腿蹬直，另一腿的大腿上抬至水平，两腿交换动作，快速进行。

(3)后蹬跑：跑动时，蹬地腿向后下方发力蹬直，摆动腿的同时向前上方屈膝摆起，以弓箭步跨步腾起落地。两腿交替快速进行。

(4)后踢腿跑：跑动过程中，一腿充分后踢，另一腿蹬直。两腿交换动作，快速进行。

(5)垫步跑：右腿在前左腿在后，屈膝向右前方垫步跑；再换左腿在前右腿在后，屈膝向左前方垫步跑。接下来改为左腿在前右腿在后，屈膝向右后方垫步跑；再换左腿在后右腿在前，屈膝向左后方垫步跑。如此快速交替进行练习。跑动中身体保持稳定。

(6)左右侧身并步跑：双腿屈膝，以并步姿势向左侧做并步跑，再向右侧做。

(7)前后交叉步侧向移动跑：以前后交叉步向左侧或右侧做移动跑练习。

(8)双脚向后跳：双脚向前下方蹬地做向后跳跃练习。

(9)体前交叉转髋：跑动中，左腿屈腿上抬至水平后，以髋部带动向右转体，落地后再换右腿屈腿上抬至水平，以髋部带动向左转体，落地后再换左腿做。如此快速交替进行。

综合跑练习可选30米的距离，用以上动作来回重复两次，连续完成全部内容为一组，具体负荷组数视个人情况而定。

(四)髋部灵活性训练

(1)快速转体：以左脚为轴，右脚向前、向后做蹬步转体练习。

(2)前后交叉起跳转体：即连续的后场起跳击球动作练习。

(3)原地转髋跳：髋部向左、向右连续转动，向右转时右腿向外旋，左腿向内旋，两脚尖方向保持一致向右，身体向前，上体保持平衡，仅下肢转动。髋部向左转时，左腿向外旋，右腿向内旋，两脚尖方向保持一致向左。

(4)高抬腿交叉转髋：高抬腿姿势，当腿抬至体前最高点后迅速向左或向右转体。左右腿交替持续做。

(5)收腹跳：双脚全力向上纵跳的同时，双腿向胸前屈收，完成屈腿收腹动作，连续跳跃一定次数，反复进行。

(6)小密步垫步前后蹬转：右脚向前移动半步，左脚紧跟其后迅速垫一小步靠向右脚，此时以左脚为轴心，右脚向后蹬地转体，左脚随即后退小半步，右脚再次向前移动半步(开始重复第二次)，如此反复进行。

(7)半蹲向前后左右转体垫步移动：练习时，在短距离内视信号快速变换方向。

第八节　柔韧素质训练的内容与方法

柔韧素质指人体活动时各关节肌肉和韧带的弹性和伸展度。柔韧素质与速度素质密切相关，关节肌肉柔韧性能好，上下肢和躯干动作协调能力强，完成运动技术动作合理，运动速度快。热身活动后进行柔韧素质训练，既能防止拉伤韧带，又能循序渐进地使身体各部位韧带的韧性得到发展。柔韧素质训练也可与力量素质训练配合进行。经受了运动负荷后，肌肉疲劳、僵硬而缺乏弹性，此时系统地进行一些柔韧素质训练，将肌肉韧带最大限度地拉长，能改善肌肉状况，有利于身体各部位肌肉、关节和韧带的恢复与发展。

柔韧素质训练包括上肢、下肢和躯干等部位,下面简单介绍基础和专项柔韧素质训练的内容与方法。

一、基础柔韧素质训练的内容与方法

(一)拉长身体各部位韧带训练

(1)屈体:两脚左右开立,与肩同宽,两臂以稍比肩宽的距离斜上举,上体尽量前屈,双手先在左膝后面击掌,再换在右膝后击掌,依次反复进行。

(2)伸展:两脚左右开立,与肩同宽,两臂在胸前平屈(掌心向下),随上体向左转后向两侧展开,向后振臂拉长韧带,还原后再随上体向右侧做同样的动作,反复进行。

(3)振臂:直立,上体挺直,两臂前平举,尽力侧开向后振,恢复准备姿势后重复后振,反复进行。

(4)触摸脚尖:两脚左右开立,比肩稍宽,两臂自然下垂。上体前屈,以左手指尖触摸右脚尖,再以右手指尖触摸左脚尖,反复进行。

(5)体侧屈伸:两脚左右开立,与肩同宽,左手叉腰,右臂向上伸直,上体向左侧屈,做侧屈伸练习。再以右手叉腰,左臂向上伸直,向右侧做右侧屈伸练习。侧屈时,叉腰的手可加推力。动作要柔和。

(6)转腰:两脚左右开立,与肩同宽,两手扶后脑,上体反复向左右两侧做转体动作,先向右转,再向左转,如此反复进行。转体时两脚勿动。

(7)跳跃:两脚左右开立,与肩同宽,两臂侧平举,跳跃两次,然后两脚并拢,两手在头顶上拍两下,再跳跃两次,以一定频率反复进行。拍手时两臂要伸直。

(8)弓箭步:向前跨弓箭步,最大限度地拉压腿部肌肉和韧带,左右腿交换进行。

(二)拉(压)韧带训练

手扶肋木,将身体练习部位搭靠在肋木上,借助肋木,进行以下各部分肌肉韧带的柔韧性练习。

(1)正面压腿:面向肋木站立,一腿支撑,另一腿抬起,脚跟置于肋木上,然后以胸部尽力压靠抬起腿的膝部。然后两腿交换。两膝均不得弯曲,髋关节必须与被压腿垂直,必须用胸部向拉伸腿压靠。

(2)侧面压腿:侧向站立,一腿支撑,另一腿侧向抬起置于肋木上,两臂上下分开,协助上体以同侧肩部压靠抬起的腿,然后两腿交换。两腿膝均不得弯曲,髋关节必须与抬起的腿呈水平,必须用同侧的肩部压靠被压的腿。

(3)后压腿:背向肋木站立,一腿支撑,另一腿向后抬起置于肋木上,两臂上举协助上体后仰,尽量以头部贴靠被压的腿,然后两腿交换。两膝均不得弯曲,髋关节尽量与被压的腿呈水平,要缓慢地拉压,以防受伤。

(4)劈叉:借助肋木,交替进行竖劈叉(正向)和横劈叉(侧向)练习,竖叉时左右腿可交替前后。

(5)拉压肩：面向肋木开立，双手或单手扶肋木，塌腰，上体前屈，舒展地拉压肩部，充分拉开肩关节，也可以进行侧向拉肩或背向拉肩。

(6)下腰：背向肋木，两腿自然开立，两臂上举，带动上体后仰，抓住肋木做拉伸躯干部位的练习。

二、专项柔韧素质训练的内容与方法

关节活动幅度大，肌肉和韧带的伸展度好，有助于高质量地完成各种位置的击球动作。柔韧素质的好与坏，关系到上下肢和躯干协调性的好坏，直接影响到运动中完成各种技术动作的质量。常用的专项柔韧素质练习方法有以下几种。

(一)发展上肢各关节韧带伸展性训练

(1)绕肩：两臂上举，以直臂或屈臂姿势向前绕臂，再向后绕臂，如此快速进行。

(2)转动绕环手腕：手腕以屈伸、外展、内收等动作，做顺时针、逆时针转动绕环的练习。

(3)持拍做肩部大绕环：方法参见上肢专项灵敏素质训练，注意加大肩关节环绕幅度。

(二)发展下肢各关节韧带伸展性训练

(1)后仰前屈：手扶固定物，两脚开立，与肩同宽，持拍的手臂徒手上举，先向后仰，尽量用手触摸同侧的跟腱；再以击球姿势收腹向前屈体，用手触摸同侧的脚尖。反复做。此练习，也可改为两人背向站立，相距1米左右，持实心球做上体前屈、后仰传接练习。

(2)拉跟腱：两脚前后自然开立，后脚的脚尖指向正前方。前腿屈，后腿蹬直，并使后脚脚跟尽量地贴近地面，最大限度地拉伸跟腱，再换另一腿做。

(3)踢腿：参照上述的压腿练习方法，手扶支撑物全力快速地做正向、侧向和后向的踢腿练习。

(4)弓箭步跨步：两腿交替做向前或向侧前方踢小腿迈出大跨步的弓箭步。跨步时应以脚后跟先触地，脚尖微外展，屈膝大于90°，髋部尽量与跨步的大腿呈水平。

(三)发展腰部伸展性训练

(1)绕环：两脚与肩同宽开立，向左前、右前、左后、右后、左侧、右侧做练习。

(2)转腰：两人背向站立，相距1米左右，持实心球做左右转体传接球练习。也可运用头顶被动击球动作做腰部快速后伸前屈练习。

长期的羽毛球运动实践证明，经常而系统地进行上述各种身体素质训练，一方面可以有效地提高专项身体素质，从而全面提高技、战术水平；另一方面还可以增强机体素质，提高抗疲劳能力。成长中的少年儿童，进行正确恰当的身体素质训练，能使内脏器官和身体形态得到协调发展，有利于身体的正常生长发育。而对于成年人来说，身体素质提高和运动能力增强，既能降低运动中各种损伤的发生概率，又能改善人体的机能水平，获得良好的体质，提高学习和工作的效率。

本章思考题

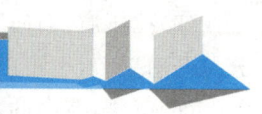

1. 结合羽毛球运动发展趋势谈谈羽毛球运动对身体素质的要求。
2. 羽毛球运动身体素质训练的基本原则有哪些?
3. 提高羽毛球练习者力量素质的方法有哪些?
4. 提高羽毛球练习者速度素质的方法有哪些?
5. 提高羽毛球练习者灵敏素质的方法有哪些?

第七章 羽毛球教学

无论是以教学为主的学校体育教师,还是以训练为主的各级教练,其工作的内容都离不开教学与训练。多年的运动实践证明:教学与训练是密不可分的,二者是界限不明显、目标一致的两项工作,只不过是在不同的教学训练阶段,根据不同的任务、对象、环境、条件,所进行的教学训练,工作内容各有侧重而已。所以,全面系统地掌握教学与训练工作的任务、原则、文件的制定及步法、手法、战术、身体、心理的教学与训练方法,是羽毛球教师和教练都必须完成的重要学习任务。

第一节 羽毛球教学的方法

(一)感官法

1. 听觉感官法

听觉感官法是教师正确地运用语言,使学生明确学习任务,端正学习态度,启发学生积极思维,加深学生对教材的理解,迅速掌握羽毛球知识、技术和技能,有效地提高身体素质,增强体质,培养分析问题与解决问题的能力等方面的方法。

教师运用语言的形式包含讲解、口令、指示及提示等。

讲解是羽毛球教学中最常用的一种语言运用法,教师通过讲解,向学生阐明动作的名称、作用、要领、做法、要求等,帮助学生建立技术动作的正确概念,使其通过练习更快地掌握技术、技能。

运用讲解要注意以下几点:

第一,讲解目的明确,有的放矢。

第二,讲解内容正确,符合学生实际水平。

第三,讲解口齿清晰,通俗易懂,简明扼要,富有启发性,不要光讲动作要领,而要配合适当的提问,使看、听、想、做等形式结合起来。

第四,善于掌握讲解的时机。

口令和提示是用简洁的语言、命令的方式指挥和启发学生迅速掌握技术动作的一种方法,教师也应善于运用。

2. 视觉感官法

视觉感官法有动作示范、教具模型演示、电影、录像、挂图等形式。

动作示范是羽毛球教学中最常用的直观法,教师以正确的示范动作,使学生了解所学技术的正确形象和动作过程。正确的示范不仅有助于学生建立正确的动作概念,还可激发学生的练习兴趣。

示范时要注意以下几点:

第一,示范目的明确,重点突出,层次清楚。

第二,示范动作准确、熟练、轻快、优美。

第三,注意示范动作的位置和方向,根据学生的队形、动作性质及教学要求等确定正面、侧面、背面示范。

第四,示范和讲解密切配合,使直观和思维相结合,根据教材的不同情况,采取不同的方法,如先讲后做、先做后讲、边讲边做等。

3. 本体感觉感官法

(1)完整法

完整法是在进行某一技术动作的教学时,不分部分,完整地进行教学和练习,它的优点是便于完整地掌握技术动作。完整法一般是在动作比较简单,或动作虽较复杂但分解后易破坏动作结构的情况下运用。

(2)分解法

分解法就是把完整的动作合理地分成几个部分,按部分逐个进行教学,先分后合,最后达到全部掌握。它的特点是由简到繁、循序渐进,容易提高学生的学习兴趣和信心。分解法一般在动作较复杂或学生的基础较差的情况下采用。

(3)练习法

练习法是根据羽毛球的教学任务,有目的地重复做某一个技术动作的方法。羽毛球练习法多种多样,其中有重复练习法、变换练习法、比赛练习法等。

①重复练习法:在不变换动作结构、动作结构相对固定的情况下,根据完成动作的基本要求进行反复练习的方法。

②变换练习法:在学生掌握了一定的基本技术后,可采用各种不同的变换练习方法,如变换动作的某些特征、速度、速率,即羽毛球击球动作节奏的快慢、落向的长短、挥拍幅度的大小、旋转的强弱等。

③比赛练习法:在羽毛球教学中,采用比赛练习法能提高学生的兴奋性和练习的积极性,使学生所学的基本技术在比赛中得到运用和提高。比赛练习法在羽毛球教学中又可分为单项技术比赛法、记分比赛法、限定条件比赛法和正式比赛法等。

(二)心理暗示法

暗示训练(self-suggestion training)是利用言语等刺激物对人的心理施加影响,进而控制行为的一种心理训练方法。运动心理学的研究表明,自我暗示能够提高动作的稳定性并能提高成功率。通过言语,人能接受暗示和进行自我暗示,通过代表外部环境和体内环境的一切事物和现象的言语来调节认知、情感和意志过程。自我暗示对心理活动和行为的影响是巨大的。羽毛球运动是技术性强、动作复杂、全身协调能力较强的项目,需要快速的反应、准确的判断、良好的爆发力及扎实的基本功才能发挥出较高的水平,而这些基本功的具备都来自学生平时上课的学习和积累。暗示训练法对于提高学生掌握技术动作的速度,加快学生形成动作动力定型,提高教学质量有着非常重要的意义。

在教学过程中,通过示范、讲解,让学生了解每个击球动作的基本结构,在强化练习的过程中,对学生进行暗示训练。在练习前进行暗示训练主要是让学生利用言语对教师刚讲完的动作做肯定和积极的自我暗示,调节认知,加快对动作的理解和记忆;在练习后进行暗示训练是教师暗示和学生自我暗示相结合,对练习结果进行巩固,增强学生练习的信心,提高练习效果。

1. 暗示训练教学的主要步骤

应用于教学中的暗示训练有六个主要步骤:①使学生理解认识及其表现方式如思维、言语对情感和行为的决定作用;②确定练习中常出现的消极想法,如"我真笨,正手攻球总是打出界";③确定如何认识这种消极想法;④以积极提示语取代消极想法,如"要有信心,我一定能做好正手攻球的动作";⑤不断重复相应的句子,如"我有自信,我一定会赶上其他同学并超过他们",可以根据学生的具体情况规定在教学中进行暗示训练的时间;⑥通过不断重复和定时检查,使学生形成对待学习中遇到困难的积极态度,并让学生在学习过程中养成运用积极思维的良好习惯。

2. 暗示训练中提示语的运用

在实施暗示训练的教学过程中给予学生的提示语,以及让学生自己运用的自我暗示的提示语应该注意下面几点。

第一,提示语应多考虑过程性问题,少考虑结果性问题。例如:击球时,"多动手腕,少摩擦球"(过程性提示语);"我一定不会失误,一定会控制好球"(结果性提示语)。

第二,提示语应有针对性,应具体化。例如:正手击球时,"注意拍型稍前倾,控制好击球落向"(有针对性的提示语);击球时"态度认真,要对自己有信心"(无针对性提示语)。

第三,提示语应为积极提示语,不应为消极提示语(表7-1)。

表7-1 积极提示语与消极提示语的比较

积极提示语	消极提示语
我有信心,只要我多练习,肯定能学好这个动作	我的协调性不好,这个技术动作我肯定学不好了
球感也可以通过练习培养出来的,我一定会打好	我的球感不如其他同学,算了,练了也不行的
只要努力,一定会打好,打不好,就是努力不够	我努力了,还是打不好,太笨了
按照教师的指导多练习,我会克服这个毛病的	正手攻球总是下网,考试肯定过不去了

第二节 技术教学

羽毛球的技术教学必须遵循羽毛球动作技能形成的规律,从教学对象的实际情况出发,科学地安排教学步骤,正确地选择练习手段,合理地运用教学方法,才能不断提高教学质量,取得良好的教学效果。

一、功力法教学

(一)常规羽毛球技术、技能功力的积累方法

1. 球性练习积累功力

球性练习是利用颠球、撞墙击球等方法使反弹回球的球性发生变化来提高熟悉球性的功力;利用各种球性练习方法,如利用多人共击一球、转网击球等方法提高球性功力。

2. 球感练习积累功力

球感练习是采用球拍的不同部位练习颠球,如使用球拍正反面颠球、转身颠球、转体360°颠球等方法来积累功力。

(二)非常规羽毛球技术、技能功力的积累方法

非常规方法是利用羽毛球游戏练习,如胯下击球、背后击球、非执拍手击球、转体360°击球、蹲式击球、坐式击球等不同的变换体位的击球方式来积累击球功力。

功力教学法的目的是使学生在不同的环境下、不同的身体条件下、不同的来球方式下均能保证稳定的击球状态,从而提升羽毛球技术、技能的功力,为今后技术水平的提高、战术意识的加强、取得比赛的胜利打下坚实基础。

二、握拍法教学

在羽毛球教学过程中,从一开始就应重视、抓好握拍法教学。因为握拍法正确与否,对击球动作和技术质量有很大影响。其教学程序和练习方法如下:

(一)帮助学生建立正确的握拍法概念

第一,向学生讲明正确握拍的重要性。

第二,给学生以正确的握拍法示范。

第三,向学生讲清握拍的方法、要领、要求。

(二)教导学生正确的握拍方法

第一,根据教学任务的要求和学生的具体情况,帮助学生选择适宜的握拍法。握拍法一经确定,不宜随意变换。

第二,根据学生的身体特点,帮助学生挑选合适的球拍。球拍的重量和大小、拍柄的粗细、拍肩的宽度等均应适合学生本人特点。球拍最好固定使用。

第三,让学生严格按照握拍法的正确要求,学习动作,体会要领,掌握方法。

(三)练习与击球相关的手部动作

在握拍正确的前提下,完成各种与击球相关的手部动作练习,细心体会调节拍面角度时手部各关节,特别是各个手指的精细动作和相互配合。

(1)基础握拍法

①技术要领:基础握拍是最简单的握拍方式,虎口对准侧棱,食指贴于宽棱面上。

②练习方法:在教师的口令指挥下,分别向上、下、左、右摆动球拍,或向左、向右做绕环动作。活动球拍时,要求前臂保持固定。

(2)反手握拍法

反手握拍在技术要领和练习方法上除了方向不同外,其他与基础握拍法相同。

(3)力量握拍法

①技术要领:学生以握手的手形握住球拍,力量适中,切忌攥紧拍柄。

②练习方法:握拍置于胸前,在前臂和手指的配合下,反复进行向内、向外转动拍面的练习。

(四)结合熟悉球性的练习

学生结合各种熟悉球性的练习,进一步体会和巩固握拍的方法。

①握拍要领:要着重强调握拍正确。

②练习方法:各种形式的颠球练习;对墙击球练习(距离由近到远,球速由慢到快);相互对击练习。

(五)结合挥拍练习

学生结合各种挥拍练习,巩固握拍动作,纠正握拍错误。

具体练习方法:连续进行正手击球挥拍练习,在教师的指导或同伴的帮助下,纠正吊拍、翘拍或勾拍等握拍错误,掌握和巩固正确的握拍动作;交替进行反手击球和正手击球挥拍练习,纠正握拍过深、握拍过紧、握拍张指等错误,巩固正确的握拍动作。

在学生进行各种单项技术和结合技术的练习过程中,教师注意随时检查握拍方法的运用,严格要求,尽早发现错误,及时予以纠正,不断强化正确的握拍法。

三、步法教学

羽毛球速度快、变化多,因而运动员必须熟练地掌握各种步法,并能在复杂的环境中灵活地加以运用。羽毛球的步法要求反应及时,判断准确,脚步灵活,移动迅速。其教学程序和练习方法如下:

(一)帮助学生建立正确的步法概念

第一,向学生讲明步法在羽毛球运动中的重要作用。

第二,给学生以正确的步法示范。

第三,向学生讲清步法的动作、要领、要求。

(二)徒手进行各种步法练习

身体重心的迅速转移是脚步移动的关键,在徒手步法练习中要注意抓好重心转换,着重体会各种步法的要领。主要步法练习种类有单种步法练习和组合步法练习。

(三)结合挥拍动作进行各种步法练习

步法与手法是一个紧密联系的整体,教学中应力求把二者有机地结合起来,使学生在移动挥拍练习中着重体会步法与手法的彼此衔接和相互配合。

1. 移动中的某种单项技术挥拍练习

第一,在左右移动中,反复进行正手高远球挥拍练习。

第二,在前后移动中,反复进行正手下压突击球挥拍练习。

2. 移动中的某项结合技术挥拍练习

第一,在左右移动中,反复进行正、反抽球挥拍练习。

第二,在前后移动中,反复进行放网前球、推后场下压突击球的挥拍练习。

第三,在大范围的左右移动中,反复进行头顶下压突击球和体侧下压突击球的挥拍练习。

(四)在教师或同伴的配合下进行各种步法练习

快速反应和准确判断是脚步移动的先决条件,步法练习中要注意提高学生的反应、判断能力。

第一,教师或同伴用手势或口令发出各种指示,学生根据指示徒手进行各种脚步移动练习,要求学生判断准确、起动及时、步法正确、移动迅速。

第二,练习方法和要求与第一项大致相同,不同的是结合挥拍动作进行脚步移动练习,要求步法与手法协调配合。

第三,学生两人一组,分别站在球场两端或两人对面站立,一人用挥拍动作做提示,另一人根据对对方挥拍动作的判断,徒手进行步法练习,或结合挥拍动作进行步法练习,要求同第一、二项。

(五)采用多球进行各种步法练习

多球练习是提高脚步移动的有效方法,在多球练习中要注意掌握好供球的难度,要求学生判断及时、步法正确、移动到位。

1. 逐步扩大供球范围

第一,在左右移动中,正手单面击球,供球范围由1/2场区逐步扩大到全场。

第二,在前后移动中,前场短球与后场高远球相结合,供球方逐步拉大落向距离。

2. 逐步加快供球节奏

第一,全场左右区域供球,供球方逐步加快供球节奏。

第二,全场前后区域供球,供球方逐步加快供球节奏。

3. 逐步从有规律供球转为无规律供球

第一,全场左、右区域供球,供球方由有规律地交替供左、右两点,逐步过渡到无规律地任意供左、右两点。

第二,全场前后区域供球,供球方由有规律地交替供长、短两点,逐步过渡到无规律地任意供长、短两点。

（六）在场区上对打练习中进行各种步法练习

场上对练是提高脚步移动能力的主要途径，在练习过程中应始终对步法予以高度重视，严格要求。

1. 专门组织以提高步法为重点的场上对练

第一，陪练方有规律或无规律地将球击到主练方场区左、右两点，要求主练方在左右移动中将球回至规定区域。

第二，陪练方有规律或无规律地将球击到主练方场区近网和底线两点，要求主练方在前后移动中将球回至规定区域。

第三，陪练方连续用追身球攻击主练方，要求主练方及时让位，将球回至规定区域。

2. 在各种场上对练中加强步法要求

第一，在单线或小区域对练中，要求学生注意判断来球，积极调整脚步，杜绝两脚站死，单纯用手够球。

第二，在复线或大区域对练中，要求学生加强判断、积极移动，步法正确、到位击球。

（七）结合身体训练进行各种步法练习

脚步移动的能力是与身体素质的水平紧密相关的，学生需要通过各种身体训练来不断提高反应速度、起动速度和位移速度。

第一，连续左右跨步（跳步、交叉步），左右距离为1.0～1.5米，30～60秒一组记数，每次练习3～5组，间歇1～2分钟。

第二，连续推挡侧身攻挥拍练习，30～60秒一组记数，每次练习3～5组，组间间歇一两分钟。

第三，教师用手势或口令发出各种暗示。学生根据指示进行各种快速变向的脚步移动练习，要求学生判断准确、起动及时、移动快速、步法正确。

四、手法教学

首先，进行击高远球动作的教学。击高远球动作简单，易于掌握，常作为羽毛球初学者的入门技术。在击高远球技术教学中，要重点抓好击高远球技术的基础，在熟练掌握该技术的基础上，再逐步学习击平高球、平球、下压突击球、挑球等击球技术。

其次，进行网前球击球动作的教学。网前球技术教学应先学习放网前球，再学习网前搓球、网前勾球、网前推球、网前扑球。在这些网前球技术的学习中，应先从反手开始学起，然后过渡到正手，因为从人体的解剖生理学特点及羽毛球技术特点看，对于网前球技术，反手相对于正手而言，较为易学。

最后，进行中场的击球教学。中场击球的技术教学应先学习挡球技术，再学习快打技术，再过渡到学习抽球技术。根据中场羽毛球技术特点，正手相对于反手掌握这些方法较易。

（一）初始阶段

本阶段的主要任务：熟悉球性，建立概念，体会要领，场上对练。

1. 熟悉球性

对于初学者,教师应先安排一些熟悉球性的练习,如颠球练习、对墙击球、相对击球、游戏等,培养他们对羽毛球的兴趣,帮助他们建立一定的球感,以便为学习掌握基本技术打下基础。

2. 建立概念

在教学的初始阶段,教师应首先帮助学生建立一个完整、正确的技术动作概念,这有助于提高学习的自觉性和主动性,有助于预防错误动作,有助于尽快地掌握技术要领。

第一,向学生介绍所学技术的特点和作用。

第二,运用示范或电影、录像、幻灯片、挂图等手段,给学生以正确的动作表象。

第三,结合直观示范进行适当讲解,说明动作方法,指出技术要领。

第四,将动作要领概括为口诀或编成顺口溜,帮助记忆,加深印象。

3. 体会要领

上场练习之前,教师应先组织学生进行挥拍练习,反复模仿击球动作,认真体会技术要领。在挥拍练习中,根据各种技术的不同要求,注意抓好握拍方法、引拍动作、挥拍路线、发力方法、用力顺序、重心转换、全身协调等技术环节。

第一,通过原地挥拍练习,着重体会击球动作要领。

第二,通过移动挥拍练习,着重体会手法与步法的相互配合。

第三,通过连续交替进行两种技术动作挥拍练习,着重体会技术细节。

第四,在特殊要求下进行挥拍练习,改进技术动作和纠正错误动作。

4. 场上对练

在正确、熟练掌握挥拍动作的基础上,开始转入场上练习,可采用自抛自击、多球练习、陪同练习、学生互练等教学形式。在场上练习中,要竭力保证正确的挥拍动作不走样、不变形,这是初学阶段技术教学的关键环节。场上练习要注意抓好判断来球、脚步移动、击球时间、击球点、触拍部位、拍面角度、用力方向、发力方法、及时还原、身体协调等技术环节。

(二)巩固提高阶段

本阶段的主要任务是在粗略掌握击球动作的基础上,逐步加大练习难度,不断提高动作质量,尽快形成动力定型。在教学过程中,教师要根据学生掌握技术动作的进展情况,合理安排练习内容,切实提出练习要求。在练习方法上,主要采用场上对练,适当辅以多球练习。在内容安排上,多以一方为主(主练方),一方为辅(陪练方),双方配合,共同提高。

1. 从斜线到直线

斜线练习的难度较直线要低,而且斜线练习有利于技术动作的学习掌握。教学初期,一般先安排斜线练习,然后逐步转入直线练习。

第一,学习正手击高远球、击平高球、击平球、吊网前球、劈下压突击球等技术,先在右方斜线上进行练习,然后逐步过渡到右方直线上进行练习。

第二,学习反手击高远球、击平高球、击平球、吊网前球、劈下压突击球技术,先在左方斜线上进行练习,然后逐步过渡到左方直线上进行练习。

第三,学习反手位击球、头顶击球技术,先在左方斜线上进行练习,然后逐步过渡到左方直线上进行练习。

2. 从单线到复线

(1)一点对多点(着重提高变化落向和控制落向的能力)

①一点对左、右两点:陪练方按照要求将球击至主练方场区左方或右方一点;主练方练习击高远球、击平高球、击平球、吊网前球、劈下压突击球技术,将球交替击回陪练方场区左、右两点(图7-1、图7-2)。

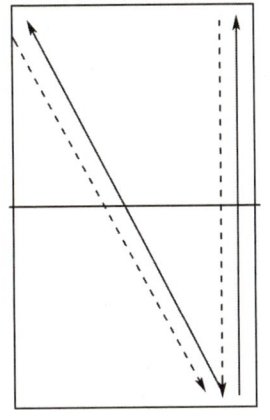

图7-1 右方一点对左、右两点 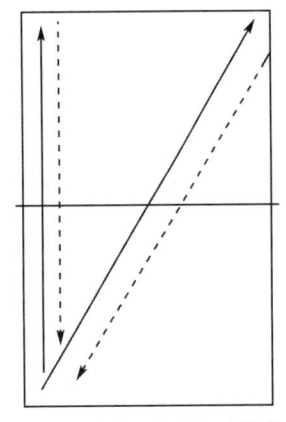　　图7-2 左方一点对左、右两点

②一点对同线长、短两点:陪练方按照要求将球抽至主练方场区左方或右方一点;主练方练习抽斜线或直线长球、网前球,将球交替抽回陪练方场区底线或近网两点(图7-3、图7-4)。

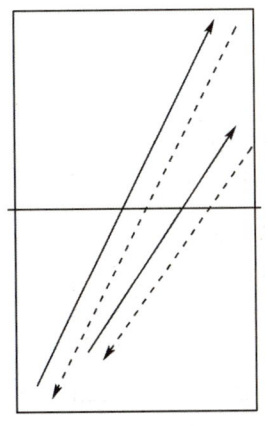

图7-3 反手一点对斜线长、短两点 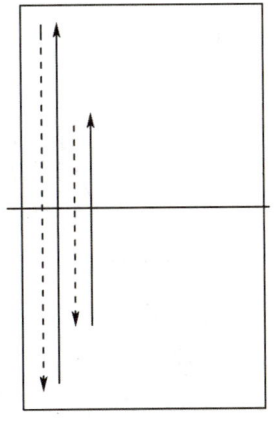　　图7-4 反手一点对直线长、短两点

③一点对异线长、短两点:陪练方按照要求将球击至主练方场区左方或右方一点;主练方练习击左长右短或右长左短,将球交替击回陪练方场区底线或近网两点(图7-5、图7-6)。

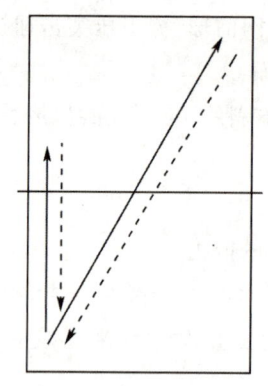

图 7-5　反手一点对右长、左短两点 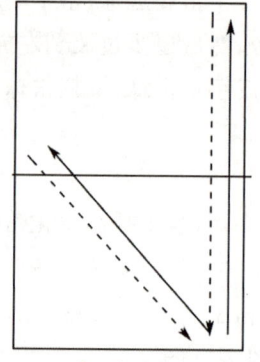　　　　图 7-6　正手一点对右长、左短两点

④一点对左、中、右三点:陪练方按照要求将球击至主练方场区左方或右方一点;主练方练习击高远球、击平高球、击平球技术,将球交替击回陪练方全场左、中、右三点(图 7-7、图 7-8)。

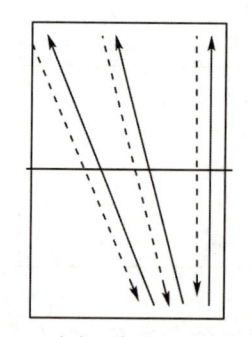

图 7-7　右方一点对左、中、右三点 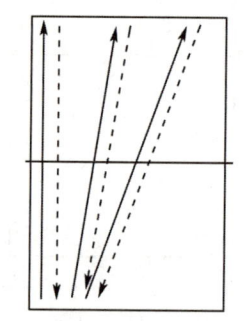　　　　图 7-8　左方一点对左、中、右三点

(2)多点对一点(重点提高脚步移动和控球能力)

①左、右两点对一点:陪练方将球交替击至主练方场区(1/2 场、2/3 场)或全场左、右两点;主练方在左右来回移动中练习击高远球、击平高球、击平球技术,将球击回陪练方场区某一规定区域(图 7-9)。

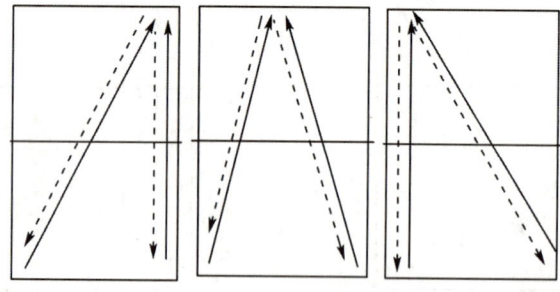

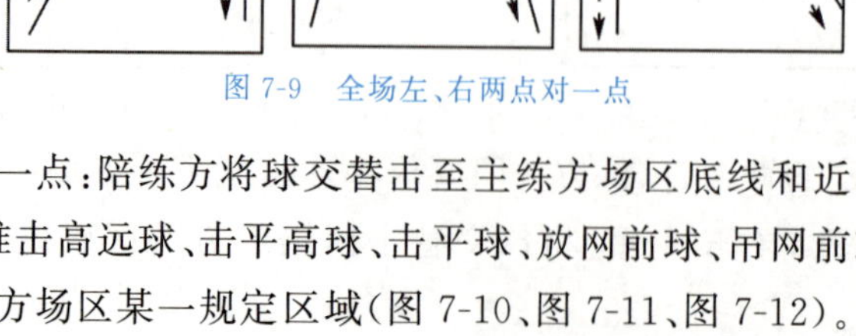

图 7-9　全场左、右两点对一点

②长、短两点对一点:陪练方将球交替击至主练方场区底线和近网两点;主练方在前后来回移动中练习推击高远球、击平高球、击平球、放网前球、吊网前球、劈下压突击球等技术,将球击回陪练方场区某一规定区域(图 7-10、图 7-11、图 7-12)。

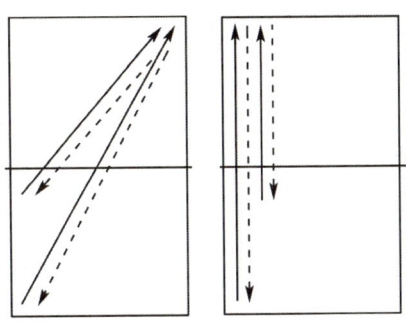

图 7-10　同线长、短两点对一点

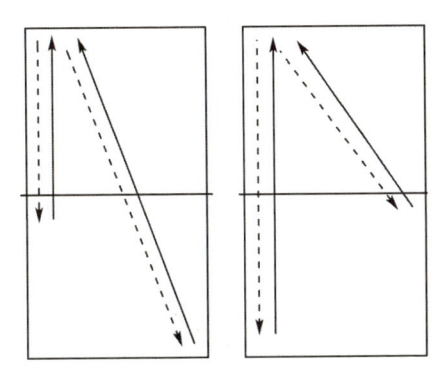

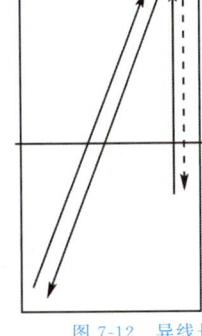

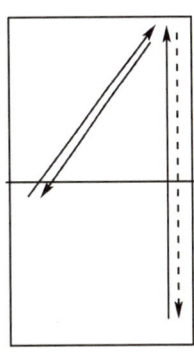

图 7-11　同线长、短两点对一点(续)　　图 7-12　异线长、短两点对一点(续)

③左、中、右三点对一点：陪练方将球交替击至主练方全场左、中、右三点；主练方在左右来回移动中练习击高远球、击平高球、击平球、吊网前球、劈下压突击球等技术，将球击回陪练方场区某一规定区域(图 7-13)。

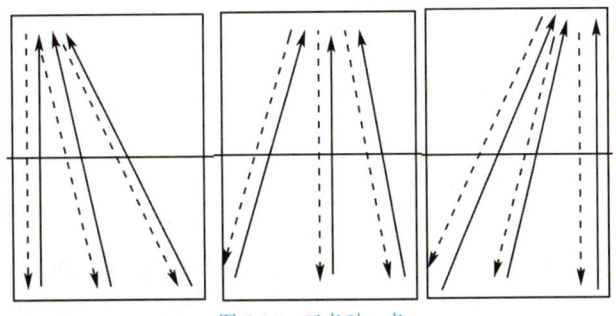

图 7-13　三点对一点

(3)多点对多点(着重提高移动中变化落向的能力)

①两斜对两直：陪练方用直线球将球击至主练方场区左、右两点；主练方在左右来回移动中练习斜线击球技术，将球还击至陪练方场区左、右两点(图 7-14)。练习时，可以从 2/3 场、3/4 场到全场，逐步扩大落向范围。

②两直对两斜：练习方法和要求同①，陪练方打斜线球，主练方练习直线击球技术(图 7-15)。

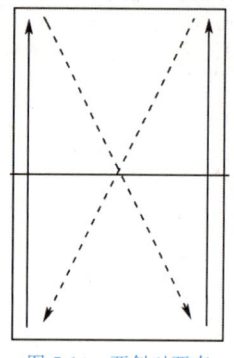

图 7-14　两斜对两直　　　　图 7-15　两直对两斜

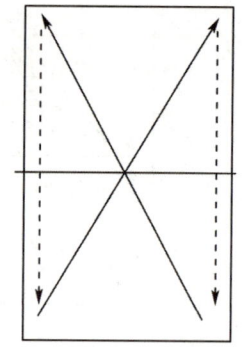

3. 从有规律到无规律

在练习中,先按照规定的落向变化、旋转变化、节奏变化,进行有规律的练习;随着技术水平的提高,逐步由有规律的练习过渡到无规律的练习,不断增强学生的反应判断和适应能力。

(1)左、右两点对一点

练习时,陪练方有规律地将球交替击至主练方场区左、右两点,以后逐步过渡到无规律地将球击至主练方场区左、右两点;主练方在左右移动中将球击回陪练方场区某一规定区域。

(2)长、短两点对一点

练习时,陪练方有规律地将球交替击至主练方场区底线和近网两点,以后逐渐过渡到无规律地将球击至主练方场区底线和近网两点;主练方在前后移动中将球击回陪练方场区某一规定区域。

(3)逢直变斜,逢斜变直

在熟练掌握"两直对两斜""两斜对两直"练习的基础上,要求陪练方任意变换斜、直线,无规律地将球击至主练方场区左、右两点;主练方固定用斜线还击直线来球,用直线还击斜线来球,将球击回陪练方场区左、右两点。

(4)多球练习

练习初期,陪练方有规律地交替供上手球和下手球至主练方场区某一固定区域,以后逐步过渡到无规律地供上手、下手球至主练方场区;主练方练习击高远球、击平高球、击平球、吊网前球、放网前球、劈下压突击球技术,要求注意判断,加强调节。

4. 击球难度从小到大

教学初期,先进行难度较小的击球练习,着重体会要领,掌握动作;随着技术水平的提高,逐步进行难度较大的击球练习,着重巩固动作,提高质量。

第一,练习击高远球、击平高球、击平球、吊网前球、放网前球、劈下压突击球技术时,先练习还击力量较小、速度较慢、旋转较弱、落向固定的来球,再练习还击力量较大、速度较快、落向较刁的来球,逐步提高来球质量,加大回球难度。

第二,开始练习击高远球、击平高球、击平球、放网前球、吊网前球、放网前球、劈下压突击球技术时,陪练方固定采用某种技术进行陪练,以后逐步过渡到交替使用两种或两种以上技术进行陪练。要求陪练方注意掌握好练习难度,主练方加强判断和调节。

5. 从放宽回球要求到提高回球要求

教学初期,可适当放宽对击球力量、速度、落向、旋转和弧线的要求,着重体会技术要领,掌握击球动作;基本上掌握击球动作之后,要逐步加强对击球力量、速度、落向、旋转和弧线的要求,不断巩固、改进技术动作,提高击球质量。

(1)学习击后场球技术

练习初期,适当放宽对击球力量、速度和回球落向的要求,根据动作技术的掌握情况,逐步要求加大击球力量、加快击球速度、加强落向控制与变化。

(2)学习网前球技术

加强对网前球击球距网高度及落点的要求,增强旋转,从而提高击球质量。

(3)学习中场球技术

提高中场击球的反应速度,根据动作技巧的掌握情况,逐步压低回球弧线、加强落点控制与变化。

6. 从单项技术练习到结合技术练习

在熟练掌握各种单项技术的基础上,逐步由单项技术练习转入结合技术练习,进一步巩固击球动作,提高技术质量,增强单项技术的运用能力。

第三节 分析纠正

一、分析动作

分析学生的动作是纠正学生动作的前提和依据,教师只有充分了解学生掌握某动作的情况,以及出现错误动作的原因,才会有的放矢、对症下药地进行教学。在教学过程中,教师掌握分析羽毛球技术动作的规律和方法,对提高教学质量具有重要意义。当学生按照教师布置的内容进行练习时,教师应通过观察、分析学生完成技术动作的情况发现问题,指出错误动作并分析产生错误的主要原因,提出改进动作的方法,再让学生进行练习。概括起来观察和分析动作的程序如图7-16所示。

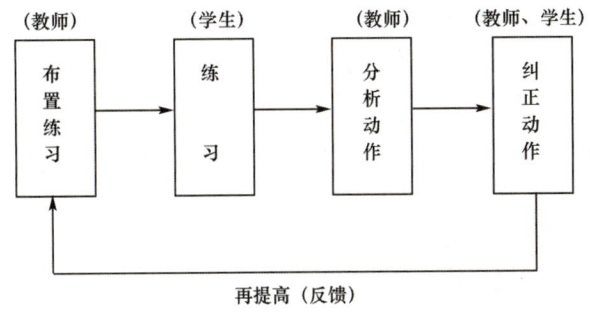

图7-16 动作过程分析

二、纠正动作

学生在学习羽毛球技术的过程中,所产生的各种错误动作必然对其进一步掌握和提高技术产生障碍。教师应尽快作出深入的分析,及时找出原因,采取相应的措施予以纠正。产生错误动作的原因一般有以下五个方面:

(一)思想、心理上的原因

思想、心理上的原因包括:学生学习目的不明确,凭兴趣出发,只喜欢打比赛,对练习基本动作不感兴趣;注意力不集中;怕枯燥;遇到困难时,有畏难情绪等。

解决办法:加强教育,注意练习中的配对,加强互相帮助,改进教学方法,加强心理训练。

(二)技术、技能上的原因

技术、技能上的原因包括:技术概念不清,没有掌握动作要领;存在着错误动作的干扰,缺乏对技术的综合分析能力;技术水平起点低等。

解决办法:采用各种针对性教法改进教学,提高讲解和示范的质量,加强技术动作各细节的练习。

(三)一般身体训练上的原因

一般身体训练上的原因包括:身体素质差,球感差等。

解决办法:加强一般身体素质练习,加强基本技术各细节的分析,调整练习难度等。

(四)教学安排上的原因

教学安排上的原因包括:教师备课不够充分,教学内容和组织方法混乱,脱离学生的实际情况等。

解决办法:加强备课,修订计划。

(五)教学环境、场地设备上的原因

由于场地条件的限制,人多球场少,环境嘈杂,分散注意力,影响讲解效果和练习密度。

解决办法:改善教学环境,因地制宜地改进教学方法等。

综上所述,形成错误动作的原因不外乎是错误的动作想象、外界因素的干扰、运动能力差(球感、身体素质、协调性等)、恐惧心理、场地设备等。因此,在纠正错误动作的过程中,教师应注意以下几个问题:

第一,在教学过程中采取预防措施,在讲解和示范时让学生知道可能出现的某些错误,使学生注意力集中在正确的动作想象上,随时注意改进动作,并相应地调节动作的难度和改进动作的幅度,尽量减少错误的出现。

第二,当错误动作形成后,应区别主要和次要、关键和一般、形式和实质,集中精力先抓主要错误,有的放矢、对症下药,解决实质性问题,其他一般问题就可迎刃而解。

第三，纠正错误动作时，对学生要耐心细致，循循善诱，热情帮助，把纠正错误动作和学习掌握正确动作有机地结合起来，使学生边学边改。

本章思考题

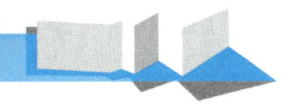

1. 羽毛球教学原则有哪些？
2. 基础阶段教学的基本任务是什么？基本内容包括哪些？
3. 练习写一份羽毛球普修课教案。
4. 课堂上，教师可以使用哪些教学方法进行教学？
5. 在羽毛球手法练习中，教师或教练在动作形成的各个阶段应如何进行教学？

第八章 羽毛球规则与裁判

羽毛球运动规则与裁判是保障比赛正常运行的依据,在羽毛球运动中起着至关重要的作用。本章由比赛规则、竞赛规程、裁判工作要求、裁判工作内容四部分构成,不管是对学生还是对羽毛球爱好者来说,本章都是必须了解和掌握的内容。

第一节 比赛规则

一、球场及其设备

羽毛球场地(图 8-1)应是一个长方形,用宽 40 毫米的线画出。线的颜色应是白色、黄色或其他容易辨别的颜色。所有线都是它所界定区域的组成部分。

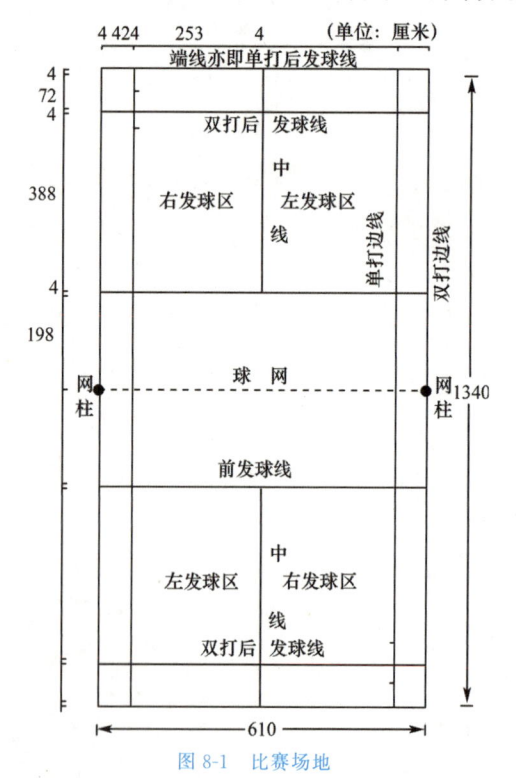

图 8-1 比赛场地

注:双打场地对角线长为 14.723 米,单打场地对角线为 14.366 米。

从场地地面起,网柱高 1.55 米。当球网被拉紧时,网柱应与地面保持垂直。不论是单打还是双打比赛,网柱都应放置在双打边线上。网柱及其支撑物不得延伸进入除边线外的场区内。

球网应由深色优质的细绳编织成。网孔为均匀分布的方形,边长 15～20 毫米。球网上下宽 760 毫米,全长至少 6.10 米。球网的上沿是用宽 75 毫米的白带对折成夹层,用绳索或钢丝从中穿过。夹层的上沿必须紧贴绳索或钢丝。绳索或钢丝应牢固地拉紧,并与网柱顶端取平。从球场地面起,球网中央顶部应高 1.524 米,双打边线处网高 1.55 米。球网两端与网柱之间不应有空隙。如有空隙,球网两端应与网柱系紧。

二、羽毛球

球可由天然材料或人造材料或两者混合制成。无论是何种材料制成的球,飞行性能应与由天然羽毛和薄皮包裹软木球托制成的球的性能相似。

天然材料制作的球具有以下特点:球应由 16 根羽毛固定在球托上;羽毛从球托面至羽毛尖的长度为 62～70 毫米,但每个球的羽毛应等长;羽毛顶端围成圆形,直径为 58～68 毫米;羽毛应用线或其他适宜材料扎牢;球托底部为球形,直径为 25～28 毫米;球重 4.74～5.50 克。

非羽毛制成的球具有以下特点:球裙由合成材料制成的仿真羽毛代替天然羽毛;球托底部为球形,直径为 25～28 毫米;球的尺寸和重量同天然材料制作的球,但由于合成材料与天然羽毛在比重、性能上的差异,允许不超过 10%的误差;在因海拔或气候等条件不适宜使用标准球的地方,只要球的一般式样、速度和飞行性能不变,经有关会员协会批准,可以变通以上规定。

三、球速检验

验球时,运动员应低手向前上方全力击球,击球点必须在端线上方;球的飞行方向应与边线平行。符合标准速度的球,应落在场内距离对方端线外沿 530～990 毫米的区域内(图 8-2)。

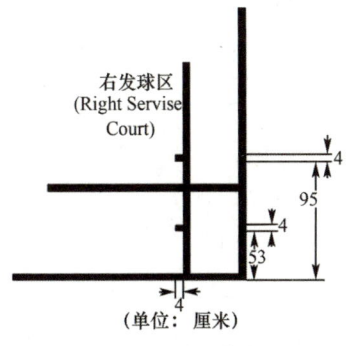

图 8-2 球速检验

四、羽毛球拍

球拍（图 8-3）的各部分规格有以下要求：球拍长不超过 680 毫米，宽不超过 230 毫米。球拍由拍柄、拍杆、连接喉、拍弦面、拍头构成；拍柄是击球者握住球拍的部分；拍弦面是击球者通常用于击球的部分；拍头界定了拍弦面的范围；拍杆通过连接喉连接拍柄与拍头；连接喉（如有）连接拍杆与拍头。

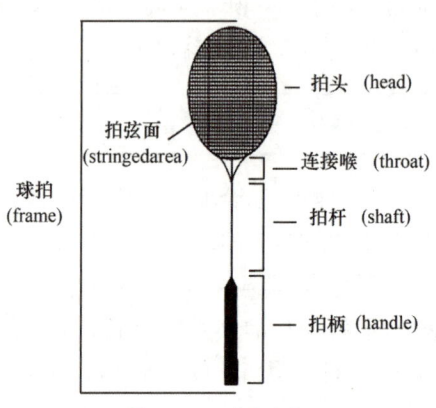

图 8-3　羽毛球球拍

拍弦面要求如下：拍弦面应是平的，用拍弦穿过拍头十字交叉或其他形式编织而成；拍弦面长不超过 280 毫米，宽不超过 220 毫米。拍弦可延伸进连接喉区域，伸入拍弦区域的宽不得超过 35 毫米，包括拍弦伸入区在内的拍弦面总长不得超过 330 毫米。

球拍要求如下：球拍不允许有附加物和突起部分，除非是为了防止磨损、断裂、振动或调整重心的附加物或预防球拍脱手而将拍柄系在手上的绳索，但其尺寸和位置必须合理；球拍上不允许附加任何可能从本质上改变球拍形式的装置。

五、设备的批准

有关球拍、球、设备及试制品能否用于比赛的问题，由国际羽联裁定。这种裁定可由国际羽联主动做出，也可根据涉及其正当利益的个人、团体（包括运动员、技术官员、设备厂商、会员协会或其成员）的申请而做出。

六、挑边

比赛开始前应挑边，赢的一方将在以下两种选项中的一项作出选择：先发球或先接发球；在一个场区或另一个场区开始比赛。输方在余下的一项中作出选择。

七、计分方法

计分方法有以下要求：①除非另有规定（"礼让比赛"和"替换规则"），一场比赛应以三局两胜定胜负；②先得 21 分的一方胜一局；③一方违例或球触及该方场区内的地面成死球,则另一方胜这一回合并得1分;④20平后,领先得2分的一方胜该局;⑤29平后,先到30分的一方胜该局;⑥一局的胜方在下一局首先发球。

八、交换场区

以下情况运动员应交换场区:①第一局结束;②第二局结束(如果有第三局);③在第三局比赛中,一方先得11分时。

如果运动员未按规则规定交换场区,一经发现即在死球时交换,已得比分有效。

九、发球

合法发球具有以下要求:

①一旦发球员和接发球员做好准备,任何一方都不得延误发球;

②发球员球拍的向后摆动一旦停止,任何对发球开始的迟延都是延误发球;

③发球员和接发球员应站在斜对角的发球区内,脚不得触及发球区和接发球区的界线;

④从发球开始至发球结束前,发球员和接发球员的两脚都必须有一部分与场地的地面接触,不得移动;

⑤发球员的球拍应首先击中球托;

⑥发球员的球拍击中球的瞬间,整个球距场地地面高度应低于1.15米;

⑦自发球开始,发球员挥拍必须连贯向前,直至将球发出;

⑧发出的球向上飞行过网,如果未被拦截,球应落在规定的接发球区内(落在界线上或界线内);

⑨发球员发球时,应击中球。

一旦运动员站好位置准备发球,发球员的球拍头开始向前挥动,即为发球开始。一旦发球开始,发球员的球拍击中球或未能击中球,均为发球结束。发球员应在接发球员准备好后才能发球,如果接发球员已试图接发球,即被视为已做好准备。双打比赛发球时,发球员和接发球员的同伴应在各自的场区内。其站位不限,但不得阻挡对方发球员或接发球员的视线。

十、单打

发球区和接发球区规则如下:一局中,发球员的分数为0或双数时,双方运动员均应在各自的右发球区发球或接发球;一局中,发球员的分数为单数时,双方运动员均应在各自的左发球区发球或接发球。

击球顺序和位置规则要求:一回合中,球应由发球员和接发球员交替从各自所在场区一边的任何位置击出,直至成死球为止。

得分和发球规则要求:发球员胜一回合则得1分,随后发球员再从另一发球区发球;

接发球员胜一回合则得1分,随后接发球员成为新发球员。

十一、双打

发球区和接发球区规则要求如下:①一局中,发球方的分数为0或双数时,发球方均应从右发球区发球;②一局中,发球方的分数为单数时,发球方均应从左发球区发球;③接发球方上一回合最后一次发球的运动员应在原发球区接发球,其同伴接发球的站位与其相反;④接发球员应是站在发球员斜对角发球区的运动员;⑤发球方每得1分后,原发球员则变换发球区再发球;⑥除发球区错误的情况外,球都应从与发球方得分相对应的发球区发出。

击球顺序和位置规则要求:每一回合发球被回击后,由发球方的任何一人和接球方的任何一人,交替在各自场区的任何位置击球,如此往返直至死球。

得分和发球规则要求:发球方胜一回合则得1分,随后发球员继续发球;接发球方胜一回合则得1分,随后接发球方成为新发球方。

每局比赛的发球权必须如下传递:首先是发球员从右发球区发球;其次是首先接发球员的同伴从左发球区发球;然后是首先发球员的同伴;接着是首先接发球员;再接着是首先发球员,依次传递。

运动员在比赛中不得有发球、接发球顺序错误或在一局比赛中连续两次接发球。一局胜方的任一运动员可在下一局先发球;一局负方的任一运动员可在下一局先接发球。

十二、发球区错误

以下情况为发球区错误:发球或接发球顺序错误;在错误的发球区发球或接发球。如果发现发球区错误,应在死球后予以纠正,已得比分有效。

十三、违例

以下几种情况均属违例:

第一,不合法发球。

第二,球发出后:停在网顶;过网后挂在网上;接发球员的同伴击中。

第三,比赛进行中,球:落在场地界线外(未落在界线上或界线内);未从网上越过;触及天花板或四周墙壁;触及运动员的身体或衣服;触及场地外其他物体或人(关于比赛场馆的建筑结构问题,必要时,地方羽毛球竞赛承办机构可以制定羽毛球触及建筑物的临时规定,但其归属的世界羽联会员协会有否决权);被击时停滞在球拍上,紧接着被拖带抛出;被同一运动员两次挥拍连续两次击中,但一次击球动作中球被拍框和拍弦面击中不属违例;被同方两名运动员连续击中;触及运动员球拍,而未飞向对方场区。

第四,比赛进行中,运动员:球拍、身体或衣服触及球网或球网的支撑物;球拍或身体从网上侵入对方场区(击球时,球拍与球的最初接触点在击球者网这一方,而后球拍随球过网的情况除外);球拍或身体从网下侵入对方场区,导致妨碍对方或分散对方的注意力;妨碍对方,即阻挡对方紧靠球网的合法击球;故意分散对方注意力的任何举动,如喊叫、故作姿态等。

十四、重发球

由裁判员或运动员(未设裁判员时)宣报"重发球",用以中断比赛。

以下情况应重发球:①发球员在接发球员未做好准备时发球;②在发球过程中,发球员和接发球员都被判违例;③发出的球被回击后,球停在网顶或球过网后挂在网上;④比赛进行中,球托与球的其他部分完全分离;⑤裁判员认为比赛被干扰或教练干扰了对方运动员的比赛;⑥司线员未能看清,裁判员也不能做出裁决时;⑦遇到不可预见的意外情况。

宣布"重发球"时,该次发球无效,原发球员重新发球。

十五、死球

下列情况为死球:①球撞网或网柱后开始向击球者网这方地面落下;②球触及地面;③宣报了"违例"或"重发球"。

十六、比赛连续性、行为不端及处罚

比赛从第一次发球起至比赛结束应是连续的("比赛间歇"和"暂停比赛"允许的情况除外)。

间歇:每局比赛,当一方先得 11 分时,允许有不超过 60 秒的间歇;所有比赛中,局与局之间允许有不超过 120 秒的间歇。对于有电视转播的比赛,裁判长可在该场比赛前决定变更规定的间歇时间。

比赛的暂停:遇到不是运动员所能控制的情况,裁判员可根据需要暂停比赛;遇特殊情况,裁判长可要求裁判员暂停比赛;如果比赛暂停,已得比分有效,恢复比赛时由该比分计起。

延误比赛:不允许运动员为恢复体力、喘息或接受指导而延误比赛;裁判员是"延误比赛"的唯一裁决者。

指导和离开场地:在一场比赛中,仅在死球时,允许运动员接受指导;在一场比赛中,运动员未经裁判员允许不得离开场地。

运动员不得有下列行为:故意延误或中断比赛;故意改变球形或损坏球,以此影响球的速度或飞行;举止无礼或不当;规则未述的其他不端行为。

对违反上述规则条例的运动员,裁判员应执行:警告;对已被警告过的一方判违例;对严重违犯或违犯间歇规则的一方判违例。在判违犯方违规时,裁判员应立即报告裁判长;裁判长有权取消其该场比赛资格。

十七、技术官员职责和申诉受理

　　裁判长对比赛全面负责。临场裁判员主持一场比赛,并管理该比赛场地及其紧邻的区域,裁判员对裁判长负责。发球裁判员负责宣判发球员的发球违例。司线员负责宣判球在其分管线的落点是"界内"或"界外"。技术官员对其所分管职责内事实的宣判是最后的裁决,以下情况除外:当裁判员确认司线员明显错判时,应予以纠正;当有即时回放系统时,应由系统对球落点宣判的挑战予以裁决。

　　裁判员应维护和执行羽毛球比赛规则,及时宣判"违例"或"重发球";对在下一次发球前提出的申诉做出裁决;确保运动员和观众能随时了解比赛进展情况;与裁判长磋商后指派或撤换司线员或发球裁判员;在技术官员不足时,对无人执行的职责做出安排;在技术官员的视线被挡时,执行其职责或判"重发球";记录并向裁判长报告与比赛连续性、行为不端及处罚有关的所有情况;仅将与规则有关的申诉提交裁判长(此类申诉必须在下次发球击出前提出;如果该场比赛结束,则应在申诉方离开场地前提出)。

第二节　竞赛规程

一、羽毛球比赛项目

(一)团体赛

　　团体赛包含男子团体赛、女子团体赛、男女混合团体赛。团体比赛常用的两种方式为三场制和五场制。

1. 三场制

　　第一,每队2~4人参加比赛。两对单打、一对双打,共进行三场比赛。

　　第二,比赛场序为:单、双、单或单、单、双。

　　第三,采用三场两胜制,亦可赛完三场后以获胜场数多者为胜队。

2. 五场制

　　第一,每队4~9人参加比赛。三名单打、两对双打,混合团体赛为两名单打、三对双打(可由单打运动员兼项),共进行五场比赛。

　　第二,比赛场序为:单、单、双、双、单,单、单、单、双、双或单、双、单、双、单。

　　第三,混合团体比赛场序为:男单、女单、男双、女双、混双。

　　第四,裁判长根据运动员兼项情况可调整场序。

　　第五,采用五场三胜制,亦可赛完五场后以获胜场数多者为胜队。在一次团体赛中,一名运动员不得在同一项目出场两次。

(二)单项比赛

　　单项比赛包含男子单打、女子单打、男子双打、女子双打、混合双打。

二、羽毛球比赛方法

（一）单循环赛

1. 单循环赛的场数与轮数计算

参加比赛的人（对、队）之间轮流比赛一次为单循环赛。循环赛虽然参加人（对、队）之间比赛的机会多，有利于学习，共同提高，能更为合理地赛出名次，但循环赛场数多，比赛时间长，使用场地数量也多，因此循环赛的人数（对、队）不宜过多。在人（对、队）过多时，可采用分组循环赛的办法。采用分组循环赛时，一般以4~6人（对、队）为一组比较合适。

当人数（或队）为偶数时，轮数＝人（对、队）－1；当人数（或队）为奇数时，轮数＝人（对、队）。场数＝[人（对、队）数×人（对、队）数－1]/2。

单循环赛的比赛次序采用"1号位固定逆时针轮转法"。如果一组中有来自同一个队的参赛人（对、队），同队的运动员应首先进行比赛。逆时针轮转法是1号位置固定不动，其他位置每轮逆时针方向轮转一个位置，即可排出下一轮比赛顺序。

例：6人（对、队）参加比赛的轮转法

第一轮	第二轮	第三轮	第四轮	第五轮
1 vs 6	1 vs 5	1 vs 4	1 vs 3	1 vs 2
2 vs 5	6 vs 4	5 vs 3	4 vs 2	3 vs 6
3 vs 4	2 vs 3	6 vs 2	5 vs 6	4 vs 5

当人（对、队）数为奇数时，用"0"补成偶数，然后按逆时针轮转排出各轮比赛顺序。其中遇到"0"者为轮空。

例：5人（对、队）参加比赛的轮转法

第一轮	第二轮	第三轮	第四轮	第五轮
1 vs 0	1 vs 5	1 vs 4	1 vs 3	1 vs 2
2 vs 5	0 vs 4	5 vs 3	4 vs 2	3 vs 0
3 vs 4	2 vs 3	0 vs 2	5 vs 0	4 vs 5

2. 单循环赛确定名次的方法

单项赛按以下方法确定名次。团体赛按以下方法，依胜次、净胜场数、净胜局数、净胜分数顺序计算成绩，乃至抽签定名次。

第一，按获胜场数定名次。获胜场数多者名次在前。

第二，2名（对）运动员获胜场数相等，则两者比赛的胜者名次列前。

第三，3名（对）或3名（对）以上运动员获胜场数相等，则按在该组比赛的净胜局数定名次。

第四，计算净胜局数后，如还剩2名（对）运动员净胜局数相等，则两者间比赛的胜者名次列前。

第五，计算净胜局数后，还剩3名（对）或3名（对）以上运动员净胜局数相等，则按在该组比赛的净胜分数定名次。

第六,3 名(对)或 3 名(对)以上运动员获胜场数相同,净胜局数亦相同,则按在该组比赛的净胜分数定名次。

第七,计算净胜分数后,如还剩 2 名(对)运动员净胜分数相等,则两者间比赛的胜者名次列前。

第八,还有 3 名(对)或 3 名(对)以上净胜分数相等,则以抽签定名次。

3. 分组循环赛的分组方法

在参加人(对、队)较多的情况下,为了不过多增加比赛的场数和延长比赛的日期,又能排定各队的名次,常采用分组循环赛的办法。组数确定后,可用抽签的方法进行分组,也可采用"蛇形排列方法"进行分组。如以团体赛 16 个队分成四组为例,则按以下方法分组:第一组:1、8、9、16;第二组:2、7、10、15;第三组:3、6、11、14;第四组:4、5、12、13。

上述数字是各队的顺序号,它是按照各队实力强弱排列的。也就是说,数字越小,实力越强,数字号码相当于该队的名次。如全国羽毛球等级赛就是按上一年等级赛的名次蛇形排列分组的。

用抽签方法进行分组时,如仍以上述 16 个队为例,则需要先确定 4 个或 8 个种子,把种子顺序排列出来,然后按上述"蛇形排列方法"或"抽签方法"进行分组。最后非种子队用抽签方法抽进各组。

(二)单淘汰赛

运动员(或队),按编排的比赛秩序,由相邻的两名运动员(对、队)进行比赛,胜者进入下轮比赛,败者淘汰,直至淘汰最后一名胜者(或队)—冠军,比赛即告结束。

单淘汰赛的优点是比赛一轮淘汰 1/2 的人(对、队),可使比赛的场数相对减少,所以在时间短、场地少的情况下,采用单淘汰赛能接受较多的运动员(对、队)参加比赛,并可使比赛逐步走向高潮,一轮比一轮紧张激烈。按体育竞赛的特点来说,淘汰赛是一种比较好的比赛方法。缺点是由于单淘汰赛负一场就被淘汰,所以大部分运动员或队,特别是实力较弱的,参加比赛的机会较少,所产生的名次也不尽合理。

1. 单淘汰赛的轮数和场数

轮数:单淘汰比赛的轮数等于或大于最接近人(对、队)数的 2 的乘方指数,是 2 的几次方即为几轮。

场数:场数=人(对、队)数+附加赛场数。

2. 单淘汰赛种子抽签入围的方法

第一,任何公开比赛都要执行种子均匀分布的原则。

第二,只有 2 个种子:1 号和 2 号种子用抽签的办法分别进入上半区的顶部和下半区的底部。

第三,4 个种子:1 号和 2 号种子按上述办法定位,3 号和 4 号种子用抽签办法分别抽签进入第二个 1/4 区顶部和第三个 1/4 区的底部。

第四,8 个种子:1~4 号种子按上述办法定位,其他种子抽签进入还没抽进种子的各个1/8区的顶部；下半区，在第五、七个1/8区的底部。

第五，同一队的两名种子选手将被分别抽进不同的1/2区。

第六，同一个队的三名或四名种子将被抽进不同的1/4区。

第七，同一个队的五名至八名种子应抽进不同的1/8区内。

第八，同属一个队的运动员，将按以下办法抽签进位：①第一、二号选手，分别进入不同的1/2区；②第三、四号选手，分别抽签进入不同的1/2区，没有同队选手的1/4区；③第五至八号选手，分别抽签进入不同的1/2区、没有同队选手的1/8区。任何级别的比赛都要遵照这些规定执行。

3. 单淘汰赛轮空位置的分布

第一，当参加比赛的人（队）数为4、8、16、32、64或较大的2的乘方数时，他们应按比赛顺序成双地进行比赛。

第二，当参加比赛单位（人数或对数）不是2的乘方数时，第一轮应有轮空，轮空数等于下一个较大的2的乘方数减去比赛单位数（人数或对数）的差数。

第三，轮空数为双数时，应平均分布在比赛表的顶部和底部，上半区轮空位置顺序从上往下排，下半区轮空位置顺序从下往上排。

第四，如轮空位置为单数，则下半区应比上半区多一个轮空位置。

4. 种子数的确定方法

第一，64个（对、队）或64个人（对、队）以上运动员参加的比赛，最多设16个种子分布在各个1/16区。

第二，32个（对、队）至63个（对、队）以上运动员参加比赛，应设8个种子（不得再多）分布在各个1/8区内。

第三，16个（对、队）至31个（对、队）以上运动员参加比赛，应设4个种子，分布在各个1/4区。

第四，少于16个（对、队）运动员参加的比赛，应设2个种子分布在各个1/2区。

5. 附加赛

单淘汰赛只能产生第一及第二名。如果比赛需要排出第一、二名以后的若干名次，则需要另外增加几场比赛，增加的这几场比赛称为附加赛。

6. 预赛

遇参加比赛的运动员超过正赛规定人的（对、队）数时，建议竞赛组织者在竞赛委员会或裁判长监督下组织争夺参加正式比赛资格比赛。

未直接参加正式比赛的运动员将会参加竞赛组织者安排的旨在进行进入正式比赛规定位置的预赛。在正式比赛的抽签位置中，8个正赛位置预留一个预赛出线运动员位置。

三、羽毛球比赛确定"种子"原则

"种子"是根据排名和技术水平确定的，应是本项目当时最好的运动员。技术水平主要看运动员在各级比赛中所取得的成绩，如世界锦标赛、洲比赛或大型国际比赛的成绩，以及全国比赛的成绩和其他比赛的成绩等。考虑比赛成绩时,要以最近的比赛和所参加的高级大型比赛的成绩为主,远的服从近的,低的服从高的。在双打比赛中确定"种子"时,除依据上述原则外,还可参考单打比赛或其中一人的双打成绩。举办比赛的有关委员会可对确定"种子"的原则作出补充规定。世界羽联和中国羽协对运动员排名和"种子"确定另有规定。

四、羽毛球比赛报名顺序

参赛单位应根据排名和技术水平排列运动员的报名顺序。必要时,竞委会有权调整报名顺序。

五、羽毛球比赛抽签变更

一旦抽签结束,不得对各项抽签结果进行更改。在对应项目的比赛未开始前出现的以下情况除外:①在控制报名时或抽签时出错;②在退赛和晋级后,预赛的抽签结果出现严重不平衡,在退赛和晋级后,如果出现多于一个预赛抽签位置(如 Q1,Q2 等)空置,则视该预赛抽签结果为严重不平衡;③正赛抽签结果出现严重不平衡的特殊情况,且该项目无预赛。一名(对)运动员如果输了一场比赛则没有资格再参加该赛事中该项目的比赛。

六、羽毛球竞赛日程安排

(一)竞赛日程的编排

1. 竞赛日程编排的依据

竞赛日程安排通常有两种形式:分节和不分节。分节规则要求:将比赛安排在上午、下午和晚上进行。在条件许可时,每天的比赛最好安排两节,即在上午和晚上进行。不分节规则要求:只设定每天比赛的开始时间,比赛按场序连续进行,直至当日比赛全部结束;竞赛日程安排在确保运动员合理负担量的前提下,应尽量提高场地的利用率,缩短比赛天数。每个项目的轮数多于天数时,最初几天多安排轮次。

若比赛既有团体赛,又有单项赛,则团体赛应在单项比赛开始之前结束。

在条件许可的情况下,比赛日程中应安排一天休息。最好安排在团体赛和单项赛之间,或安排在第一阶段比赛和第二阶段比赛之间。

在单项比赛中,每名运动员一天内不应安排超过 6 场比赛,而且同一个项目的比赛不应超过 3 场;在一节比赛中,不应安排超过 3 场,同一个项目的比赛不应超过 2 场。在团体赛中,每个队一天内不应安排超过 2 次五场制的团体赛;一节中不应安排超过 1 次五场制的团体赛。若遇特殊情况,经竞赛主办单位同意,可不受此限制。

在世界羽联批准的成人赛事中,运动员有权在其两场比赛之间间歇 60 分钟。在世界羽联批准的青年赛事中,运动员有权在其两场比赛之间至少间歇 30 分钟。当比赛在天气比较热、湿度比较高的条件下进行时,可以允许适当延长间歇时间。

2. 竞赛日程编排的步骤

第一,列出每个比赛项目的比赛轮次和场数表。

第二,将每轮比赛按运动员的合理负担量和场地的容纳量合理、平均地分配到每天、每节。如果不能做到平均分配,多余的轮次不能安排在半决赛和决赛,而要安排在比赛开始的前几轮。因为比赛越是到后面的轮次,双方的技术水平越接近,比赛也更激烈,运动员体力消耗大,影响技术水平发挥。

第三,将每轮的比赛场次安排到各场地并排出场序。

例如:某次羽毛球比赛,设5个单项。项目的报名情况为男子单打28人、男子双打16对、女子单打26人、女子双打14对、男女混合双打22对,每个项目均取前6名。比赛可用场地5片,比赛时间5天,每天下午3~6点。编排程序如下:①列出各项目的比赛轮次和每轮的比赛场数;②将各项目各轮次的比赛场数安排到每一天,最多一天要进行36场比赛,5片场地平均每片场地要安排7场比赛,因为这是基层业余的羽毛球比赛,所以第一轮平均每场比赛20分钟是可行的;③将每天要进行的比赛排定时间。

(二)比赛场序的编排

当确定了在一节时间里所要进行的比赛场次后,接下来的工作是对这些比赛场次进行比赛顺序编排。由于比赛时间的长短受各种因素影响,不能赛前预知,如比赛项目的不同(男子项目时间长于女子项目、双打项目时间长于单打项目),比赛双方的技术水平差异(水平接近的比赛所需时间就长些,一般来说,淘汰赛的预赛阶段一场比赛时间相对比决赛阶段一场比赛的时间要短),一次比赛整体技术水平高低也是影响比赛时间长短的因素(少儿比赛、基层比赛的时间就要明显短于全国比赛和国际比赛)。因此,编排比赛场序需要对比赛所需时间作出一个比较准确的估计。

比赛场序的编排有两种常用方法:比赛定时间(或场序)、固定场地;比赛定时间(或场序)、调度场地。这里所指的"比赛定时间"实际上也只有每节第一场比赛的时间能确实执行,从第二场以后的比赛时间在执行时,只能作为参考时间或作为报到时间,具体编排方法如下:为了方便编排,将每个项目的每场比赛编制成三位数作代号,习惯上男子单打以MS开头、女子单打以WS开头、男子双打以MD开头、女子双打以WD开头、男女混合双打以XD开头。

1. 安排比赛场序时的注意事项

第一,重复——一场比赛安排了两个时间,即安排过后又再安排。

第二,漏场——一场比赛没有被安排在比赛时间表里。一般是由比赛总场数错误而造成的。

第三,重场——一名运动员在同一时间里被安排了两场比赛。在同一时间里要进行不同项目的比赛时就需注意兼项运动员的比赛场次安排。

第四,连场——一名运动员被安排了没有间隔时间的连续两场比赛。如在一节时间里一个项目要进行两轮比赛,或有两个项目的比赛就容易产生连场。如果一名运动员在一节时间里需进行两轮比赛,在采用固定场地安排比赛场次时,最好将这名运动员的比赛安排在同一个场地,使两场比赛之间有一至两场的间隔。

这里有必要强调,比赛场次的编排工作至少应由两人来做,并进行反复核对,才能避免差错。

2. 比赛场序的协调与重组

整个比赛场序编排完成后,在比赛开始前或比赛进行间,由于各种原因,还需要对比赛场序进行调整。

在比赛开始前,由于电视转播要求,需将某一场或某些场次的比赛安排在特定的电视转播场地和比赛时间。在一轮比赛后,发现某运动员接着兼项的比赛将发生连场时,应及时调整场序。

比赛进行中,特别是在按照固定场地办法安排场序时,有时由于各场地比赛进行时间相差较大,可能会造成运动员连场,此时需临时调整场序。所有已定的比赛场序需要变动时,都必须经裁判长的授意或同意。所有比赛场序的调整,都必须及早通知与比赛有关的教练、运动员、裁判员、记录台及其他有关方面。凡是比赛前进行的调整,都应该出书面通知和公告。

(三)练习场地的安排

1. 赛前练习场地的安排

一般基层比赛不一定安排赛前训练场地,但跨地区比赛、全国性比赛或国际比赛,就需安排训练场地供运动队到赛区报到后进行赛前的适应性训练。原则上从规定报到日期起就应安排训练场地,各队机会均等,各队运动员人数多少与训练时间和场地数要成比例,场地要轮转,各时间段要轮换。如果知道各队的报到日期,在安排训练时间表时就要将此因素考虑在内。一般来说,从各队报到至比赛开始最多1~2天,为了使各队能有机会在不同的场地和时间段练习,所安排的每次训练时间以1.5~2小时为宜。

2. 比赛开始后,练习场地的安排

在较高层次的羽毛球比赛,如全国羽毛球比赛或国际羽毛球比赛,当比赛开始后,有的队或运动员在一节或一天时间里因轮空而没比赛,也有的在一个项目中已被淘汰,而另外项目的比赛尚未开始。对这些情况都应作出适当的训练场地安排,方法是由专人负责,统一给有训练要求的运动队或运动员安排场地。

(四)比赛秩序册

比赛秩序册是竞赛的组织工作者工作和参赛者参赛的依据,也是新闻工作者和观众的指南。在比赛结束后,秩序册和成绩册合在一起是本次竞赛的档案。一本完整的秩序册必须包括以下内容:

1. 封面

秩序册的封面应有本次比赛的完整名称、比赛日期、地点和比赛场馆。

2. 竞赛规程及竞赛补充规定

3. 竞赛有关人员名单

有关人员名单应包括:竞赛的组织委员会和各工作组成员名单,以及裁判长、裁判员名单;参赛的各运动队名单,包括领队、教练员和运动员。

4. 竞赛总日程表

竞赛总日程表包括从比赛运动队报到起至比赛结束止,每一天的会议、比赛项目,以及该比赛项目的轮次和其他的活动安排,并注明地点和时间。

5. 比赛秩序表

比赛秩序表包括循环赛的分组表、淘汰赛的淘汰表,表中注明每场比赛的具体地点、场地、时间或场序。

秩序册中还可登载领导或赞助单位的贺词、以往历届比赛的成绩等。在封底或插页登载一些商业广告也是常有的。

(五)成绩记录及成绩公报、公告

每场比赛结束后,都应立即准确地将成绩记录在档,并以最快的方式公布,让运动队和新闻工作者及时了解最新的比赛成绩。

1. 成绩记录

一场比赛结束后,裁判员应立即将经裁判长审核并签字的记分表交到记录台,记录员应再次仔细核对记分表的各项内容是否正确,如有错误,应要求该场比赛的裁判员再次检查并纠正。在记录到成绩汇总表上后,最好能由他人再次根据原始记分表核对一次。最主要的是胜方和负方不能颠倒及每局的比分必须正确(特别是在循环赛时),比赛的成绩登记要将胜方的分数写在前面。为便于快速识别某队的胜次,可以将该队的胜场比分用红色登记,负场用蓝色或黑色登记。备注栏是为一旦有三者胜次相同时,注明净胜局或净胜分时使用。

2. 成绩公告

参赛的运动队、运动员都需及时了解比赛的成绩,特别是在淘汰赛中,更需知道下一轮的对手,新闻记者也要及时进行报道。为此,应将比赛的结果尽早公布,最简单的方法是设立成绩公告栏。成绩公布的时间性极强,也不能有任何差错,因此,成绩公告栏应设立在醒目的地方,由专人负责登记和第三者进行复核,成绩公布要注意做到迅速并准确。循环赛表上的成绩记录应从左向右横向登记。及时公布比赛成绩还可以避免参赛队的教练、运动员或新闻记者等无序地到记录台了解比赛结果,引起混乱或差错。

3. 成绩公报

综合性大型运动会和级别较高的羽毛球比赛都需印发成绩公报,成绩公报应该在每一天或者某个项目的一轮比赛结束时印发一次,成绩公报应该有比赛的全部详细比分。成绩公报应发放到每一领队手中,如果晚上比赛结束很迟可以直接送到领队房间。每次成绩公报印出后也应立即送到新闻中心,使记者能及时得到。

(六)成绩册

无论何种比赛均需印制成绩册,成绩册与秩序册一起归档。成绩册的内容应包括录取名次表、总名次表及全部的比赛成绩(每场比赛的具体比分),还可将各项目的比赛场数统计和每场比赛所耗时间的统计表附在后面。成绩册的制作在比赛的过程中即可进行,最后只要将成绩公报加上名次表和封面就是一本完整的成绩册了。

第三节　裁判工作要求

一、羽毛球比赛裁判人员及其安排

一场比赛中临场裁判人员有裁判员、发球裁判员、司线员、记分员。一场比赛的裁判员由裁判长指派，在裁判长领导下工作，并向裁判长负责。一场比赛的发球裁判员和司线员一般由裁判长指派，裁判长可予以撤换或经裁判员与裁判长商议后予以撤换。

一场比赛设主裁判员1名，坐在网的延长线外，负责一场比赛的裁决、宣判得分、换发球等，执行规则的各项规定。发球裁判员1名，坐在主裁判员的对面球网延长线外，负责宣判发球方发球时的违例。一场比赛设司线员2~10名，司线员坐在他所负责查看线的延长线2米外，遇有球落向该线附近即做界内、界外或视线被挡的手势。一场比赛设记录员1~2名，比赛中根据主裁判员的判决显示比分。

二、裁判长工作的基本要求

第一，裁判长应通晓"羽毛球比赛规则"。

第二，裁判长对比赛负全责，领导、管理技术官员，并调动他们的积极性。

第三，裁判长应关注比赛，采取一切必要措施确保比赛公平、公正。

第四，在组委会和世界羽联（或洲联合会）的配合下，裁判长负责跟进落实赛事举办条件。

第五，裁判长必须始终保持公平和镇定，并有做出一切决定的准备。

第六，裁判长应平易近人，便于联络，以便领队（代表其运动员）、技术官员和其他相关人员向其提出问题、评论或投诉，且有助于完善裁判长的决策。

第七，为尽量减少投诉，裁判长应预判和避免潜在问题的发生，并在问题成形或升级前抢先采取行动予以解决。

第八，因涉及"规则"或"规程"，未能在赛事期间解决的投诉和问题，裁判长应对此通过裁判长报告或其他方式报告世界羽联（或洲联合会）。

第九，裁判长及所有其他技术官员都应始终遵守世界羽联"道德规范""技术官员行为规范"及其相关规定。尤其是裁判长有义务向技术官员宣传赌博、投注带来反常比赛结果的有关规定，并督促他们遵守。

第十，媒体对赛事宣传起重要作用，裁判长应协助完善为新闻记者、摄影记者、电视工作人员提供的工作条件，但不得危及运动员的健康和安全，不得干扰比赛和技术官员的工作。

第十一，裁判长应知晓世界羽联（或洲联合会）有关媒体工作人员的指导原则，并在竞赛场区（FOP）协助维护这些指导原则。

第十二，代表所有技术官员，裁判长应协助世界羽联（或洲联合会）媒体联络人员，回应媒体提出的有关赛事方面的技术问题或在这些联络人员不在场时，回答此类问题。

三、裁判员工作的基本要求

第一，通晓"羽毛球比赛规则"和"技术官员工作指南"。特别注意最新的修改变化。

第二，宣报要迅速而有权威，如有错误应承认，并道歉更正。

第三，如果发球裁判员迅速且让你信服地指出你所犯的错误，则更改你的宣判。

第四，当场上出现自己不确定是否能处理的问题时，应召唤裁判长。

第五，当发球裁判员向你传递重要信息时，要认真倾听。你们共同组成一个团队。

第六，所有的宣判和报分，都必须响亮、清晰，使运动员和观众都能听清。

第七，对是否发生违例有怀疑时，不应宣判"违例"，应让比赛继续进行。

第八，绝不可询问观众或受他们评论的影响。

第九，加强与其他临场技术官员的配合（如保持与发球裁判员的眼神交流，慎重地接受司线员的裁决），与他们建立良好的工作关系。

第十，穿着得体的制服，包括在未提供裁判制服时，遵守"裁判员服装规定"。

第十一，遵守"技术官员行为规范"。

四、发球裁判员工作的要求

第一，发球裁判员应坐在裁判员对面网柱后的椅子上。

第二，指派有发球裁判员时，发球裁判员应按裁判员的要求进行换球。为避免延误比赛，要确保整场比赛备有足够数量的比赛用球。

第三，裁判员可给发球裁判员安排额外的任务，如检查网柱是否放置在双打边线上、确认发球测高仪已放好、检查网高（如需要）或在事先通知了运动员的情况下，对最靠近发球裁判员处未安排有司线员的边线负责。

第四，发球裁判员应支持裁判员，并在需要时协助裁判员。一旦意识到裁判员可能犯错，应立即提醒裁判员。

五、司线员工作的要求

第一，司线员应坐在椅子上，对准自己所负责的线，最好面向裁判员，除非裁判长另有不同要求。

第二，司线员对所负责的线负全责。以下情况除外：裁判员判定司线员有明显错判，纠正司线员的宣判；裁判员所作出的任何纠正，或有即时回放系统时的挑战结果，都应替代司线员原来的宣判。

第四节　裁判工作内容

一、裁判长工作内容

裁判长可分为裁判长、副裁判长。裁判长对组成整个竞赛的每一场比赛负有全责。

(一) 裁判长赛前的工作

第一，阅读本次比赛的竞赛规程和文件。
第二，了解比赛概况。
第三，了解竞赛各有关部门及人员的联系方法。
第四，核查抽签、竞赛编排等情况。
第五，检查场地、设备、器材是否符合要求。
第六，检查运动员检录处。
第七，检查比赛用球。
第八，召开裁判长、领队和教练员联席会议。
第九，主持全体裁判员会议。
第十，召开全体司线裁判员会议。
第十一，对编排记录长提出要求。
第十二，会见医生并提出配合要求。

(二) 裁判长在比赛中的工作

裁判长必须在比赛开始前到达场地，规模较大的比赛需要提前更多的时间到达场地以做全面的检查。

第一，检查场地器材。
第二，测试球速。
第三，召开裁判工作准备会。
第四，检查各岗位到位情况。
第五，注视比赛进行的情况。
第六，接受申诉的处理。
第七，处理破坏比赛连续性和行为不端的情况。
第八，处理场上受伤情况。
第九，处理关于比赛用球速度的申诉。

(三) 裁判长在比赛结束后的工作

裁判长在比赛结束后应写好裁判员的考核鉴定；结合裁判长报告写好竞赛及裁判小结。

每日比赛结束,裁判长和副裁判长及(如合适)其他主要的相关人员(如竞赛主任)应相互了解情况。从赛事软件(TP)文档和人工记录两处,获取一天比赛的已用球数及剩余球数,确保余下比赛有足够、适当球数的比赛用球。确保每天比赛结束时发布赛事软件(TP)文档,并将备份发送世界羽联(或洲联合会)办公室。

二、裁判员工作内容

(一)比赛开始前——进入比赛场地前

第一,裁判员应在比赛控制或裁判员协调处领取记分表。

第二,确保规定数量的司线员、场地助理(如有)都在场。

第三,确保运动员的服装(运动员姓名、文字、广告、颜色和款式)及装备符合裁判长指出的"竞赛通用规程"的有关规定。

第四,确保所有运动员的手机都已关闭。

第五,确保运动员按记分表上的姓名顺序或按裁判长要求的顺序列队。

(二)比赛开始前——进入比赛场地后

公正地执行"挑边",确保赢方和输方进行正确的选择,并记录挑边的结果;"挑边"结束后尽快上裁判椅、启动秒表,随后记录热身时间;如使用记分表,在双方的记分栏处写上"0",在发球员的记分栏处写上"S",如是双打比赛,需要在接发球员的记分栏处写上"R";检查所有记分设备是否正常工作;检查司线员位置是否正确。

(三)比赛开始

裁判员应按以下对应形式宣报,并相应地将手指向右边或左边。

W、X、Y、Z表示运动员姓名,A、B、C、D表示队名。

1. 单打

单项赛:

"女士们、先生们,在我右边'X、A',在我左边'Y、B','X'发球,比赛开始,0比0。"

团体赛:

"女士们、先生们,在我右边'A''X',在我左边'B''Y'。'A'发球,比赛开始,0比0。"

2. 双打

单项赛:

"女士们、先生们,在我右边'W、A'和'X、B',在我左边'Y'、和'Z,D';'X'发球,'Y'接发球,比赛开始,0比0。"(如果两名配对的双打运动员代表同一个队,则先宣报该两名运动员的姓名后,再报其队名,如"W 和 X,A"。)

团体赛:

"女士们、先生们,在我右边'A''W'和'X',在我左边'B''Y'和'Z';'A''X'发球,'Y'接发球,比赛开始,0比0。"

裁判员宣布"比赛开始",即为一场比赛的开始。在宣报"比赛开始"前,迅速点击记分器上的"比赛开始"(Play)键,如使用记分表,则在表上迅速记下比赛开始时间。

(四)比赛中

第一,使用"技术官员规范用语"(下称"规范用语")。

第二,记录和报分。报分时,总是先宣报发球方的分数。

第三,如果指派了发球裁判员,发球时,裁判员主要关注接发球员,裁判员也可以宣报"发球违例"。

第四,随时注意记分器的显示是否正确。

第五,需裁判长进入比赛场地时,将右手高举过头。

第六,需即时回放系统裁决时,将左手高举过头。

第七,当一方输了一回合而失去发球权时,宣报"换发球",随后先宣报新发球方的分数,接着报新接球方的分数。

第八,"比赛开始"或"继续比赛"应由裁判员宣报,以表明:开始比赛(一场或一局的比赛)、间歇后继续比赛、交换场区后继续比赛或挑战后恢复比赛或中断后恢复比赛;要求运动员继续比赛。

第九,当违例发生时,裁判员应宣报"违例",以下情况除外:

①发球裁判员宣报了发球违例,对此,裁判员应先宣报"发球违例",随后使用对应的"规范用语"说明何种违例。

②裁判员对发球时的违例做了宣报,对此,裁判员应使用相应的规范用语宣报发球违例或接发球违例。

③球发出后,停在网顶、过网后挂在网上(明显的情况),比赛进行中,球落在场地界线外(司线员已宣报或出示了手势)或未从网上越过、触及运动员的身体或衣服、触及场外其他物体或人,必要时,才宣布"违例"。

第十,当一局比赛一方先得11分时(或在使用"替换规则"的比赛中,当一局比赛领先方得相应分数时),裁判员应立即宣报该比分,随后立即宣报"间歇",或"换发球"、比分、"间歇"。

第十一,每局比赛,当一方先得11分时,允许有不超过60秒的间歇,从相应的回合结束或即时回放系统对挑战做出了裁决时算起,不受观众任何喝彩的影响。

第十二,在每次间歇的开始,裁判员均应要求场地助理或司线员擦地。

第十三,在所有的局中间歇中,到40秒时,裁判员应重复宣报"……号场地(超过一片场地时)20秒"。仅有一片场地时,只重复宣报"20秒"。

第十四,在所有这些间歇中,允许双方各有不超过两名持证教练员进入比赛场地。当裁判员宣报"……号场地20秒"时,这些人员必须离开比赛场地。

第十五,间歇后恢复比赛时,宣报"继续比赛",并再次宣报比分。

第十六,如双方运动员均无意愿按规定间歇,则该局或该场比赛应继续比赛,不间歇,裁判长要求必须间歇的情况除外。

(五)延伸比赛

第一,在每局比赛一方先得20分时,对应宣报"局点"或"场点"。

第二,每局比赛中任何一方分数到达29分时,均应对应宣报"局点"或"场点"。

第三,在宣报比分之前,要先宣报"局点"或"场点"。用英文宣报时,"局点"或"场点"必须总是在发球方分数后,接发球方分数前。

(六)每局结束

第一,每一局最后一个回合一结束,必须立即宣报"局比赛结束",而不受鼓掌、喝彩的影响。有挑战或裁判员纠正司线员宣判的情况除外。所有比赛中,局与局之间允许有不超过120秒的间歇时间,间歇时间从"……局比赛结束"的宣报开始算起。

第二,第一局比赛结束后,宣报:"第一局比赛结束……[运动员姓名或队名(团体赛)]胜……(比分)。"

第三,第二局比赛结束后,宣报:"第二局比赛结束……[运动员姓名或队名(团体赛)]胜……(比分);局数1比1。"

第四,每局结束,裁判员均应要求场地助理或司线员擦地。如指派有发球裁判员,则发球裁判员应将间歇标志(如有)放置网下方场地中央。

第五,如果胜这一局即胜该场比赛,裁判员应宣报"比赛结束"并在运动员与裁判员和发球裁判员握手后宣报:"……[运动员姓名或队名(团体赛)]胜……(各局比分)。"

第六,在各局间的间歇中,到100秒时,应重复宣报"……号场地(超过一片场地时)20秒",仅有一片场地时,只重复宣报"20秒"。在这些间歇中,允许双方各有不超过两名持证教练员在运动员交换场区后进入比赛场地。当裁判员宣报"20秒"时,这些人员必须离开比赛场地。

第七,第二局比赛开始时,宣报:"第二局,比赛开始,0比0。"

第八,有第三局时,则宣报:"决胜局,比赛开始,0比0。"

第九,第三局或只进行一局的比赛,当一方先得11分的回合一结束(或在使用"替换规则"的比赛中,一方先得相应分数的回合一结束),裁判员应宣报比分,紧接着宣报"间歇、交换场区"或"换发球"、比分、"间歇、交换场区"。在此间歇中,允许双方各有不超过两名持证教练员在运动员交换场区后进入比赛场地。当裁判员宣报"20秒"时,这些人员必须离开比赛场地。

第十,间歇后恢复比赛时,宣布"继续比赛",并再次报分。

(七)比赛结束后

比赛结束后,裁判员应在记分表上(如使用)记录比赛结束时间、比赛用时和所用球数。若比赛场地出现任何事件,裁判员必须把对事件的解释(如需要)写在打印的或手写完整的记分表上,并立即交给裁判长。

(八)球落点的宣判

球落在界线附近或无论界外多远,裁判员均应看司线员。司线员对其裁决负全责,以下几种情况除外:

第一,若裁判员确认司线员明显错判,则应立即宣报:"纠正,界内"(如球落在界内);

或"纠正,界外"(如球落在界外)。

第二,若未设司线员或司线员未看清,裁判员则应立即宣报:"界外"(球落在界外),随后宣报比分,或"换发球"、比分;比分(球落在界内),或"换发球"、比分;"重发球"(裁判员也未看清),接着宣报比分,有即时回放系统时,裁判员则应宣报"未看清"并将左手高举过头,要求即时回放系统的裁决。

第三,有即时回放系统时,如果司线员的宣判或裁判员的宣判或纠正受到运动员的挑战,裁判员应先确认该运动员仍有挑战权。运动员必须清楚地向裁判员说"挑战"和/或举起手臂,明确示意。任何此类挑战都必须由运动员在裁判员或司线员做出宣判后立即提出。

(九)比赛中的特别情况

裁判员应仔细观察以下情况,并按规定予以处理:

第一,运动员将球拍掷入对方场区或从网下滑入对方场区,并因此明显妨碍或分散对方注意力,应分别根据规则,判"违例"。

第二,球从邻场飞入场区时,不应机械地判"重发球",如果裁判员认为飞入场区的球并未妨碍或分散运动员的注意力,则不判"重发球"。

第三,对正在击球的同伴大声喊叫,不应视为故意分散对方注意力。

第四,击球时,或在对方击球后,冲对方喊叫"违例"等,应视为故意分散对方注意力。

第五,对试图干扰或威吓发球裁判员或司线员的运动员,应提醒其此类行为不可接受,必要时执行规定的处罚。

第六,对通过甩汗或其他方式弄脏比赛场地及其紧邻区域的运动员,应提醒其此类行为不可接受,必要时执行规定的处罚。

第七,一个回合结束后,运动员过度庆贺或有冒犯行为(如朝对方举拳或尖叫,或脱衣服),应提醒其不符合体育道德的行为和冒犯行为均不可接受,必要时执行规定的处罚。

(十)运动员离开比赛场地

第一,除规定的间歇或离开比赛场地未延误比赛的情况外,裁判员应确保运动员未经裁判员同意,不得离开比赛场地。允许运动员在对击中到场边更换球拍。

第二,应提醒违犯方,离开比赛场地必须经裁判员同意,必要时执行规定的处罚。

第三,比赛中,如果比赛未被不当中断,裁判员可允许运动员仅限快速擦汗;或擦汗并喝水(由裁判员决定)。

第四,如需擦地,运动员应指出需要擦哪里。擦地一结束,即回到比赛场地内。

(十一)延误和暂停比赛

第一,裁判员应确保不允许运动员故意延误比赛;应制止回合之间所有不必要的兜圈走动,以及更换新球拍后在场地上试拍,必要时执行规定的处罚。

第二,如果比赛条件受到影响而必须暂停比赛时,裁判长或裁判员可以暂停比赛。

第三,比赛中,如果比赛场地或其紧邻区域需要修补,或暂时不适宜比赛,裁判员应召唤裁判长(或裁判长应主动进入比赛场地),比赛将视为暂停,直至比赛场地及其紧邻区域重新适宜比赛为止。

第四，比赛暂停时，裁判员应宣布"比赛暂停"，并在记分器或记分表上（如使用）记录"S"。

第五，恢复比赛时，裁判员应记录暂停所用时间，并确认运动员站在正确的场区和正确的发球区，然后询问："准备好了吗？"接着宣报"继续比赛"和比分。

（十二）场外指导

第一，一旦双方运动员准备好发球，以及比赛进行中都不允许场外指导。

第二，比赛中，教练员必须坐在指定的椅子上，不得站在场边（规则允许的间歇除外）。

第三，未经裁判长同意，教练员不得将椅子移离指定位置。裁判员应特别注意，要确保教练员移离椅子未干扰司线员，也未遮挡商业广告。

第四，教练员不得分散运动员的注意力或使比赛中断。

第五，比赛进行中，教练员不得在场边试图以任何方式与对方运动员、教练员、随队官员或临场技术官员交流。

第六，教练员不得在场边以任何目的使用电子设备。

第七，如果裁判员认为比赛被干扰，或教练员分散了对方运动员的注意力，则判"重发球"。再次出现该情况时，立即召唤裁判长。

（十三）换球

第一，比赛时，换球必须公正。裁判员应对是否换球作出决定。

第二，球的速度或羽毛受到故意干扰时，应换球。必要时执行规定的处罚。

第三，裁判长是决定球速的唯一裁决者。如果比赛双方均要求更换球速，应立即召唤裁判长。

（十四）比赛时的伤、病处理

第一，裁判员必须谨慎、灵活地处理比赛时运动员的伤、病，迅速判定伤、病的严重程度。必要时召唤裁判长。由裁判长决定是否需要赛会医生或其他人员进入比赛场地。赛会医生应对运动员进行检查，并告知伤、病的严重程度。不得因治疗而延误比赛。裁判员应记录伤病所延误的时间。

第二，遇受伤流血，应暂停比赛，直至止血或伤口得到妥善处理为止，或按裁判长的其他建议处理。

第三，如果运动员因伤、病向裁判员表达弃权的意愿，裁判员应询问运动员："你要弃权吗？"如果回答是肯定的，裁判员应进行对应的宣报。如果裁判员不能肯定运动员伤、病的真实性，应召唤裁判长进入场地。

三、发球裁判员工作内容

发球裁判员负责宣判发球员的发球是否合法，如不合法，则大声宣布"违例"，并用规定的手势表明违例的类型。裁判员应使用"规范用语"认可发球裁判员的宣判，并解释具体的发球违例。发球违例的规定手势如下：

第一，发球员和接发球员应站在斜对角的发球区内，脚不得触及发球区和接发球区的界线。从发球开始至发球结束前，发球员和接发球员的两脚都必须有一部分与场地的地面接触，不得移动，否则为"违例"。发球裁判员的规定手势见图8-4。

第二，发球员的球拍应首先击中球托，否则为"违例"。发球裁判员的规定手势见图8-5。

第三，发球员的球拍击中球的瞬间，整个球应低于距场地地面高度1.15米，否则为"违例"。发球裁判员的规定手势见图8-6。

图8-4　发球违例手势一　　　图8-5　发球违例手势二　　　图8-6　发球违例手势三

第四，自发球开始，发球员挥拍必须连贯向前，直至将球发出，否则为"违例"。发球裁判员的规定手势见图8-7。

图8-7　发球违例手势四

有即时回放系统，发球裁判员应核对是否所有的挑战都被裁判员正确执行，如未正确执行，应在下一回合开始前告知裁判员。

四、司线员工作内容

如球落在界外，无论多远均应立即大声、清晰地宣报"界外"，使运动员和观众都能听清，同时两臂平展，使裁判员能看清，并看向裁判员。如球落在界内，不宣报，只用右手指向界线，并看向裁判员。如未看清，应立即用双手盖住眼睛，向裁判员示意。在球触地前，不要宣报或做手势。只负责宣判球的落点，不要预期裁判员对违例的裁决，例如，球在落地前触及运动员、触及衣服或球拍（不管有多明显）。

标准的手势见图 8-8 至图 8-10。

图 8-8　球落在界外　　　　图 8-9　球落在界内　　　　图 8-10　未看清

在实际安排时,建议司线员的位置应距离场地界线 2.5～3.5 米。在安排他们的位置时,要注意保护他们不受场外干扰(如摄影记者的影响等)。

司线员位置见图 8-11、图 8-12,x 为司线员位置。

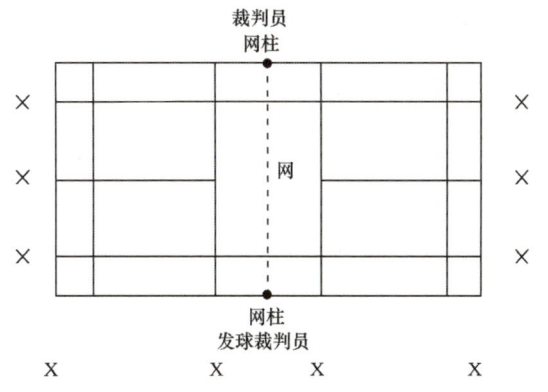

图 8-11　单打比赛司线员位置

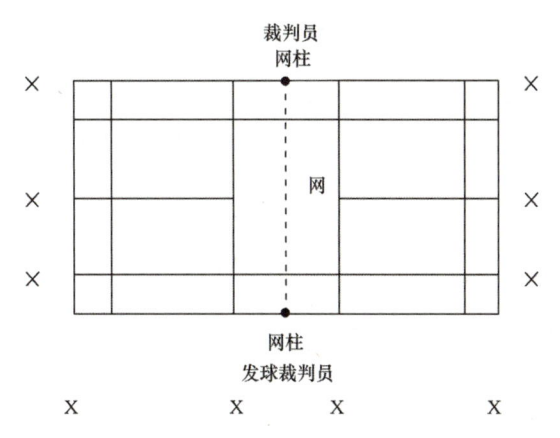

图 8-12　双打比赛司线员位置

本章思考题

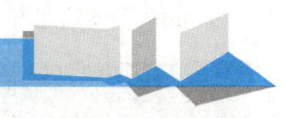

1. 何谓羽毛球球场?
2. 比赛中,球被打在球场的端线或边线上,应判界内还是判界外?
3. 怎样测定羽毛球的速度是否标准?
4. 双打比赛每方两名运动员是以怎样的顺序还击对方的来球?
5. 何谓合法发球?
6. 何谓发球结束?
7. 何谓比赛的连续性?

第九章　羽毛球重大赛事及成绩

一、世界羽毛球锦标赛

为了适应世界羽毛球运动日益发展的需要,国际羽联创立了以个人单项为竞赛项目的世界羽毛球锦标赛,是国际羽联最高水平的羽毛球单项赛事。它的创立晚于汤姆斯杯和尤伯杯。1934年,国际羽毛球联合会在英国成立,是第一个世界性的羽毛球组织。1978年,世界羽毛球联合会成立。这是两个不同的羽毛球组织,此后两个组织合二为一,然而在此之前,这两个组织各自举行了两届彼此认为是世界性的羽毛球单项比赛,即国际羽联于1977年和1980年,而世界羽联在1978年和1979年举行的比赛。1981年,两个国际性羽毛球组织宣布合并,合并后的名称确定为"国际羽毛球联合会"。在国际羽联的会议上决定每两年举行一次世界羽毛球单项比赛,即世界羽毛球单项锦标赛,并延续两个国际羽毛球组织以前的届数。1983年在丹麦首都哥本哈根正式举行了第三届世界羽毛球单项锦标赛,此项赛事只进行5个单项的比赛,即男女单打、男女双打和混合双打,所有项目的冠军都将获得金牌,亚军获得银牌,半决赛失利的选手获得铜牌。这一成绩评定方法沿用至今。

历届世界羽毛球锦标赛冠军表

1988年,国际羽联根据当时的世界排名,邀请每个项目中的前16名(对)运动员直接参加比赛,国际羽联的每个会员国可以在每个项目中报名的运动员不得超过4名(对)。

二、奥运会羽毛球比赛

奥运会是全人类的体育盛会,因此奥运会上的各单项比赛均受到世界各国的重视,羽毛球运动作为普及度较高的运动就更是如此。国际羽联在1985年6月5日的国际奥委会第90次会议上才决定将羽毛球列为奥运会的正式比赛项目。在1988年汉城奥运会上,羽毛球被列为表演赛并一举取得成功。在次届1992年的巴塞罗那奥运会上,羽毛球成为正式比赛项目。奥运会的羽毛球比赛设男子单打、女子单打、男子双打和女子双打四个项目。亚洲国家无疑在这些项目上占有很大的优势,而欧洲国家的选手更适合打混双比赛。所以,国际羽联与国际奥委会决定在1996年亚特兰大奥运会上增设羽毛球混合双打比赛项目,使得奥运会的羽毛球比赛项目更为丰富。由于羽毛球项目拥有5枚金牌,其成为各国高度重视和

历届奥运会羽毛球比赛冠军表

激烈争夺的焦点项目之一。奥运会羽毛球赛不仅是当今世界羽毛球运动最高水平的赛事，而且更具"世界第一"的象征意义和国家的最高荣誉。

国际奥委会对奥运会羽毛球项目参赛选手名额限制严格，这主要是由于优秀的羽毛球运动员可能更多地"堆积"在某些羽毛球运动发达国家中。奥运会羽毛球比赛根据世界排名选出前33名单打运动员、19对双打选手和17对混双选手直接参加奥运会。但要求每个项目中必须至少包括有五大洲的各1名运动员和1对选手，这些运动员必须是世界排名最前面的运动员。如果这样某个大洲仍然没有符合的选手，则以在积分期间的最近一次洲比赛中的冠军选手出席。奥运会的主办国也会获得不少于两名运动员的外卡机会参加比赛。每个国家和地区在1个项目中最多只能有两个席位。多出的席位让给排名后位的选手。

三、汤姆斯杯赛

汤姆斯杯赛是世界羽毛球男子团体赛事中的顶级赛事。它的名字取自英国著名的羽毛球运动员乔治·汤姆斯，他21岁开始获得冠军，此后年年有冠军入账，至最后一次拿冠军时已41岁。他曾连续4次获得全英羽毛球锦标赛男子单打冠军；9次男子双打冠军；6次混合双打冠军。1934年7月国际羽联成立时，汤姆斯被推选为第一任主席。由于第二次世界大战，首届汤姆斯杯的举办并不顺利，赛事不断推迟，直到1948年才得以举行。最初的汤姆斯杯每三年举行一届，后来从1984年起改为每两年举行一届。汤姆斯杯的赛制也有过几次改变，如赛制由原先的九场五胜制（五场单打，四场双打，分两天进行）改为五场三胜制（三场单打，两场双打）。历届汤姆斯杯赛成绩见表9-1。

表9-1 历届汤姆斯杯成绩表

届次	时间	地点	冠军
第一届	1948—1949	普雷斯顿（英国）	马来西亚
第二届	1951—1952	新加坡	马来西亚
第三届	1954—1955	新加坡	马来西亚
第四届	1957—1958	新加坡	印尼
第五届	1960—1961	雅加达（印尼）	印尼
第六届	1963—1964	东京（日本）	印尼
第七届	1966—1967	雅加达（印尼）	马来西亚
第八届	1969—1970	吉隆坡（马来西亚）	印尼
第九届	1972—1973	雅加达（印尼）	印尼
第十届	1975—1976	曼谷（泰国）	印尼

(续表)

届次	时间	地点	冠军
第十一届	1978—1979	雅加达(印尼)	印尼
第十二届	1981—1982	伦敦(英国)	中国
第十三届	1984	吉隆坡(马来西亚)	印尼
第十四届	1986	雅加达(印尼)	中国
第十五届	1988	吉隆坡(马来西亚)	中国
第十六届	1990	东京(日本)	中国
第十七届	1992	吉隆坡(马来西亚)	马来西亚
第十八届	1994	雅加达(印尼)	印尼
第十九届	1996	香港(中国)	印尼
第二十届	1998	香港(中国)	印尼
第二十一届	2000	吉隆坡(马来西亚)	印尼
第二十二届	2002	广州(中国)	印尼
第二十三届	2004	雅加达(印尼)	中国
第二十四届	2006	东京(日本)	中国
第二十五届	2008	雅加达(印尼)	中国
第二十六届	2010	吉隆坡(马来西亚)	中国
第二十七届	2012	武汉(中国)	中国
第二十八届	2014	新德里(印度)	日本
第二十九届	2016	昆山(中国)	丹麦
第三十届	2018	曼谷(泰国)	中国

四、尤伯杯赛

尤伯杯赛是世界羽毛球女子团体赛事中的顶级赛事,其名称取自英国著名的羽毛球运动员尤伯。尤伯在1930年至1949年间曾多次夺得全英羽毛球锦标赛的女子单打、女子双打和混合双打比赛的冠军。尤伯夫人退役后仍旧从事着与羽毛球相关的各项事业,她为推动羽毛球运动的发展做出了重要贡献。其中最被人们所牢记的就是她在1956年的国际羽联理事会上向国际羽联捐赠由麦皮依和维伯制作的纪念杯——尤伯杯。

尤伯杯的比赛方法和赛制与男子团体汤姆斯杯赛完全一致。在1982年以前是每三年举办一届,赛制采用七场四胜制。自1984年开始,改为每两年举办一届,赛制采用五场三胜制981年国际羽联和世界羽联合并为现在的国际羽联时,决定将尤伯杯赛与汤姆斯杯赛安排在同一时间、同一地点举办。历届尤伯杯赛成绩见表9-2。

表 9-2　历届尤伯杯赛成绩表

届次	决赛时间	决赛地点	冠军
第一届	1957	兰开郡(英国)	美国
第二届	1960	费城(美国)	美国
第三届	1963	威尔明顿(美国)	美国
第四届	1966	惠林顿(新西兰)	日本
第五届	1969	东京(日本)	日本
第六届	1972	东京(日本)	日本
第七届	1975	雅加达(印尼)	印尼
第八届	1978	奥克兰(新西兰)	日本
第九届	1981	东京(日本)	日本
第十届	1984	吉隆坡(马来西亚)	中国
第十一届	1986	雅加达(印尼)	中国
第十二届	1988	吉隆坡(马来西亚)	中国
第十三届	1990	东京(日本)	中国
第十四届	1992	吉隆坡(马来西亚)	中国
第十五届	1994	雅加达(印尼)	印尼
第十六届	1996	香港(中国)	印尼
第十七届	1998	香港(中国)	中国
第十八届	2000	吉隆坡(马来西亚)	中国
第十九届	2002	广州(中国)	中国
第二十届	2004	雅加达(印尼)	中国
第二十一届	2006	东京(日本)	中国
第二十二届	2008	雅加达(印尼)	中国

(续表)

届次	决赛时间	决赛地点	冠军
第二十三届	2010	吉隆坡(马来西亚)	韩国
第二十四届	2012	武汉(中国)	中国
第二十五届	2014	新德里(印度)	中国
第二十六届	2016	昆山(中国)	中国
第二十七届	2018	曼谷(泰国)	日本

五、苏迪曼杯赛

历届苏迪曼杯成绩见表9-3。

表 9-3　历届苏迪曼杯成绩

届次	决赛时间	决赛地点	冠军
第一届	1989	雅加达(印尼)	印尼
第二届	1991	哥本哈根(丹麦)	韩国
第三届	1993	伯明翰(英国)	韩国
第四届	1995	洛桑(瑞士)	中国
第五届	1997	格拉斯哥(英国)	中国
第六届	1999	哥本哈根(丹麦)	中国
第七届	2001	塞维利亚(西班牙)	中国
第八届	2003	埃因霍温(荷兰)	韩国
第九届	2005	北京(中国)	中国
第十届	2007	格拉斯哥(英国)	中国
第十一届	2009	广州(中国)	中国
第十二届	2011	青岛(中国)	中国
第十三届	2013	吉隆坡(马来西亚)	中国
第十四届	2015	东莞(中国)	中国
第十五届	2017	黄金海岸(澳大利亚)	韩国
第十六届	2019	南宁(中国)	中国

本章思考题

1. 羽毛球世界锦标赛第一届是哪一年?
2. 第一届奥运会羽毛球赛在哪个国家?
3. 获得苏迪曼杯最多的国家是?
4. 尤伯杯中国队获得过几次冠军?
5. 印尼队获得过几次汤姆斯杯的冠军?

参考文献

[1]张博,姜富生.羽毛球运动教程[M].北京:人民体育出版社,2021.
[2]肖杰.羽毛球运动理论与实践[M].北京:人民体育出版社,2011.
[3]林建成.羽毛球技、战术训练与运用[M].北京:人民体育出版社,2009.
[4]金尧.羽毛球教程[M].上海:上海交通大学出版社,2020.